以道观之
——庄子哲学的视角

王德有【著】

人民出版社

目 录

contents

第九章　**是非之辨**　　　　　　　　/ 248

绪　论

　　世界上的任何一种学说，只要是配得上称为学说的，都有自己的治学方法。治学方法之中，首当其冲的是思想方法。所谓思想方法，说得通俗一些，也就是看待事物、分析问题时所采取的视角、所遵循的思路和所依据的原则。

　　视角是思想方法的起点。视角不同，思路和原则也就可能随之改变，由此对事物的判断、对问题的看法也就可能完全不同。

　　中国宋代大诗人苏轼有一首绝句，题为《题西林壁》，其文曰：

　　　　横看成岭侧成峰，
　　　　远近高低各不同；
　　　　不识庐山真面目，
　　　　只缘身在此山中。

同样是看庐山:横着看,是一个连着一个的缓坡,是岭;侧着看,是一个跟着一个的峭壁,是峰。从不同的角度看上去,同一个庐山呈现出远近高低各不相同的面貌。

由此可见,视角在观察事物、认识事物的过程中占据着何等重要的地位。由此也可以想象,视角在一种学说的构建中占据着何等重要的地位。

说到庄子学说,人们都感到怪诞;说到庄子学说,人们又都感到奇妙。之所以有这样的感觉,说到根本上,就是因为庄子在观察事物和分析问题时所取的视角与常人不同。人们都是站在地上,而他却是站在天上。说他站在天上也还不够准确,应该说他是站在天外,站在天地之外,站在方外。用他自己的话说,那就是"以道观之"。

第一章　道之为物

所谓"以道观之"，就是站在"道"的角度观察宇宙，观察天地，观察万物，观察人世。

什么是"道"？

就其原本而言，所谓"道"，就是行进的线路。人们行走的线路谓之道路，物体运行的线路谓之轨道。总起来说，它们都是"道"。比如，周代《易经》"履"卦九二爻说："履道坦坦"。其中的"道"就是指的人行之路。这句话的意思是，行走的大路平坦坦。

不过庄子所说的"道"却不这样直观，也不这样简单。它在原本"道"的意义上向抽象的方向升华了，成了一个具有深刻内涵的哲学概念。

以其原本意义为起点，升华的逻辑程序大体是这样的：

起先它是一个具象概念，也就是说，它所指的东西是一个具体的有形有象的实物。比如人们行走的大路,有宽度和长度,有构成的质料,或是土质,或是灰质,或是石质。又如船舶运行的航道,有宽度、深度和长度,以水为质。这些东西,人们都能看见、摸着。

后来它向抽象的方向作了延伸,也用来指人们看不见的事物运动变化常遵不悖的轨道或法则,比如日月星辰运行的轨道,天气变化遵行的法则。春秋末年越国的大夫范蠡说过这样一段话:"天道盈而不溢,盛而不骄,劳而不矜其功";"天道皇皇,日月以为常。明者以为法,微者则是行。阳至而阴,阴至而阳;日困而还,月盈而匡"。(《国语·越语》)意思是说,天的运行变化遵照着一定的法则,这就是完满了也不外溢,功就了也不骄傲,劳苦功高也不自持。天的运行法则是很明显的;日月将它作为自己的常规。显现的时候以它为规范,隐匿的时候以它为规则。明亮到了极至就向晦暗的方面转化,晦暗到了极至就向明亮的方面转化;太阳到了最西边就向东面回归,月亮达到了圆满就开始损亏。这里使用的"道"有法则的意思,如说日月将它作为自己的常规;也有隐含不显的轨道之意,如说太阳到了最西边就向东面回归。因为这里讲的是天的变化法则和天体运行的轨道,所以在"道"的前面冠之以"天",称为"天道"。从这一段话可以看出,这里所说的"道",相对于人行之路、物行之轨而言,带上了抽象的特性,使人感到似有似无,没有形象可以捉摸。

再后来,它向更抽象的方向延伸,用来泛指一切事物运动变化的法则或规律。这些法则和规律不仅看不见、摸不着,甚至难以想象、难以琢磨。比如战国时期成书的《周易·系辞传》说:"一阴一阳之谓道";"形而上者谓之道,形而下者谓之器"。这里所说的道指天地万物乃至人世发展变化的总规律。其意是说:一会阴,一会阳,阴阳两个对立的方面不断相互交替,这就是事物发展变化的规律。这个规律看不见,摸不着,无形无象,然而却处在有形有象的天地万物之上,决定着有形有象的天地万物,那些有形有象的东西都是具体的器物。

至此,"道"已经成了一个高度抽象的哲学概念。一般是指没有形象、不可感触的法则或规律。

"道"之所以能完成这种升华,原因在于行进路线和法则、规律都有必须遵行、不可背离的意义。人们行走不能离开道路,物体运行不能离开轨道,事物的发展变化不能离开法则和规律,所以"道"在人们的头脑中逐渐由具体的、可见的道路演化成了抽象的、只能意会的法则和规律。

了解了"道"的升华程序和其含义,就有了理解庄子之"道"的基础。因为庄子正是在最抽象的层次上言"道"的。不过庄子所说的"道"与《系辞传》所说的"道"还不完全一样。它所指的不是法则和规律之类,而是指的一种东西,一种自在的、不依赖于任何事物而能独立存在的东西。如果给它一个有别于法则和规律的名称,可以把它称为"物"。而法则和规律则不是这样,不管历史上的哲学家们如何理解它,实际上它不是"物",而是"物之则"。也就是说,它是"物"在运动变化中显现出来的一种属性。

既然庄子所说的"道"不是"物之则",而是"物",那么它也就失去了必须遵行而不能背离的含义,可是为什么还将它称为"道"呢?原因在于,它不是一般的物,而是宇宙的始祖。在庄子看来,宇宙在开始的时候什么也没有,只是一种存在物,这就是道。天地万物都是由它产生的,最终又要全部消灭而回归于它。所以它就像是一条供天地万物产生和消灭、出台和回归的大路。任何事物都不能离开它而出台,也不能离开它而回归;任何事物都不能不随着它的变化而出台,也不能不随着它的变化而回归。从这种意义上来看,它也具有必须遵行而不能背离的含义。正因为如此,所以借用了"道"的名称来称呼它。

为了深入下去,把握庄子之道的全部含义,我们还得从老子说起。因为庄子的道是从老子那里继承来的。

一、老子之道

老子是中国古代最著名的哲学家。之所以这样说,是因为他最早把"道"当做一个哲学范畴提了出来,在中国开创了宇宙之学。

老子生当春秋末期,在他之前,人们的思想被禁锢在眼前的事物中。衣食住行是人们最关心的事情,其次是人与人的关系,治家、治国、治天下。要说考虑的长远和深刻,大不了也就是天与人的关系了,因为天的变化直接影响着人们的生活、生产,甚至直接关系到人们的生死。

对天与人的关系,人们有多种体验,因此也就产生了多种认识、多种观念。其中最有影响、最有威力的观念是天为神灵、神主人世。正因为这样,所以,人们在做大事的时候往往要祭天,想求天保佑。

当然,也不是说每个人都这样想,都信神。比如春秋时期郑国的执政子产就另有所见。他把天的变化视为带有规律性的自然现象,把人世的变化视为带有规律性的社会现象,称前者为"天道",称后者为"人道",认为天道与人道一者远而一者近,两不相干。比如,鲁昭公十七年(公元前525年)天上出现了彗星,观天象的官吏向子产请示,说天上出现了彗星会发生大火,必须用上好的玉器祭天才能免灾。子产回答说:"天道远,人道迩,非所及也。"(《左传》)不同意祭天。

这就是老子之前人们的眼界和思域:上及天,下及地,中及万物和人、世;以天为神,以神为宰,万物、人类皆听天命。

立足于这样的基石,老子作何思考?

他走上了溯源探根的思路,并由此找到了突破口,从而摆脱了天地的拘制,越过了天地的壁障,飞到了天地之外,为人类打开了一个全新的世界。

(一)有物混成　先天地生

在老子看来,任何事物都有一个起头,都有一个来源。

一个人在世上生活,他是怎么来的? 是由母亲生出的。他原本并不存在,后来母亲生下了他,由此他才存在了。他经过了一个由无到有的过程才成了人,才活在世。

一条河在地上流过,它是怎么来的? 是由涓涓小溪汇成的。它原本并不存在,后来小溪汇聚在一起,它才形成了。它经过了一个由无到有的过程才成了河,才显出浩荡之势。

小溪涓涓汇成河,可是小溪也不是自根就有的。它也有个开始,也有个产生。要追溯它的开始和产生,那就追到了产生它的水源。或出于山泉,或出于冰雪。当山泉还未喷射、冰雪还未融化的时候,小溪还不存在,还是无有,存在的只是它的母体——山泉或冰雪。

山泉、冰雪又是从哪来的? 又由它们的母体产生。在母体还没有产生它们的时候,它们并不存在,还是无有。

上面说的虽然都是小物,不过却能给人一个启示,那就是人人有母,物物有源,人人、万物都经过一个由母体产生、从无到有的过程。这可以说是一个规律。

按照这个规律追溯万物的根源,追来追去,最后都会追到天地的身上,因为任何事物都不能脱离开天地而存在。天履地载,没有天地,怎么会有万物?

可是天地是从哪里来的呢? 在中国,在老子之前,这个问题还没有人认真考虑过,人们总是在天地的圈子里想问题,看事物,到此为止。而老子却没有满足于此,他从物物都有源的规律出发来考虑天地了,他要追溯天地的来源。之所以要在这上面花心思,那是因为天地是有形之物的最大者,是万物和人类之母。考察清楚了天地的来源,也就揭示出了万物及人世的总根源,也就揭示出了现实世界的奥秘。

天地是从哪里来的?

按照上面的规律来推,天地是由它们的母体产生的。

天地的母体是什么?

一下还说不清楚,不过可以肯定的有以下几点:

第一,它不是天地,不是万物,也不是人类。因为母体不是子体,祖体不是孙体,这是常识。

第二,在天地产生之前它就已经存在了。如果它不先于天地的存在而存在,也就谈不上产生天地。

第三,它与天地万物的存在样式不同,因为它不是天地万物。天地万物的存在样式有一个共同的特点,那就是都以形象来展示。天地万物都有形象,无一例外;凡是有形有象的东西,除了天地就是包括人在其中的万物。以此来推,它不可能有形象。

第四,人们用肉眼看不到它,用手触不及它。因为只有有形有象的东西才可用眼看到,用手触及,而它既无形又无象。

由此,在老子的头脑里塑造出了一个天地母体的模型。他说:

> 有物混成,先天地生,寂兮寥兮,独立而不改,周行而不殆,可以为天下母。吾不知其名,字之曰道;强为之名,曰大。(《老子》第二十五章)

"有物混成,先天地生",是说天地的母体是一个确确实实存在的东西,就"存在的东西"这个意义上说,称其为"物"。这个物在天地产生之前就已经存在了,因为它没有形象,没有界限可分,看也看不清,摸也摸不着,很难说它是个什么样子,只觉得混茫一团,所以用"混成"一词来描述。

既然它混然一体,无界可分,所以除了它之外什么东西也不可能再存在。正因为如此,所以说它寂寞、清静,独立而不改。

虽然它不可能改成另外一种样子,但它自身却在不断地运行,周而复始,没有一时一刻的停息。所以说它"周行而不殆"。

正是这些性能使它具备了做天下之母的资格:混然一体、无有分界恰恰可以无所不包、无所不生,就像一张什么也没有的白纸可以画出任意的图像一样;在天地之先就已存在,正是作为天地之母必备的先决条件;永不停息地运行为生育天地提供了可能性,静止不动就永远不可能生出后代来。正因为如此,所以说它"可以为天下母"。

在老子看来,一个东西的名字反映着一个东西的特征,而一个东西的特征往往是在与其他东西的对比中展现的,也就是说,是在有界限可分、有形象可比的情况下展现的。天地的母体不是这样的东西,它没有形象,没有界限,混然一体,茫然一团,傲然独存,无可评论,无可对比,因此也就没有办法给它起个恰当的名字。所以老子说"吾不知其名"。

虽然没有办法给它起个恰当的名字,可是又不能不给它找个代号,或是勉强给它起个名字,因为需要让人们了解它,需要向人们介绍它。为此老子便给它找了个代号,"字之曰道";勉强给它起了个名字,"曰大"。

称它为"道",称它为"大",虽然很勉强,但也不是一点根据都没有。之所以称它为"道",那是因为天地万物是从它那里出来的,将来还要回到它那里去,它就像一条供天地万物往来的大道。之所以称它为"大",那是因为它混然一体,无边无际,没有界限,无所不包,天地万物的基因都在其中。

至此,老子关于天地母体的构想便基本成型了。他突破了天地的域囿,进入了比天地更高的层次,这就是宇宙。不过他没使用宇宙这个概念,而使用了"道"。在他看来,"道"就是天地的原始,宇宙的本体。

然而,老子的思绪并没有到此结束,他还想到了与此相关的很多问题。比如,道是不是神? 道是怎么产生天地万物的? 天地万物产生之后,道还存在不存在？如果存在的话,它与天地万物又是如何相处的,关系如何？如此等等。

（二）不知谁子"象帝之先"

老子构想的道,混然一体,没有形象,作为天地的母体在那里独立存在着。人们自然会问:它是不是就是经常说到的神？因为人们心目中的神就没有形象,看不见,摸不着。

老子认为,它不是神。

为什么？因为神不是万能的,它既创造不出天地,更创造不出万物来。

之所以这么说,有历史为据:

从上古开始人们就信神,后来又把天视为神,认为神是人世的主宰,天是人世的主宰。再后来人世上出现了君王,与之相应,人们又将至高无上的神称为上帝。在人们的心目中,神是至善至美的,它为造福于人类,派出了自己的儿子来管理人世,所以地上的君王又有天子之称。

可是人世治好了吗？没有。不但没有治好,而且君王被杀、君王造乱的情况屡屡发生。到了春秋末期,天子荒淫,诸侯纷争,牲畜不能耕田,连母马都被派到战场上去,甚至在战场上产下小驹。这种情况上帝是不知道呢,还是管不了呢？

还有,人们都说上帝最公正,可是它所管辖的人世为什么如此不公平,种田的人没有粮食吃,而不种田的却花天酒地,挥霍无度;人们都说上天最智慧,可是它为什么派出一个胡作非为的儿子来管理人世,致使天下动乱,人民遭害。由此,气愤的人们开始骂上帝,骂上天了。骂它荒唐（"荡荡"）,骂它凶暴（"疾威"）,骂它不做好事（"不吊"）,骂它政令多有不当（"其命多辟"）。

这些情况都反映在《老子》书和古代文献中。比如《老子》说:

民之饥,以其上食税之多,是以饥……（第七十五章）

天之道损有余而补不足;人之道则不然,损不足以奉有余。（第七十七章）

天下有道,却走马以粪;天下无道,戎马生于郊。（第四十六章）

又如《诗经》说：

> 荡荡上帝，下民之辟。疾威上帝，其命多辟。（《大雅》）
>
> 不吊昊天，乱靡有定。（《小雅》）

由此看来，神不是万能的。它连自己的儿子都管不了，怎么能创造出若大的天地和无穷的万物呢？

说神不是万能的、创造不出天地万物来，还有一个重要根据，那就是人们心目中的神是有意志的，是在凭其智能主宰人世。而任何智能都是有限的，不可能顾及一切。不要说天地那么大，万物那么多，飞植蠕动，千奇百怪，无所不有，神连想也想不过来，就说一棵大树，在其根上支出千枝万叶，什么地方长出一片什么样的叶子来，什么地方枝出一个什么样的枝杈来，都要通过神的思虑，那就会把神累死。

老子认为，用智能是造不出天地万物的。不要说造出天地万物，就是做一般的事情也难成功。他以取天下为例，说：

> 将欲取天下而为之，吾见其不得已。天下神器，不可为也，不可执也；为者败之，执者失之。是以圣人无为，故无败；无执，故无失。（《老子》第二十九章）

他将有意去做事情称做"为"，将抓住一件事情不放称做"执"。其意是说：有意去做事情是不可取的。有意去做事情，势必就要抓住一件事情不放。天下的事情如此之多，抓住一件事情不放，势必就难以顾及其他众多的事情。只抓住一件事情而遗漏下众多事情，那就不可能不失败。

人是这样，神也是这样，凡是用智能做事，结果都是一样。

那么，道为什么就能创造出天地万物来呢？因为它没有意志，是个自然的存在物。天地万物不是它有意要产生出来的，而是自然而然从它身上产生的。正因为如此，所以也就说不上能力的问题了。天地再大，万物再众，自然产生了那也就产生了，就像人身上自然长出了亿万汗毛一样，谁也说不上人有没有这样的能力，因为这不是人有意让它长的。

有鉴于此，老子作出决断，认为道不是神，不是上帝。假如有上帝存在的话，那么，道比上帝更古老，在上帝出现之前就存在了。天地的源头是道而不是上帝。他说：

> 道冲，而用之或不盈，渊兮似万物之宗……湛兮似或存，吾不

知谁之子,象帝之先。(《老子》第四章)

"道冲",是说道虚空混冥,什么也没有;"不盈",是不尽之意;"湛兮",隐隐约约、似有似无的样子。

这段话的意思是说,道,看上去是一片空虚,什么也没有,而使用起来却用也用不完,深沉如渊,好似万物之祖。它隐隐约约,好像是存在着。我不知道它是谁的儿子,好像在上帝出现之前就存在了。

在这里老子没有使用肯定的语气,原因在于道本身就是视而不见、听而不闻的东西。不过其用意却是很清楚的,那就是,道为万物之渊,存在于上帝之先。

(三)窈兮冥兮　其中有精

道是天地万物的宗祖,这在前面已经说得很明确了。需要解决的另一个问题是,它混然一体,无形无象,无分无界,什么也没有,什么也不是,怎么能够产生出天地万物,如何产生出的天地万物。

老子认为,道虽然混然一体,什么也没有,什么也不是,蒙蒙眬眬,但是其中却包孕着天地万物的基因,这就是精。西汉时期的道家学者严遵曾经做过一个比喻,说老子所说的道就像一个鸿卵一样。鸿卵,看上去什么也没有,既没有头又没有尾,既没有翅又没有腿,可是包孕着鸿的一切;道,看上去什么也没有,既没有天又没有地,既没有人又没有物,可是却包孕着天地人物的一切。这个比喻虽然不十分确切,也不可能十分确切,因为老子所构想的道本来就是不能用言语描述的,但是它却大大有助于人们理解老子所说的道。

老子说:

> 道之为物,惟恍惟惚。惚兮恍兮,其中有象;恍兮惚兮,其中有物;窈兮冥兮,其中有精;其精甚真,其中有信。(《老子》第二十一章)

也就是说,道这种东西虽然恍惚不清,好像什么也没有,实际上它还是有东西的,只不过是人们用肉眼看不见。他把这种似乎是象、似乎是物的东西称为"精",意思是说,这种东西很细微。按照我们现代人的理解,这种东西就是天地万物的基因。正因为内蕴着天地万物的基因,所以道才可以产生出

011

天地万物来。

有了这个基因，老子就可以设想道生天地万物的程序了：

道，看上去什么也没有，所以可称为无。

说它是无，那只是相对于天地万物而言的，只是说它既不是天地也不是任何一个有形之物，既没有天地也没有任何一个有形之物，而不是说它不存在，不是说它不是一种东西。

它是一种东西，是一种无形无象、无分无界、蒙眬不清、混然一体的东西。因为它混然一体、无分无界，所以可以称其为"一"。这样一来，"一"就从"无"中推衍了出来。老子把这个过程称为"道生一"。

"一"与"无"虽然只一字之差，却体现了道的两种相反的属性。前者体现了道的实在性，说明它是一个存在的东西；后者体现了道的虚空性，说明它混冥蒙眬、一无所有而又无所不有。

"一"既然是一个实在的东西，而且又"其中有精"，包孕着天地万物的基因，那么只要到了一定的时机，天地就会自然生出来，就像十月怀胎一朝分娩一样。老子把这个过程称为"一生二"。"二"就是天地。

道是"一"，"一"又生出了天地，那么从天地产生开始，宇宙间就有了三种东西，这就是"道"、"天"、"地"。老子把天地出生引出三种东西共存的过程称为"二生三"。

宇宙中有了三种东西，万物也就有了生机。天生，地长，道为之营养，于是万物就出现了。老子把万物出现的过程称为"三生万物"。

老子对道生化出天地万物的整个过程做了描述。他说：

道生一，一生二，二生三，三生万物。万物负阴抱阳，冲气以为

和。（《老子》第四十二章）

在老子看来，天地万物都是从道那里来的，不过有一个产生的程序和层次。先产生出了天地，之后才开始产生万物。伴随着万物的产生，出现了阴与阳。阴与阳是一切有形之物的两个相反方面。它们虽然性能相反，但却和谐相处，共居一体。之所以能如此，那是因为物中有气作为和谐体。

老子还有几段论述，可以说是这种思想的补充：

道可道，非常道；名可名，非常名。无名，天地之始；有名，万物

之母。（《老子》第一章）

天下万物生于有,有生于无。(《老子》第四十章)

道生之,德畜之……(《老子》第五十一章)

在这里,"无名"指道,因为它一无所有,所以也就无名;"有名"指天地,承上文之"天地";"有",指天地,与"有名"相应;"无",指道,与"无名"相应;"德",指道,道作为万物生长的养分又称德。

这几段论述是说:道生下了天地,天地生下了万物;从根本上说,天地万物都是由道产生的,而且还要由道提供养分来哺育。

(四)道尊德贵 莫命自然

天地万物产生后,道是否仍然存在? 如果存在的话,它与天地万物的关系如何?

这个问题在上面的论述中已经涉及了。老子说"三生万物",又说"道生之,德畜之",也就是说道在产生出天地之后仍在参与万物的生化。而万物的生化是个不断的过程。一些物产生了,一些物消亡了;一些物消亡了,一些物又产生了。道作为"三"中之一,作为养物之"德",那是一刻也不可缺少的。由此可以说道仍存在,它作为万物得以产生的养分而存在。

这里涉及一个相关的问题,那就是为什么称道为德。这个问题与道的存在方式有关系。

我们说,天地万物产生之后道仍存在,作为万物得以产生的养分而存在,包含着两层意思:一层是说道作为万物的质料存在着;另一层是说道作为万物的禀性存在着。

万物的产生,就质料而言,需要基因,需要养料;就禀性而言,需要性能。而这两种养分都是从道那里得来的。

在老子看来,万物与天地一样,是从道那里得到基因,得到性能之后才产生的,所以,说到底,万物身上的质料和性能都是道。不过此时的道与原本的道有所不同,它是展现在万物身上的,是被万物得到的,所以给它另起一个名字,称其为"德"。之所以称其为"德",那是因为"德"就是"得",意为万物得到的道。

《老子》第三十九章含有这种蕴义。其文曰:

昔之得一者,天得一以清,地得一以宁,神得一以灵,谷得一以

013

盈,万物得一以生,侯王得一以为天下正。

"得一"就是得道。万物得道而生,由此被得到的道转成了万物身上的质料和禀性。为了表明这些质料和禀性是从道那里得到的,所以称其为"德"。《管子》书中的《心术》篇曾经做过这样的解释,它说:

> 德者,道之舍,物得以生生。知得以职道之精。故德者,得也。

得也者,其谓所得以然也。

"道之舍",就是道住了下来。住在哪里?住在了万物的身上。正因为住在了万物的身上,所以万物才得以产生。《心术》篇由此推出,德就是指万物得到了的道。这种理解是有道理的。

不过这只是称道为德的原因之一。除此而外还有另一个原因,这就是用以表明道的无私奉献品格。

在老子看来,道不但产生天地,产生万物,而且还用自己的养分去哺育天地万物。这种举动不是谁命令它去做的,完全是它自己自然而然地去做的。它这样做了,做得很成功,可是并不骄傲,并不炫耀,而且也不出于自私之心,不要求万物回报,不要求对万物享有主宰权和所有权。这正是道的大公无私品格,正是道的玄妙德性。有鉴于此,所以称其为德。这不是一般的德,而是"玄德"。所谓"玄德",就是超俗的、高邈的德性。

《老子》第五十一章表述了这种思想。文中说:

> 道生之,德畜之,物形之,势成之。是以万物莫不尊道而贵德。道之尊、德之贵,夫莫之命而常自然。故道生之,德畜之;长之育之,亭之毒之,养之覆之。生而不有,为而不恃,长而不宰:是谓玄德。

"亭之毒之",意为成之熟之。

称道为德表明了道在天地产生之后的两种存在方式:一种是在天地万物身上,以天地万物的质料和禀性的方式存在;另一种是仍然自在,作为养育子孙的前辈而存在。

不过在老子看来,天地万物产生之后,道与天地万物的关系,特别应该注意的倒不是道的前辈身份,而是它的表率作用。它为天地万物树立了一个表率,这就是自然无为。

前面已经说过了,道具有无私无己的高尚品格,因此而有"玄德"的称号,受到尊敬。这里并不是说道有知觉,而是老子使用拟人手法表达的一种思想,意思是道无意识,常顺自然。它自然而然地产生了天地万物,又自然而然地养育天地万物。自然无为是道的本性。正因为如此,所以老子说"道之尊,德之贵,莫之命而常自然"。

在老子看来,道不仅自身自然而然,而且将自己的自然本性遗传给了天地万物。天地万物都效法道,都按照自然无为的本性行事。自然无为成了天地万物共同遵守的法则。之所以如此,原因就在于它们的祖宗道为它们树立了这样的榜样。由此老子说:

> 故道大,天大,地大,人亦大。城中有四大,而人居其一焉。人
> 法地,地法天,天法道,道法自然。(《老子》第二十五章)

"法",就是仿效,就是以之为法则,以之为规律。此句的意思是说,人与天地都以道的法则为法则,而道则以自然为法则。

到此,老子关于天地母体的构想已经形成了体系。将其归纳一下,大体包括如下几点:它有一个不大准确但又不得不领受的名称,这就是道;它无形无象,虚无空洞,又可称为无;它无分无界,混然一体,还可称为一;它蕴精于内,生天地育万物,存在上帝之先,故为天地之母、万物之宗;它无知无欲,自然无为,人称玄德,万物为则。

当然还有其他一些方面,比如它不断运动,反向转化,柔弱如水,为万物之所归,等等。不过上面的几点已经为庄子之道塑好了原型。

二、庄子之道

老子构造了天地的母体,创造了宇宙学说,将人们的视野拓展开来,把人们的眼光引向了天地之外,为人们观察事物、思考问题提供了新思路,那就是以道为源,以道为标,在道那里寻找原因和方策。按照现代语言,也就是说,老子创造了中国有史以来的第一个完整的世界观。它的创立大大增长了人们的智慧,在中国古代产生了深远影响,并孕育出了一大批哲学家,其中最著名的就是庄子。

庄子生活在战国中期,与老子在世时相比,世道更加混乱。诸侯纷争不

已,战祸无有止期,百姓流离失所,君王起居奢靡。所以摆在庄子面前的问题是,人怎么才能在这战乱的年代找个安栖之地。

不过庄子并没有就人事想人事,他受了老子学说的熏陶,从根上理起。根是什么?根是道。老子说"人法地,地法天,天法道,道法自然",也就是说,人想要找个安栖之地,那就要从道那里讨教。因为人是从道那里来的,人行事时要以道为榜样。

人要以道为榜样,首先就要认清什么是道。所以庄子顺着老子开辟的思路做了一番思考。

(一)自本自根　自古固存

庄子认为,道是天地万物的始祖,这在老子那里已经说得很清楚了。道比上帝还要古老,这在老子那里也说得很清楚了。那么,道是从哪里来的呢?既然说任何东西都有个起源,都有母体,那么道源于何物?道的母体是什么?

这个问题在老子构想道的时候已经解决了,不过他没有明确地说出来。要想把它揭示出来,需要做些推理。这个工作庄子完成了。

在庄子看来,老子所说的道与天地万物都不同。天地万物都有来源,都有母体,而道却没有。它自己就是自己的根,自己就是自己的母。为什么?庄子做了一大段描述,其中回答了这一问题。他说:

> 夫道,有情有信,无为无形;可传而不可受,可得而不可见;自本自根,未有天地,自古以固存。神鬼神帝,生天生地;在太极之先而不为高,在六极之下而不为深,先天地生而不为久,长于上古而不为老。狶韦氏得之,以挈天地;伏戏(羲,下同)氏得之,以袭气母;维斗得之,终古不忒;日月得之,终古不息;堪坏得之,以袭昆仑;冯夷得之,以游大川;肩吾得之,以处大山;黄帝得之,以登云天;颛顼得之,以处玄宫;禺强得之,立乎北极;西王母得之,坐乎少广,莫知其始,莫知其终;彭祖得之,上及有虞,下及五伯;傅说得之,以相武丁,奄有天下,乘东维,骑箕尾,而比于列星。(《庄子·大宗师》;以下凡遇《庄子》篇章只注篇名)

这一段都在讲道,可以分作三个层次来理解:

　　第一层是在讲道自身，以第一个句号为结尾。道是个什么样的东西呢？它是一个自古以来原本就存在的东西，天地还没有产生的时候它就存在着，而且是以自己为本、以自己为根存在着。也就是说，它的前面再也没有其他东西曾经存在过，它没有母体。为什么这样说呢？因为它虽然有运动变化的情状（有情），有运动变化的规律（有信），但却没有意识（无为），没有形象（无形）；虽然人们可以讲解它（可传），可以得到它（可得），但是却不能按照讲解的言语理解它（不可受），不能看见它（不可见）。

　　第二层是讲道在天地万物中的地位，以第二个句号为结尾。因为从时间上来说，道最古老，从空间上来说，道混然一体，无边无际，所以说它产生了鬼（神鬼），产生了上帝（神帝），产生了天，产生了地。说它"在太极之上而不为高，在六极之下而不为深，先天地生而不为久，长于上古而不为老"。

　　"太极"，是极限之极限的意思；如果说到高，那它就是指高得不能再高了。可是因为道没有边际，所以也就无所谓太极了，你就是说出一个所谓最高最高的地方，对道来说也就算不上是高了。

　　"六极"，是指四方上下六个方面的极限；如果将每个方面都视为深的话，它就表示从一个点向六个方面延伸，深到了不能再深的地方。可是因为道没有边际，所以六极对它来说，也就算不上是深了。

　　至于"先天地生"、"长于上古"，那是又换到了时间的角度上来衡量。因为道以自身为本，以自身为根，在时间上向上延伸没有限度，说不上什么时候是个开始，所以也就说不上什么时候可以称为长久，什么时候可以称为古老了。正因为如此，所以先于天地而存在也算不上久，比上古时期年长也算不上老。

　　第三层是从天地万物的角度讲道，是说天地万物来源于道且依赖于道，以第三个句号为结尾。其中谈到的天地万物分几个类型：一类为天体，如维斗、日月；一类为帝王，如狶韦氏、伏羲氏、黄帝、颛顼；一类为名人，如彭祖、傅说；一类为神仙，如堪坏、冯夷、肩吾、禺强、西王母。庄子的意思是说，这天地万物各有各的特长，各有各的属性，但都是由于得到了道才得以产生的，都是依赖于道才显示出了自己的特长和属性。比如，维斗能永无止息地运转，日月能从不停息地替换；狶韦氏能合天地，伏羲氏能顺元气，黄帝能登云上天，颛顼能久处宫殿；彭祖能活八百年，傅说能化为星宿随从列星；诸位神仙能各逞其能,各显神通:都是由于得到了道,都是由于有道为凭借。

这三个层次,总起来说讲了两个问题:一是说道为天地万物之宗祖,在宇宙中是元老,再也没有谁能早于它、先于它了,宇宙中的一切都来源于它,得益于它;二是对道之所以能够做天地万物的宗祖、道之所以能够自本自根的原因做了说明,这就是因为它"无为无形"。

为什么无为无形就能够做天地万物的宗祖?为什么无为无形就能够自本自根而前无母体?

按照老子的理论,那就是因为无为就无智,无智就顺自然,顺自然则无所不能,无所不生。这就是老子所说的"道常无为而无不为"(《老子》第三十七章)。

按照老子的理论,那就是因为无形就无限,无限则广无边际而先无古者。这就是老子所说的"迎之不见其首,随之不见其后"(《老子》第十四章)。

而庄子则着重对先无古者的道理做了阐发。

在庄子看来,道既然混然为一、无形无象,那么它就不可能有边际,不可能有界限。如果有边际,有界限,那么在它的边际之外,在它的界限之外,就不可能再是道了,而只能是其他的东西了,就像大海到了自己的边际,到了自己的界限之外就是陆地一样。这样一来,它也就说不上是混一的了,因为宇宙之内有了其他的东西;这样一来,它也就说不上是无形无象的了,因为它的边际、它的界限就是它的形象。因此,说道混然一体、无形无象,也就等于说它无边无际、无限无界。

既然道没有边际,没有界限,那么它在时空上就是无穷的。因为它在时空上是无穷的,所以就谈不上有起点,谈不上有母体。

庄子把边际称为"封",并做了论述,说道从来没有存在过封。他说:

> 夫道未始有封,言未始有常,为是而有畛也。请言其畛:有左,有右,有伦,有义,有分,有辩,有竞,有争,此之谓八德。六合之外,圣人存而不论;六合之内,圣人论而不议;春秋经世先王之志,圣人议而不辩。故分也者,有不分也;辩也者,有不辩也。(《齐物论》)

"封",是不可越过的界限;"畛",指有限事物的界畔。"道未始有封",是说道从来就没有不可越过的界限,它是开放型的,没有上下四方及先后终始的界限。"言未始有常",是说,人们说起话来没有固定的标准,一会这样说,一会那样说,你这样说,他那样说。之所以出现这种情况,那是因为人们处在大千世界之中,事物与事物不同且人们站在不同的立场上看待事物。"为是而有畛也",是说,正因为事物与事物不同且人们站在不同的立场上看待事物,为此在人们的眼里,事物与事物也就有了界畔。

由此,庄子列举了划分事物和人们行为的八种界限,即左、右、伦、义、分、辩、竞、争。因为它们是事物和人的八种属性,所以称"八德"。"德"是属性的意思。

这段话的总体意思是说:世界上存在着有边有界因而相互区别、可以分辨的东西。区分事物和人的行为,有八种界限。正因为这些界限的存在,所以出现了互相不同的东西,比如牛、马、蛇、龟。它们各自有各自的边界,因而相互之间区别开来,牛不同于马,蛇不同于龟。可是道却不是这样的东西,它从来就没有过边界,因此也就不可以分辨,不可以议论。正因为这样,所以圣人将宇宙中的东西分成了四种:第一种是道,它存在于四方上下(六合)之外,无边无际,属于只在那里存在而不能议论的东西,所以"存而不论";第二种是天地万物,它们存在于四方上下(六合)之内,因为相互之间有分别,所以可以言(论)及,又因为它们都有边界,用不着研讨(议)就可以辨别,所以"论而不议";第三种是先王留下的言论,它们有分有界,可以言及且需要研讨,因为不研讨就可能理解得不准确,不过这些言论全是正确的,不存在是与非的区别,用不着辩论,所以"议而不辩";最后一种就是世人各自的学说和理论了,它们究竟谁是谁非,非得经过一番辩论不能弄清楚,甚或辩也辩不出个是非来,不过它们却属于"辩也者",非辩不可。

将这段话概括一下,也就是说:宇宙之内有有界限、可以划分的东西,也有没有界限、不可划分的东西;有可以分辨、需要论辩的东西,也有不可分辨、不可论辩的东西。有界限、可划分、可分辨、可论辩者是有形有象的天地万物,而无界限、不可划分、不可分辨、不可论辩者是无形无象的道。由此庄子说"故分也者,有不分也;辩也者,有不辩也"。

文中的"辩",直接表述的是论辩之意,其中蕴涵的是分辨之意,因为论辩之目的是分辨是非。古代的"辩"与"辨"通用。

由此可以看出,庄子认为,道与六合之内的东西都不一样,它没有分界。

庄子还有一段话是在论说这个问题。他说：

> 古之人，其知有所至矣！恶乎至？有以为未始有物者，至矣，尽矣，不可以加矣。其次以为有物矣，而未始有封也。（《齐物论》）

这段话是从人们对道的认识来谈道无边际的。意思是说，古代有一种人，他们的智慧可以说是达到顶点了。为什么这么说呢？因为他们认为存在着一种从来不曾有物的东西。认识到了这一点，也就认识到了宇宙的起点，再也不可能有比这种认识更透彻的了，所以说"至矣，尽矣，不可以加矣"。还有一种人，他们的认识虽然稍次于上一种人，但是也还没有出大格，他们认为，宇宙中存在一种物，不过这种物是一种没有界限的物。

上面说的这两种认识，都是指对宇宙原初状态的认识，都是指对道的认识。

前一种认识认为，宇宙处在原初状态时什么也没有，什么有形之物也不存在，所以称其为"未始有物者"。这个"未始有物者"也就是老子所说的"无"。既然什么也没有，既然是"无"，那自然也就无有边界，无有界限。

后一种认识认为，宇宙处在原初状态时是一个存在的东西，所以称之为"物"。不过这个物不是一般的有形之物，而是恍恍惚惚、蒙蒙胧胧、似有似无的物，也就是老子所说的"有物混成"的那个物。因为这个物混然一体，无形无象，所以说它"未始有封"，也就是说，它自身内部没有分界，它向外延伸，四方上下先后终始都无边界。

庄子强调道没有边界，道"未始有封"，也就是在强调道未曾有始，未曾有母。因为从逻辑上说，只有在时间和空间上有界限的东西才谈得上被产生，才谈得上有母体。

话虽如此说，但总会有人问：如果从时间上往前推，宇宙的情况是个什么样子呢？

庄子做了这样的试验。他说：

> 有始也者，有未始有始也者，有未始有夫未始有始也者。有有也者，有无也者，有未始有无也者，有未始有夫未始有无也者。俄而有无矣，而未知有无之果孰有孰无也。（《齐物论》）

在这里，庄子沿着两条线索向上追溯：一条以事物起始时期与起始时期的时

间接续关系为线索;另一条以事物母体存在与子体存在的时间接续关系为
线索。

就事物起始时期与起始时期的时间接续关系而言,一种事物总有一个
起始的时期,所以庄子说"有始也者"。那么万物得以起始的时期是什么
呢? 按照老子的说法,那就是"天地"。庄子接着老子的说法说下去,这个
"有始也者"中"始也者"就是天地出现的时期。这是庄子推论的起点。为
了叙述上的方便,我们将它称为第一时期。

从第一时期向前推,在天地出现的时期之前有一个天地没有出现的时
期。也就是说,在这个"始也者"之前有一个尚没有"始也者"的时期。所以
庄子说"有未始有始也者"。这可以说是向前推的第二时期。

第二时期并不是宇宙的起头,在它之前尚有一个还没有"未始有始也
者"的时期。所以庄子说"有未始有夫未始有始也者"。这可以说是向前推
的第三时期。

第三时期还不是宇宙的起头,再向前推,那还有一个尚没有出现"未始
有未始有始也者"的时期。如果庄子要接着说下去的话,他将说"有未始有
夫未始有未始有始也者"。这可以说是向前推的第四时期。不过庄子不说
了,因为三者为众,向前推了三个时期,已经说明这样的时间接续是没有穷
尽的。

沿着事物母体存在与子体存在的时间接续关系向前推,庄子也以天地
为起点。老子以天地为有形有象之物的最大者,称之为"有",庄子接着老
子的说法往下说,所以说"有有也者",意思是说,宇宙有一个有形有象的时
期。为了叙述上的方便,我们称之为第一时期。

从第一时期往前推,天地是有形有象之物的最先者,在它们之前不存在
有形有象的任何事物,存在的只是产生它们的混然一体的道。道无形无象,
老子称之为"无",所以庄子说"有无也者",意思是说,从有"有"的时期向
前推则是有"无"的时期。这可以说是向前推的第二时期。

第二时期并不是宇宙的起头,在它之前尚有一个"无"也不存在的时
期,所以庄子说"有未始有无也者"。这可以说是向前推的第三时期。

第三时期还不是宇宙的起头,再向前推,还有一个"未始有无也者"尚
不存在的时期,所以庄子说"有未始有夫未始有无也者"。这可以说是向前

推的第四时期。

从第四时期再向前推,可以推出第五时期、第六时期,以至无穷,所以庄子便不再推了。

将这两条线索的四个时期对照一下,我们可以得出这样一个结论,那就是从第二个时期开始,就推到了天地未形而独有道存的时期,也就是老子所说的"无"的存在时期。之后出现的第三、第四以至没有再推的无穷之前的时期,都有一个共同点,那就是属于"无"而不属于"有",不同的只是越来越虚无。而这种越来越虚无的推衍到底含有什么具体内容?在庄子的学说中没有表述,它只是一种逻辑的演绎。这一推衍告诉人们,推来推去永远也出不了"道",出不了"无"的范围。最后只能得出一个结论,这就是道无起点。

到此,庄子追溯道之母体的行程便告终结了,他可以很有把握地站在终点再说一次:道自本自根,自古以固存。

当然还有一句话我们没有解释,那就是最后一段引文中的"俄而有无矣,而未知有无之果孰有孰无也"。其意是说,有与无突然之间产生了,而却不知道有与无究竟哪个为有哪个为无。这句话是在讲有形有象的天地万物是怎么从无形无象的道中产生的,应该如何看待有形有象的天地万物和无形无象的道。这涉及对道的进一步认识,我们将在《老庄同异》一节中论及。

(二)行于万物　无所不在

天地万物是由道产生的,这在老子那里已经说得很清楚了。道产生天地万物之后还在不断地用自己的养分哺育它们,这在老子那里也说得很清楚了。老子认为道不仅存在于天地万物产生之前,而且存在于天地万物产生之后,它并不因为产生了天地万物而有所亏损。正因为如此,所以老子说"道冲,而用之或不盈",用也用不完。而庄子特别注意天地万物产生之后道存在于何处的问题。

在庄子看来,在天地万物产生之前,道独立存在,在天地万物产生之后,道运行于天地万物之中,无所不在。

他曾从几个方面表述过这种观点。

庄子认为,道是一切事物得以产生、得以昌盛的根由,没有道就没有事物自身,所以有物则必然有道。

庄子在《大宗师》中曾经说过,日月得到了道而不停地运行,帝王得到了道而各逞其能,神仙得到了道而各显神通,能人得到了道而各有其性。这是就事物产生、性能展示的充分条件而言的。如果要问,事物得以产生、性能得以展示,是不是必须有道呢?庄子做了肯定性的描述,他说:

> 夫道,窅然难言哉!将为汝言其崖略。夫昭昭生于冥冥,有伦生于无形,精神生于道,形本生于精,而万物以形相生,故九窍者胎生,八窍者卵生。其来无迹,其往无崖,无门无房,四达之皇皇也。邀于此者,四肢强,思虑恂达,耳目聪明,其用心不劳,其应物无方。天不得不高,地不得不广,日月不得不行,万物不得不昌。此其道与!(《知北游》)

意思是说,道是一个非常深沉、混冥不清的东西,很难用言语来叙述。大概描述一下道生万物的过程和道与万物的关系,基本情况是这样的:明显的东西是从混冥的东西中产生的,有形的东西是从无形的东西中产生的;精神非常细微,看不见,摸不着,是从连精神也没有的道中产生的;有形的东西,看得见,摸得着,是从精微的东西中产生的;有形的万物产生后,它们各自凭借自己的形体产生后代,所以猫生猫,狗生狗,鸡生鸡,鸟生鸟,各不相混。总的说来,道这种东西,来去无踪影,宏大无边崖,得到它则身体强健而思虑聪明。天地万物得不到它则无以产生,得不到它则无以昌盛。

最后的归结点是无道不行。道是天地万物得以产生、得以昌盛的必备条件。也就是说,有物在则有道在,道无处不在。

庄子在多处讲过这个意思。比如在《天地》篇中说:

> 行于万物者,道也。

又如在《渔父》篇中说:

> 且道者,万物之所由也。庶物失之者死,得之者生;为事,逆之则败,顺之则成。

这都是说道存在于万物之中,万物是由道产生的,一时一刻也离不开道。

庄子在《知北游》中还专为此讲了一个故事,说:

> 东郭子问于庄子曰:"所谓道,恶乎在?"
>
> 庄子曰:"无所不在。"

东郭子曰:"期而后可。"

庄子曰:"在蝼蚁。"

曰:"何其下邪?"

曰:"在稊稗。"

曰:"何其愈下邪?"

曰:"在瓦甓。"

曰:"何其愈甚邪?"

曰:"在屎溺。"

东郭子不应。庄子曰:"夫子之问也,固不及质。正获之问于监市履狶也,每下愈况。汝唯莫必,无乎逃物。至道若是,大言亦然。周遍咸三者,异名同实,其指一也。"

"稊稗",一种野草;"正获",名为获的卒伍长;"监市",市场管理人员;"履狶",摸猪,一种检查猪是肥是瘦的方法。

这个故事是说,东郭子问庄子道在什么地方,庄子说无所不在。东郭子要让庄子举例说明,庄子举的例子越来越鄙下,甚至说道在屎尿之中。东郭子不明其意,庄子说,这就好像正获问监市怎么能摸出猪的肥瘦一样。监市回答说,往那最下边不长肉的地方摸。越是往那不长肉的下面摸,就越能摸出猪的肥瘦。如果那不长肉的下面都长出了肉,那么其他地方的肉就会很多。否则的话,其他地方的肉就不会很多。这就叫做"每下愈况",意思是,越是往下就越能涵盖一般的情况。要回答道在哪里,也要用这样的方法。连屎尿中都有道,哪里还能没有呢? 所以庄子在说道之所在时越说越鄙下,表明道无所不在。

与此同时,庄子批评了东郭子,认为他提的问题本身就不对。所以说"夫子之问也,固不及质"。

为什么说提的问题本身就不对? 因为东郭子怪庄子越说越鄙下,那就说明他认为鄙下之物中不一定有道。他认为鄙下之物中不一定有道,而实际上没有一物能够逃脱道。因此庄子说"汝唯莫必,无逃乎物"。

最后庄子做了全面的说明,说最根本的道(至道)就是这样的(无所不在),所以囊括一切的话(大言)也就这样说(连屎尿中都有道)。道存在于一切事物中,虽然各种事物的外在形式不同,但其中都存在着道,这一点是相同的。就像"周"、"遍"、"咸"这三个字一样，它们的称号虽然不一样，但其内蕴的含义是相同的，都是周全和普遍的意思。所以庄子说"周遍咸三者，异名同实，其指一也"。

（三）莫得其偶 谓之道枢

就存在样式而言，道混然一体，没有分界，这在老子那里已经说得很清楚了。只有在天地万物产生之后，才出现了阴与阳，才有了对立面，这在老子那里也已经说得很清楚了。而庄子特别注重的是道体混一的特性，认为道体之中没有对立面，没有"偶"，没有差别。因此又将道称为"大一"、"大同"、"大通"。在他看来，一旦出现了差别，破坏了同一，道也就破损了。

庄子在《应帝王》中讲了一个凿死浑沌的故事，就是在表达这种思想。他说：

> 南海之帝为倏，北海之帝为忽，中央之帝为浑沌。倏与忽时相与遇于浑沌之地，浑沌待之甚善。倏与忽谋报浑沌之德，曰："人皆有七窍以视听食息，此独无有，尝试凿之。"日凿一窍，七日而浑沌死。

"浑"与"混"同；"浑沌"就是"混沌"。在这个故事中，混沌是用来比喻道的。在庄子看来，道混然一体，老子曾用"有物混成"来描绘它，所以给它起了个名字，称为"混沌"。

庄子认为，道是没有分界的，无鼻无眼，无嘴无口，是一个同一无别、通达无界的统一体。这就是道的原本样子，这就是它的不可改变的样子。一旦改变了它，将它凿破，使它有了分界，那就不再是它了。所以故事中的混沌在被好心的倏、忽凿出七窍之后便死去了。

有鉴于此，所以庄子说：

> 道通，其分也，其成也，毁也。（《庚桑楚》）

其意思是说，道本来是贯通为一、没有差别、没有分界的，一旦有了差别，有了分界，具体的、有形的事物也就形成了；而一旦有分、有别的具体事物形成了，那么无分无别的道也就毁坏了。

如上都是就道本身而言的，是说在天地万物产生之前道是混然一体、没有差别的。天地万物产生之后，道又如何呢？按照上面的话说，天地万物产生了,道也就毁坏了。可是这并不是庄子的本意,而只是用以表述道不可分的一种反衬的手法。

在庄子看来,天地万物产生之后,宇宙看上去成了一个千奇百怪的世界,不再是一个同一的整体了。不过这只是一种外在的表现形式,一般人的目光太肤浅,看不透,以为天地万物果真是各不相同的。如果陷入了这种幻境,那在他们的头脑中,有形有象、千差万别的天地万物也就真正形成了,混一无别的大道也就真正破损了。所以庄子才说"其成也,毁也"。

不过,幻境也仅只是幻境而已,客观上,大道是不会破损的,它依然完整如一地存在着,不过是作为天地万物的实质,作为天地万物的本质,在天地万物之中存在着。它并没有因为天地万物千姿百态而自己也感染上了形态,它并没有因为天地万物相互分别而自己也划出了分界。不是这样的,它不但自身同一无别,而且将有形有象、相互分别的天地万物从本质上统为一体,从本质上贯通为一。

为了说明这样的观点,庄子在《齐物论》中从多种角度进行了论说。其文曰:

> 可乎可,不可乎不可。道行之而成,物谓之而然。恶乎然?然于然。恶乎不然?不然于不然。物固有所然,物固有所可。无物不然,无物不可。故为是举莛与楹,厉与西施,恢恑憰怪,道通为一。其分也,成也;其成也,毁也。凡物无成与毁,复通为一。唯达者知通为一,为是不用而寓诸庸。庸也者,用也;用也者,通也;通也者,得也;适得而几矣。因是已。已而不知其然,谓之道。劳神明为一而不知其同也,谓之朝三。何谓朝三?狙公赋芧,曰:"朝三而暮四。"众狙皆怒。曰:"然则朝四而暮三。"众狙皆悦。名实未亏而喜怒为用,亦因是也。

在这里,庄子是从已经产生出来的、有形有象的天地万物开始论述的。在他看来,有形有象的天地万物产生之后,事物与事物之间就有了分界。正因为有了分界,所以在谈论或观察某一种事物时,就有了是不是这一事物的问题,同时也就有了人们认不认可是这一事物而不是另一种事物的问题。比如,牛马是有形有象的东西,正因为如此,所以它们之间便有了分界,由此人们在谈论或观察它们的时候便有了面前的动物是牛还是马的问题,同时也就有了你所说的牛或马能不能得到别人认可的问题。这就是庄子所说的"可"与"不可"、"然"与"不然"的问题。

如上说的是事物与事物之间的区别。然而区别只是事物与事物之间的一种关系。除此而外，它们之间还有另一种关系，这就是相同。什么地方相同？事物都有各自的形象和属性，没有一种事物没有自己的形象，没有一种东西没有自己的属性；当你说是这种事物的时候，实际上你正是在说这种事物具有这种事物的形象和属性，当他人认可是这种事物的时候，实际上他人也正是在说这种事物具有这种事物的形象和属性。也就是说，任何事物都是根据是否具有自身的形象和属性而被确认或否定的。正因为它们具有了自身的形象和属性，所以才被认可是这一事物；正因为它们不具备其他事物的形象和属性，所以才被否认是其他事物。就好像大道是人们走出来的、供人们行走是大道的属性一样，事物都是由它本身的形象和属性而被确定的。在这方面，事物与事物是相同的，没有一种东西例外。所以庄子说"可乎可，不可乎不可。道行之而成，物谓之而然。恶乎然？然于然。恶乎不然？不然于不然"。

既然如此，事物与事物之间便没有差别了。大梁与房柱，丑妇与美女，千奇百怪的各种事物，从表面上看上去千差万别，而实际上却同一无别，它们都是由于从道那里得到了自己的质料和属性而成为自己的，都是道的表现形式。所以庄子说"物固有所然，物固有所可。无物不然，无物不可。故为是举莛与楹，厉与西施，恢恑憰怪，道通为一"。

既然形象万千的事物实际上都是同一无别的，那么也就没有分界可言了。没有分界可言的东西，自然也就无所谓形成和毁坏。只有那些有分界的东西，才有形成和毁坏。比如一间房子，有边有界有顶有底，由此而与其他物件区别开来，也由此有它被盖好的时候，也有它颓败和倒塌的时候。所以庄子说"其分也，成也；其成也，毁也"。

不过，万物的分界和成毁都是外在的表现形式，都是在与其他事物相比较之下产生的一种现象，而就其内在的实质而言，就其形态与其内在的属性和性能的关系而言，它们却无所谓形成也无所谓毁坏，因为形成是它自身属性和性能的体现，毁坏也是它自身属性和性能的体现，它永远处在与其属性和性能相统一，相匹配的状况下，而其属性和性能又都是道中原本就有、无所谓产生且永不会消亡的。比如,房子盖好了,从表面上看,它从不存在变得存在了,所以人们都以为它由此而形成了,实际上并不是房子形成了,而是道中的有关属性和性能用房子的形象和样式展示了出来;房子颓败和倒塌了,从表面上看,它从存在变得不存在了,所以人们都以为它由此而消亡了,实际上并不是房子消亡了,而是道中的有关属性和性能用房子毁坏的形象和样式展示了出来。从表面来看,房子的形成与毁坏是一个很大的反差,而从贯通于万物之中的道来看,并不存在成与毁的区别。房子的成与毁都是道中有关属性和性能的展示,说得更接近一些,是道中有关属性和性能的变现。就外在的表现看来,一者为成而一者为毁,二者是有区别的,但就外在表现与内在实质的关系而言是没有区别的,它们都是内在属性和性能的变现,在这一点上是同一无二的;就外在的表现看来,一者是新生一者是衰败,二者是有区别的,但就其所表现的内在实质而言是不生不灭的,内在属性和性能原本就存在于道中且永不消亡,也就是说它是前后同一的。所以庄子说"凡物无成与毁,复通为一"。

道理虽然如此,可是在千姿百态的事物面前,人们仍然难于认识到其中的同一。为了让一般的人都能有所理解,所以庄子以有用和无用来作比喻。在庄子看来,在千差万别的现象世界之中,由于一种东西与另一种东西有区别,所以就可能出现一种东西有用而另一种东西无用的情况。比如小葫芦切开后可以当瓢用,而能盛五石粮食的大葫芦切开后就不能当瓢用,因为太大,质地不能承受所盛物体的重量,而且也难以放入一般的水缸之中。虽然如此,但并不是说无用的东西就绝对无用。不是的,事情的道理与此相反,无用恰恰是处在有用之中。比如,大葫芦切开后不能当瓢用,却可以当小舟泛于江湖之上。由此可见,"有用"是一切东西的通性,在"有用"这一点上,一切东西都是相同的。懂得了一切东西在有用这一点上相同的道理,也就把握了不同东西中的同一;完全把握了不同中的同一,也就差不多能够体悟到事物中的道了。剩下的事情就是顺着这种同一行事了。顺着这种同一行事而自己却不知道是在做什么,达到这种境界也就与道融为一体了。所以庄子说"唯达者知通为一,为是不用而寓诸庸。庸也者,用也;用也者,通也;通也者,得也;适得而几矣。因是已。已而不知其然,谓之道"。

庄子还怕人们听不明白同一寓于不同之中的道理,所以又讲了一个

"朝三暮四"的故事。说养猴的人为了节省喂养猴子的橡子,花费了很大脑筋来说服猴子。先说,今后每天早上给三个橡子,晚上给四个。猴子目光短浅,以先得为快,因为只看到早上比晚上得的少,所以大怒。养猴人随后又说,早上给四个,晚上给三个。猴子觉得早上比晚上多,于是就高兴地接受了。这个故事是说,朝三暮四与朝四暮三只是表面的排列顺序不同,而实际上总数是一样的,都是七。猴子听说朝三暮四则怒,听说朝四暮三则喜,原因在于不懂得同一蕴涵在不同之中的道理。

总之,在庄子看来,天地万物产生之后,出现了事物与事物之间的差别,但是贯通于天地万物中的道却是同一无别的。

同一无别的道蕴涵在千差万别的事物中,看也看不见,摸也摸不着,可又不能不管它,因为它是天地万物的本质。为此庄子特别提醒人们要把握道的关键。道的关键是什么?庄子认为,是无分界,无对立。按他自己的话说,那就是"彼是莫得其偶"。

在庄子看来,现实世界上的一切事物都处在分别和对立之中。比如说,一个人总有一个立足点。而只要有了自己的立足点,那也就有了彼此之分。自己立足的地方就是此,此外的地方就是彼。此与彼既是一种分别,又是一种对立。

不过如果要追问一下,此与彼的差别和对立果真存在吗?那可就不好说了,因为这个人只要调换一下自己的立足点,原先所谓的此就可能变成了彼,而原先所谓的彼又可能变成了此。由此可见,所谓的此,所谓的彼,所谓的此与彼的分别和对立,都不是永恒的,都不是事物的本质,都不是道。

什么是道?没有区别的东西才是道。没有此与彼的分别与对立,这是道的关键。

庄子认为,把握了道的关键,就好像是坐在了一个圆环的中心,没有什么东西与之对立,然而却可以照应一切,照应无穷无尽的事物。他在《齐物论》中说:

> 果且有彼是乎哉?果且无彼是乎哉?彼是莫得其偶,谓之道枢。枢始得其环中,以应无穷。

这里的"彼是",就是"彼此";"莫得其偶",就是找不到对立面;"道枢",就是道的关键。

将这段话的大旨归纳一下,也就是说:道虽然存在于有彼有此有分有别的天地万物之中,但其自身却无彼无此无分无别;正因为它自身无彼无此无分无别,所以才能贯通于有彼有此有分有别的天地万物之中,而与无穷无尽的天地万物相照应。

三、老庄同异

庄子之道是从老子那里继承来的,就基本内涵而言,与老子之道没有多大差别,特别是在有关道的根本属性方面,在遵从自然无为的根本法则方面,基本上是沿着老子之道的内涵向前掘进的。所以在中国历史上,人们常常将老庄并称,把老子与庄子的学说合在一起,称为老庄之学。不过,庄子与老子所处的时代毕竟不同,所担负的历史使命毕竟不同,所要解决的问题毕竟不同,所以对道的描述,在侧重点上也就有所不同。

所谓时代不同,不是指一般的社会发展进程,而是就人类思维发展进程而言的。在老子之前,中国人的思维能力还没有达到完全脱离开具体的形象来思考问题的高度,也就是说还不具备纯粹的抽象思维能力。有两个事实可以证实这样的判断:一个是人们在思考自然变化的原因和人世祸福的来由时,总是用神化了的人去理解;另一个是人们开始分门别类地探索事物发展变化的规律,但却没有将探索天地万物共同规律的任务提到议事日程上来。这两个事实说明人们还在依托具体的、有形有象的事物来思考问题。而庄子生活的时代则不同了,老子前人尚未跨入的领域已由老子跨入了,老子之道的创立使中国人的思维实现了划时代的飞跃,使庄子得以在纯粹的抽象思维领域任意翱翔。

所谓历史使命不同,不是指的政治使命,而是指的学术使命。老子处在划时代的关节线上,他是新时代的开拓者。用什么打开一个新的时代呢?用他所创立的"道"。因此,对他来说,最重要的是要构造一个完整的、系统的、可以服人的、确能启人智慧的有关道的理论。而庄子则不同,老子已经为他铺平了前进的道路,已经为他雕塑好了道的原型,对他来说,主要的任务不在于求取道的系统性和完整性,而在于利用道的理论作出别具特色的文章来。

所谓解决的问题不同,却与政治和人生有关。老子虽然生于乱世,但对治理天下还有一定兴趣,还寄一定希望,所以他在探索宇宙根由的时候,没有忘记根本目的,这就是要为治理人世寻找根据。正因如此,所以他的思路大体上是遵循着先上后下的程序展开的。所谓上,是说逆着自然生化的程序向上走,追溯人世及天地的本源;所谓下,是说在探得了本源之后,就以本源为根据来规范人世,以道塑人,要求人们法道而行,要求人们以道治国。庄子则有所不同,他比老子晚出几百年。当此之时,天下乱得已经不可收拾,按照老子顺其自然的训导,庄子不去做那明知不可而强为之的事情,他研究理论的出发点不再放在治国上,而移到了个人的修身上,他要在人欲污染的大地上开出一方洁土来,这就是所谓"天下无道则洁身自好"。正因为如此,所以他的思路大体上是遵循着先下后上的程序展开的。所谓下,是说以宇宙本源来解说人生,站在道的高度来观察人生;所谓上,是说,要人们的精神回归道,要人们在精神上与宇宙本源融为一体。

这些不同,反映在对道的描述上,有以下几点差异:

(一)老子重生　庄子重通

老子的学说比较重视天地万物的生化。说了"无名,天地之始;有名,万物之母"(《老子》第一章),又说"天下万物生于有,有生于无"(《老子》第四十章);说了"道生一,一生二,二生三,三生万物"(《老子》第四十二章),又说"道生之,德畜之,物形之,势成之"(《老子》第五十一章)。也就是说,它特别强调天地万物是由道产生出来的,特别看重道对天地万物的母体地位。所以现代学界在总结老子学说的特点时,说它主要是讲宇宙演化,称其为宇宙演化论。说得全面一些,也就是说,老子在创立道时,虽然也讲天地万物依赖于道而存在,但主要是从宇宙演化的角度描述的,主要在讲天地万物是由道产生出来的。

庄子的学说则不同,它比较重视天地万物的本性,特别强调天地万物之中贯通着一个东西,这就是道。比如他在《齐物论》中反复讲"通",说"恢恑憰怪,道通为一","凡物无成与毁,复通为一","唯达者知通为一","庸也者,用也;用也者,通也;通也者,得也;适得而几矣"。在《庚桑楚》中也讲

"通",说"道通,其分也,其成也,毁也"。在《大宗师》中将道称为"大通",说"离形去知,同于大通"。在《徐无鬼》中将道称为"大一",说"大一通之"。也就是说,它注重道对天地万物的决定作用,认为天地万物之中都有道,天地万物都是凭借道才得以存在和变化的。就这一特点而言,我们可以称其为宇宙本因论。说得全面一些,也就是说,庄子在运用老子的道时,虽然也接受了道生天地万物的观念,但主要是发挥了道为天地万物本因的思想,主要在讲天地万物的存在依赖于道。

(二)老子重柔　庄子重同

老子在描述道时,特别看重它的柔弱之性,反复讲它柔弱、处下、不争,认为这是它的美德,也是它之所以能为天下之母、众物所归的根本原因。由此用柔弱的水来比喻它,说"上善若水。水善利万物而不争,处众人之所恶,故几于道"(《老子》第八章);用天下最低下的江海来比喻它,说"譬道之在天下,犹川谷之于江海"(《老子》第三十二章);用柔弱的婴儿比喻它,说"含德之厚,比于赤子……物壮则老,谓之不道"(《老子》第五十五章);将不为天下先视为道之一宝,说"我有三宝,持而保之:一曰慈,二曰俭,三曰不敢为天下先"(《老子》第六十七章)。

庄子在描述道时,特别看重它的同一之性,反复讲道是混一无别、同一不二的。认为当天地万物还没有产生的时候,道是混沌,没有界限,没有边际;天地万物产生之后,道贯通于天地万物之中,将千姿百态的天地万物化为同一。所以在《徐无鬼》中称其为"大一",说"大一通之";在《在宥》篇中称其为"大同",说"颂论形躯,合乎大同"。此外,庄子还专门作了一篇名为《齐物论》的文章,论述表面看上去千差万别的天地万物,实质上是齐一的,说"天地一指,万物一马"。

(三)老子重反　庄子重真

老子在描述道时,特别看重道的运行趋向。他认为,道的运行有一个特点,那就是周而复始。当它朝一个方向运行到一定程度的时候,便自然而然地返转回来,又开始朝着与原先相反的方向运行。向相反的方向转化,是道的运行规律。所以说,"反者,道之动"(《老子》第四十章);又说"吾不知其名,字之曰道,强为之名曰大。大曰逝,逝曰远,远曰反"(《老子》第二十五章)。

庄子在描述道时,特别看重道的纯真之性。他认为,天地万物产生之后,道与天地万物杂处不分。这时候,人们往往只是看到有形有象的天地万物,而看不到无形无象的道;人们往往会认为真实存在的是有形有象的天地万物,除此而外皆无有。可是实际情况恰恰与此相反,天地万物只是瞬时即逝的虚幻现象,真实的存在是谁也看不见的道。宇宙之间唯道为真。正因为如此,所以庄子将回反于道称为"反其真"(《大宗师》),将得道的人称为"真人"(同上),将顺道而行称为"采真之游"(《天运》),将失去自己的本性称为"忘身不真"(《大宗师》)。

将老子与庄子在描述道时侧重点的差异综合起来,可以看出老学与庄学整体面貌上的差异。将其勾画一下,大体有如下几点:

其一,道与天地万物之间的关系不完全一致。

在老子的学说中,道产生出了天地万物,道还作为母体供养天地万物,不断地向天地万物输送着乳汁。将这种关系展开来说,可以分四个层次:

一层是分体。这层是说,道生天地万物是由母体分出子体、子体又分出孙体的过程。正因如此,所以天地万物产生之后形成了祖、子、孙多世同堂的局面。所谓"同堂",是说三者聚在一起,既不分离而又不是一体。

二层是哺育。这层是说,道产生天地万物之后,还要以自己的乳汁哺育子孙,否则的话,天地万物便无以维生,无以成长和更新。

三层是同性。这层是说,道与天地万物虽然不同体,但是因为天地万物是由道生下的,是由道的乳汁哺育的,所以在本性上与道一致,都以自然为本性。

四层是同则。这层是说,天地万物虽然都以自然为本性,但并不等于说都能保持住自己的本性,其中特别易于丢失自然本性的是有意识、有智慧的人类。为了提醒人类保持本性,所以老子特别制定了天地万物与道共同遵守的法则,这就是自然,说"人法地,地法天,天法道,道法自然"。

在庄子的学说中,虽然也讲道生天地万物,但并没有很明确地讲出产生的过程来;庄子学说的重点是讲天地万物产生之后道与天地万物的关系。前文所引《齐物论》中的一句话反映出了这样的思想结构。其语曰:"俄而有无矣,而未知有无之果孰有孰无也"。其意是说,道原先是一片混沌,什么也没有,是"无",不知道从什么时间开始,突然变成了"有"、"无"混杂的样子,可是却难以判明"有"与"无"究竟谁是真实的存在。

这里所说的"有",是指天地万物。从这句话可以看出,庄子对道生天地万物的过程有独自的看法。他接受了老子关于道生天地万物的观点,承认天地万物是由道产生的。不过在他看来,产生的过程很难在时间先后的程序上说清楚。为什么? 主要是因为道自身在时间上没有始终和先后之分,它是一种永恒的存在。正因为这样,所以,在推导宇宙原始的时候,总也没有一个顶点,总是在"有始也者,有未始有始也者,有未始有夫未始有始也者。有有也者,有无也者,有未始有无也者,有未始有夫未始有无也者"的逻辑叠加中漫无边际地说下去。既然道无始终,所以也就很难说天地万物是什么时候产生的,很难说天地万物经过了多长时间被产生的。有鉴于此,庄子只好使用了一个模糊的说法,"俄而有无矣",意思是突然之间变成了"有"、"无"相杂的样子。

变成"有"、"无"相杂的样子之后,无形无象而称为"无"的道与有形有象而称为"有"的天地万物之间又是什么关系呢? 这是庄子特别注重的事情。庄子对此的回答是:"而未知有无之果孰有孰无也。"意思是说:天地万物产生之后,道与天地万物混为一体。不过二者之中一者为真实的存在、真实的"有",另一种是虚假的存在、虚假的"有"。何者为实,何者为虚,谁也弄不清楚。庄子说谁虚谁实谁也弄不清楚,这并不是说他自己没有主见。在他的学说中,这是很清楚的:道为实而天地万物为虚。既然他知道谁实谁虚,为什么却说谁也不清楚呢? 因为他的学说与常人的理解不一样,所用的概念与常人也相反,再说下去很费力气。比如,遵照常人的思路往下想:道既然无形无象,看不见,摸不着,名称为"无",那当然就是虚;天地万物既然有形有象,看得见,摸得着,名称为"有",那当然就是实。"无"者为虚,"有"者为实,这是天经地义的。可是庄子却不这样想。他认为:道虽然无形无象,看不见,摸不着,但却是永恒存在的,是天地万物得以显现的凭借和根据,是天地万物的内在本质,所以名为"无"而实为有,表为虚而内为实;天地万物虽然有形有象,看得见,摸得着,但却只是道在瞬间的外在表现形式,时过则变,稍存即逝,所以名为"有"而实为无,表为实而内为虚。

　　为了弄清这种关系,我们做一个不十分恰当的比喻。在庄子学说中,道就类似一个能出影像的屏幕,天地万物就类似于屏幕上显示出来的影像。不过道不是一般的屏幕,而是一个没有边框所限、没有成毁之别的屏幕。

　　在庄子看来,屏幕上本来是什么也没有的,既无天地,也无万物,看上去混冥一片,没有形象,没有界限,所以称为"无"。天地万物的影像都是有形有象、有分有界的,形色皆具,千姿百态,所以称为"有"。从这个意义上说,道为无而天地万物为有。

　　天地万物的影像是由屏幕产生的,所以屏幕是天地万物影像的母体,天地万物的影像是屏幕的子孙。不过屏幕产生天地万物的影像不像一般的母体产生子体那样母子分体,而是在母体身上展现子孙。所以道产生天地万物之后,并不与天地万物分离,它贯通于天地万物之中,对天地万物而言,无时没有道,无处没有道。

　　另外,屏幕产生天地万物的影像也不像一般的母体产生子体一样,一个一个地生,沿着时间的顺序生,而是突然之间便产生了。一旦开始产生,所产生出来的可能就不止一个,而是无数个。它还可能是一边产生一边消灭,一边消灭着已生者而一边又生出了新生者。所以庄子在讲道生天地万物的过程时说"俄而有无矣"。

　　屏幕虽然是"无",但它却永恒存在着,不管上面有没有影像,有什么影像,它总是存在的,不会因为影像的变化而变化,也不会因为影像的消失而消失,所以说它是真实的存在;屏幕上的影像虽然是"有",但它们却是瞬时万变的,时隐时显,时有时无,来而是影,去则无踪,所以说它们是一种虚幻的存在。据此,庄子将道视为真,视为实,将天地万物视为伪,视为虚。

　　屏幕贯通于所有的影像之中,是影像得以显现的凭借和依据;影像不时地变换着自己的形式,或生或灭,但却无碍于屏幕的真实存在。所以,庄子将道视为天地万物的内在本质,将天地万物视为道的外在形式。

　　其二,给人们树立的处世原则不完全一致。

　　老学中有关道与天地万物的关系向人们展示了这样的图景,那就是,道是人们行为的楷模,因为它是人的宗祖,而且还在时时刻刻为人们提供营养,人的本性与道是一致的。按照道的样式去做,这是人的本分,也是人之所以能久立于世、功成事就的前提。道的最基本样式是什么?是自然无为。

其中最为典型的表现是什么？是柔弱处下。所以人在处世时就要特别注意无私无欲，不争不夸，谦虚退让，处人之下。正因为如此，所以老子在反复强调道性柔弱的同时，反复教诲人们守雌处下。说"知其雄，守其雌，为天下溪……知其白，守其黑，为天下式……知其荣，守其辱，为天下谷……"（《老子》第二十八章）；又说"吾不敢为主而为客，不敢进寸而退尺"（《老子》第六十九章）；又说"天之道，利而不害；人之道，为而不争"（《老子》第八十一章）；又说"坚强者，死之徒；柔弱者，生之徒"（《老子》第七十六章）。

庄学中有关道与天地万物的关系向人们展示了另外一种图景，那就是，道不在天地万物之外，而在天地万物之中。尽管天地万物五彩缤纷，各自一样，但是贯通于其中的道却是同一无二的。千姿百态的天地万物忽隐忽现，是虚幻的现象，而同一无二的道永恒存在，是宇宙的本质。所以人也就不必要对人间之事那么认真，那么拘谨了，应该放任旷达，逍遥自在。因为说到根本上，什么东西都是一样的。

其三，要达到的目的不完全一致。

老子要人们循道而行，守柔处下，但这并不是最终的目的，而只是遵循事物发展变化的规律而已。最终目的是什么？是为君处上，是治国安民。在老子看来，大道总是向相反方向运行的，事物总是向相反方向转化的。这个规律是客观的，不以人们的意志为转移。为此，要想居上为君、理世化民，就不能逞强争上，而须从相反的方向入手，这便是守柔处下。逞强争上的结果是事与愿违，最后落个一败涂地；守柔处下的结果是不求而得，最后如人之愿，成事之功。从柔弱处入手，通过自然的转化，得到为人之上、治国安民的结果，这种意识在老子那里是很明确的。比如他说："天长地久。天地所以能长且久者，以其不自生，故能长生。是以圣人后其身而身先，外其身而身存。非以其无私邪？故能成其私。"（《老子》第七章）也就是说，圣人处于人后，最后的结果是处于人先；圣人将自身置之度外，最后的结果是保存自身；圣人不考虑自己的私利，最后的结果是利人利己。比如又说："不自见，故明；不自是，故彰；不自伐，故有功；不自矜，故长。夫唯不争，故天下莫能与之争。"（《老子》第二十二章）"不自伐"，是不炫耀的意思；"不自矜"，是不骄傲的意思。这里的意思也很明确，"不自见"、"不自伐"、"不自矜"、"不争"，这些都是入手的方式，最后的结果是达到"明"、"彰"、"有功"和

"天下莫能与之争"。比如又说："天下之至柔,驰骋天下之至坚。无有人无间,吾是以知无为之有益。"(《老子》第四十三章)这里明确地说,无为守柔是为了有益。什么是有益? 那就是"驰骋天下之至坚"。比如又说："天下莫柔弱于水,而攻坚强者莫之能胜,以其无以易之。弱之胜强,柔之胜刚,天下莫不知,莫能行。是以圣人云:受国之垢,是谓社稷主;受国不祥,是为天下王。正言若反。"(《老子》第七十八章)在老子心中,柔弱是为了攻坚强,受国之垢是为了做社稷主,受国不祥是为了做天下王。

正因为如此,所以有些人说老子学说是一种权术,守柔处下是假,居上制人是真。实际上这并不是权术,而是智慧。老子在这里不是要人们做假,而是要人们掌握宇宙大道和天地万物发展变化的规律,遵循宇宙大道和天地万物发展变化的规律,以此去求取事业的成就和人世的繁盛。规律是什么? 是弱之胜强,是柔之胜刚,是自然而然的反向转化。正是有鉴于此,老子才出此之策。此策的目的是什么? 老子并无隐讳,他明确地告诉人们,这是为了"爱民治国"(《老子》第十章),是为了"以道佐人主"(《老子》第三十章),是为了"取天下"(《老子》第五十七章),是为了"治人事天"(《老子》第五十九章)。

庄子则别有所思,他认为天下已经没了得治的希望,一个人所要做的也只有保持自身的纯真和朴实了。要做到自身的纯真和朴实,那就要将自己与天地万物之中最实在、最纯真的大道融为一体。一旦透过形形色色的天地万物,把握了其中那无形无色的大道,剥落天地万物的外表,观照到其中的本质,使自己的精神摆脱形象之分、声色之别的制约,就实现了超越,就进入了纯真无瑕的世界,就能逍遥自在。为此,庄子专门撰写了《人间世》、《应帝王》、《逍遥游》、《德充府》等文章,表述他的心迹。他说："天下有道,圣人成焉;天下无道,圣人生焉。方今之时,仅免刑焉。"(《人间世》)也就是说,当今之世,既谈不到做一个播福于天下的圣人,也谈不到做一个修养自身的圣人,大不了也只能做到洁身自好,免于刑戮。既然如此,那些所谓的治世之方对于治天下来说,只能起到"涉海凿河而使蚊负山"(《应帝王》)的作用。为此他劝导人们泯灭大小的分别,摆脱万物的制约,"乘天地之正,而御六气之辩,以游无穷"(《逍遥游》),以至达到"虽天地覆坠,亦将不与之遗"(《德充府》)。

　　"乘天地之正",就是天地是什么样就让它是什么样;"御六气之辩",就是风雨怎么变就随它怎么变;"以游无穷",就是在那无穷无尽、无边无际的大道之中漫游;"不与之遗",就是不因之而消失。上文最后两句的意思是:不管那天地万物有什么特性,不管那风雨明晦有什么变化,都随它去;一心体悟那没有特性、没有差别的大道,天塌地陷与自己都没有关系,自己不会因为天塌地陷而泯灭消失。

　　有人说,这是一种消极的出世思想。从表面上看,这种结论不无道理,可细细琢磨起来却又感到并不贴切,并不入理。实际上,庄子在这里只不过是表述了自己"以道观之"的一种心理感受,至于这种感受与现世身体的行为举止如何契合,这种契合应该如何评价,这些都是需要研究的问题,也正是本书所要探讨的问题。

第二章　方外之说

039

　　什么是"方外"？按照庄子的说法,那就是"六合之外"(《齐物论》)。所谓"六合",是指人们能够感觉到的四方上下三维空间;因为它是一个由四方上下构成的、人们可以感觉到的立体空间,所以称为"方"。其内为"方内",其外为"方外"。

　　在这里我们特别强调"人们能够感觉到的",那是因为四方上下本来是没有边际的,既然没有边际,那么也就没有所谓"内",也就没有所谓"外"。既然没有内外之分,怎么会有"方内"与"方外"之别？在庄子学说里,宇宙空间虽然没有边际,但人的感官能力却是有限的,它只能感觉到有形有象的东西,而不能感觉到无形无象的东西。正因为这样,所以在人们面前,宇宙便以人们的感官能力的极限为边界划分成了两个世界:一个是可视可听的有形有象的世界,它在人们的感官能力之内,所以称为"方内";另一个是不可视不可听的无形无象的世界,它在人们的感官能力之外,所以称为"方外"。

这里还应该说明的一点是,在庄子看来,能够感觉到的四方上下是人类借以居住、生息的地方,也就是俗话所谓的尘世,所以"方内"也指尘世,而"方外"又有尘世之外的意义。

在庄子看来,方外与方内是根本不同的。方外是宇宙之源、万物之本;方内是宇宙之流、万物之表。

按照中国古人的理解,四方上下谓之宇,古往今来谓之宙。庄子认为,四方上下是无有边际的,古往今来是没有穷尽的,宇宙在空间上是无穷的,在时间上是无终的。正因为如此,所以它的原本面貌并不是世人所见到的这个样子。世人目力所能见到世界,即所谓的方内,只是宇宙变化的一个瞬间,只是无垠宇宙的一个角落。在这个角落里,在这个瞬间中,到处是有形可见、有象可感的事物。这些事物千姿百态,形象各异:上面是天,下面是地;天地之间,人是竖的,兽是横的,有羽毛的能高飞,有鳞甲的能潜泳。而跨出这个角落,越出这个瞬间,来到方外,这一切事物就全都没有了。不但没有事物,而且也没有前后,没有上下,没有分界,没有形象。与方内相比,那就是一无所有,所以庄子又将"方外"称为"无何有之宫"。实际上"无何有之宫",也就是什么也没有、什么也不是的道。

庄子在《大宗师》中讲了一个"子贡助丧"的故事,其中就蕴涵有这种思想。故事说:

子桑户、孟子反、子琴张三人相与友,曰:"孰能相与于无相与,相为于无相为? 孰能登天游雾,挠挑无极,相忘以生,无所终穷?"三个相视而笑,莫逆于心,遂相与为友。

莫然有间而子桑户死,未葬。孔子闻之,使子贡往侍事焉。或编曲,或鼓琴,相和而歌曰:"嗟来桑户乎! 而已反其真,而我犹为人猗!"

子贡趋而进曰:"敢问临尸而歌,礼乎?"

二人相视而笑曰:"是恶知礼意!"

子贡反,以告孔子,曰:"彼何人者邪? 修行无有,而外其形骸,临尸而歌,颜色不变,无以命之。彼何人者邪?"

孔子曰:"彼,游方之外者也;而丘,游方之内者也。外内不相及,而丘使女往吊之,丘则陋矣。彼方且与造物者为人,而游乎天地之一气。彼以生为附赘县疣,以死为决疣溃痈。夫若然者,又恶知死生先后之所在!假于异物,托于同体;忘其肝胆,遗其耳目;反复终始,不知端倪;芒然彷徨乎尘垢之外,逍遥乎无为之业。彼又恶能愦愦然为世俗之礼,以观众人之耳目哉!"

"孰能相与于无相与,相为于无相为?孰能登天游雾,挠挑无极,相忘以生,无所终穷?"意思是谁能不有意地相亲相爱而自然地相亲相爱,谁能不有意地有所作为而自然地有所作为,谁能升腾于天上,遨游于雾中,随风飘荡而无始无终,谁能忘掉死也忘掉生,死而不亡,恒久无穷。

"而已反其真,而我犹为人猗",意思是你倒是干脆利落地恢复了自己的本来样子,返回到了自己的原本地方,可我们还在这里充当着人哩!

"修行无有,而外其形骸",意思是修炼把一切都看成空无所有的精神境界,把人的形体置之度外。

"彼方且与造物者为人,而游乎天地之一气",意思是这些人的心境每时每刻都与大自然的造物者融为一体,每时每刻都伴随着贯通内外的气飘荡游移。

"假于异物,托于同体",意思是,人生不过是借助于不同的形体来展现同为一体的、无所分别的大道。

这个故事是说,子桑户、孟子反、子琴张有着共同的修养,都进入了混然一体、没有分界的精神境界,所以自然而然地结为密友。他们进入的境界也就是故事中孔子所称的尘世之外,亦即方外。

方外与尘世不同,进入这种境界就什么区别也没有了,天地万物混然为一,你我彼此都成一体,因此也就无所谓生,无所谓死,无所谓终,无所谓始了。既然没有生死,没有终始,因此也就不存在什么生喜死悲、始欢终戚的情感差别,更用不着为生死去制定什么礼节,实行什么礼节了。所以当子桑户死后,孟子反和子张琴不但不哭,而且还相和而歌;他们这样做不但不觉得失礼,而且还嘲笑上前责问他们的子贡,说子贡哪里能懂得什么是礼。

游于方外为什么就会混然一体,生死不别?原因有两个:其一是因为视野发生了变化。游于方内,以尘世的眼光看人世,就好像用放大镜看世界一样,时间变得长了,空间变得大了,于是事物与事物之间的差别也就展现了出来,生不同于死,彼不同于此。游于方外,站在宇宙之巅观人世,就好像立于云端观察蚂蚁王国一样,什么也看不见,所以也就看不见蚂蚁的生死之别、彼此之分了。其二是因为观察事物的眼力发生了变化。游于方内,也就是用俗人的眼力观察人世。俗人的眼力很浅薄,只能看到事物的表面现象而看不到事物的本质。表面现象是什么? 是事物的形象和声色,是事物与事物之间的差别。所以在人们的眼中充满的是生死之别、是非之异。游于方外,也就是用透视的眼力观察事物。用透视的眼力观察事物,就能透过事物的表面而深入于事物的本质。事物的本质是什么? 是贯通于天地万物之中的、同一无别的道。所以在人们的眼中什么东西也没有了,剩下的只是空虚和无有。既然什么东西也没有了,当然也就没有生死之别和人间礼节了。正因为如此,所以子贡说孟子反、子琴张是在"修行无有",孔子说孟子反、子琴张视人生为"假于异物,托于同体"。

站在宇宙之巅观人世,也就是站在道的高度观人世,也就是"以道观之";透过事物的外在形象,深入到事物的本质,把握同一无别的道,也就是将人的目光与道融为一体,也就是"以道观之"。这两种"以道观之",从表述的方式上看好像有些不同,实际上表达的意思是一致的,都是超越有形有象的天地万物,与无形无象的大道融为一体,用这样的心境体悟人世。

除此而外,庄子还有一种思想,他认为宇宙原初没有天地万物,只有混然一体、弥漫无际的气。天地万物乃至人类都是由气变现出来的,最终仍然要回归于混然一体、弥漫无际的气中。因此,人的生死不过是伴随着气的变化而游移罢了,实质上没有什么变化,实际上没有什么区别,说来说去都是气。站在这样的视角看问题,人生不过是气的变现,是暂时的,而且是气的一种病变,人死才是回归于正常。有鉴于此,故事中的孔子说游于方外的人每时每刻都与大自然的造物者融为一体,每时每刻都伴随着贯通内外的气飘荡游移。

庄子在讲道无所不在时,还对游于方外做过一段描述。他说:

尝相与游乎无何有之宫,同合而论,无所终穷乎! 尝相与无为乎! 澹而静乎! 漠而清乎! 调而闲乎! 寥已吾志,无往焉而不知其所至,去而来而不知其所止,吾已往来焉而不知其所终;彷徨乎

冯闳,大知入焉而不知其所穷。物物者与物无际,而物有际者,所
谓物际者也;不际之际,际之不际者也。谓盈虚衰杀,彼为盈虚非
盈虚,彼为衰杀非衰杀,彼为本末非本末,彼为积散非积散也。
(《知北游》)

"无何有之宫",就是"方外",就是"道"。这在前面已经做过解释。唐代成
玄英为之作疏说:"无何有之宫,谓玄道处所也;无一物可有,故曰无何
有也。"

"冯闳",指空旷辽阔的地方。魏晋时代的郭象为之作注说:"冯闳者,
虚廓之谓也。"

"物物者与物无际,而物有际者,所谓物际者也",意思是说产生天地万
物的道(物物者)贯通于天地万物之中,与天地万物融为一体,没有界限(与
物无际)。不过,它却产生有界有限的东西(而物有际者);正因为如此,所
以称它为产生界限的东西(所谓物际者也)。

"不际之际,际之不际者也",意思是说,这种没有分界的道(不际)处在
有分有界的天地万物之中(之际),成了有分有界的天地万物之中的没有分
界者(际之不际者)。

"盈虚衰杀",指富余、亏空、衰老、死亡。

"彼为",意思是它创造。

上面这段话,以"物物者与物无际"为界,大体分为两层意思:在它之前
是讲游于无何有之宫的感受;从它开始直到结束,是讲无何有之宫自身及其
与天地万物的联系和区别。

庄子认为,无何有之宫可以用一句话做总体上的概括,那就是空旷无
边,一无所有。正因为空旷无边,一无所有,所以到那里去漫游所感受到的
也就只是自身的安静、恬适、悠闲和自在。至于其他方面,比如哪里是起点?
哪里是终点? 走到哪里往回返? 回来到哪去休息? 如此等等,谁也弄不清
楚,就是大智大慧的圣人来到这里也无能为力。

之所以会出现这种情况,不是人的智慧达不到,而是因为它自身到处都
是一样的,到处都是同一的,根本不存在这里与那里、起点与终点的区别。
它虽然是天地万物的创造者,但创造了天地万物之后仍与天地万物融在一
起,与天地万物没有界限。天地万物之间是有界限的,但它与天地万物之间

是没有界限的。不但它与天地万物之间没有界限，而且它自身也是没有界限的。换句话说，它创造了天地万物和天地万物之间的界限和区别，而它自身却没有界限和区别；天地万物都有富余、亏空、衰老、死亡，都有起始、结束、积聚、消散，而它却没有富余、亏空、衰老、死亡，没有起始、结束、积聚、消散。所以庄子说"彼为盈虚非盈虚，彼为衰杀非衰杀，彼为本末非本末，彼为积散非积散也"。富余、亏空、衰老、死亡、起始、结束、积聚、消散，都是事物之间的区别，无何有之宫没有，道没有。

通过上述故事和描述，我们可以得出三个结论：

其一是，所谓"游于方外"，是神游，心游，而不是形游，体游。不是说人的身体升腾到了天地和尘世之外，而是说人的心里体会到了天地和尘世之外的世界。也就是说，庄子所说的"游于方外"是一种心理活动，不是一种形体活动。正因为如此，所以故事中的子贡说孟子反和子琴张是"修行无有"，也就是说修养将一切都视为无有的心态；正因为如此，所以故事中的孟子反和子琴张虽然并没有离开大地，而孔子却说他们是游于方之外者。也正因为如此，所以庄子还将游于方外、游于道中称为"体道"（《知北游》）。所谓"体道"，就是用心去体悟道，用心去体悟方外。

其二是，方外空旷无边，一无所有。而在庄子的学说中，空旷无边和一无所有都与同一无别联系在一起。其逻辑关系是这样的：方外混然为一，没有分界，所以也就没有边际；方外混然为一，没有分界，所以也就不可能有其他的东西出现。

其三是，"游于方外"就是透过万有而体悟无有，透过差别而体悟同一。既然方外空旷无边、一无所有，是一个混然一体的同一境界，既然方外不但自身混然一体、同一无别，而且与千差万别的天地万物也没有分界，那么所谓"游于方外"，说到底也就是通过心理修养，使自己透过天地万物去体悟那剥落掉天地万物之后的纯真无物的道，透过天地万物之间的差别去体悟那没有差别的纯洁无杂的一。

从庄子方外之说中总结出来的这三个结论，实际上也就是庄子所谓"以道观之"（游于方外与以道观之的联系与区别我们将在下面分析）的三个要素：以心体之；体其同一；剥离万物。第一个要素确定了以道观之的手段，表明这是一种心理活动；第二个要素确定了以道观之的目的，表明它的结果是体悟千差万别之中的同一;第三个要素确定了达到以道观之目的所必须经历的程序,这就是剥离道的外在表现形式——万物,消除同一的外在表现形式——差别。

"以道观之"的三个要素,是整个庄子学说的纲领。把握了这个纲领,就掌握了理解庄子学说的钥匙,庄子学说中的一些怪诞故事和"狂言乱语"就会得到合理解释。

比如,庄子将体悟到大道的人称为真人,并对真人做了种种超常的描述。这似乎是一种神话,又似乎是一种宗教说教,给人一种荒诞不经的感觉。而一旦我们用"以道观之"的三个要素去解剖,就会发现,将它作为神话理解也好,还是将它作为宗教说教理解也好,都与庄子的初衷相去甚远,因为它表述的是哲学。

下面试以《大宗师》中的一些描述来分析,因为这些描述正是对"游于方外"或曰"以道观之"这种思想的形象表述。

文中说:

> 何为真人?古之真人,不逆寡,不雄成,不谟士。若然者,过而弗悔,当而不自得也。若然者,登高不栗,入水不濡,入火不热。是知之能登假于道者也若此。

"是知之能登假于道者也若此",意思是只有智慧能驾驭大道的人才能达到这种境界。智慧能驾驭大道的人,也就是能站在道的高度观察事物的人,也就是能以道观之、游于方外的人。

这段话是说:古代的真人不欺负孤寡,不自夸功劳,不豢养门客。像他们这样的人,犯了错误也不后悔,做的正确也不自得。像他们这样的人,登上高处也不战栗,入于水中也不被溺,进入火中也不怕热。

下面接着又说:

> 古之真人,其寝不梦,其觉无忧,其食不甘,其息深深。真人之息以踵,众人之息以喉。屈服者,其嗌言若哇。其耆欲深者,其天机浅。
>
> 古之真人,不知说生,不知恶死;其出不欣,其入不距;翛然而往,翛然而来而已矣。不忘其所始,不求其所终;受而喜之,忘而复之,是之谓不以心捐道,不以人助天。是之谓真人。

文中的"天",指天然;意谓自然而然。这两段的意思是说:

古代的真人,睡觉不做梦,醒后无忧愁,吃起饭来不感香甜,呼吸起来气很深沉。真人是用脚跟进行呼吸,众人是用咽喉进行呼吸。辩论输了,说起话来就吭吭哧哧,嗜好过深,天然的真性就很浅薄。

古代的真人,不知道追求生,不知道厌恶死。出生了也不喜悦,要死时也不抗拒。只不过是自然而然地死,自然而然地生而已。不忘记自己是从哪里来的,不探求自己将归于何处,出生了就愉快地接受,死亡了就等于是回归。这就叫做不以自己的心智为道增添什么东西,不以自己的作为协助自然的变化。这样的人就是真人。

下面又说:

古之真人,其状义而不朋,若不足而不承;与乎其觚而不坚也,张乎其虚而不华也;邴邴乎其似喜乎!崔乎其不得已乎!滀乎进我色也,与乎止我德也;厉乎其似世乎!謷乎其未可制也;连乎其似好闭也,悗乎忘其言也。以刑为体,以礼为翼,以知为时,以德为循。以刑为体者,绰乎其杀也;以礼为翼者,所以行于世也;以知为时者,不得已于事也;以德为循者,言其与有足者至于丘也;而人真以为勤行者也。故其好之也一,其弗好之也一。其一也一,其不一也一。其一与天为徒,其不一与人为徒。天与人不相胜也,是之谓真人。

"故其好之也一,其弗好之也一",是说在他看来,世界上的东西本质上都是一样的。从表面看来,一种东西与另一种东西不一样,因此就有可能喜欢一些东西而不喜欢另一些东西。然而不管他喜欢不喜欢,这些东西的本质都是一样的。比如说,从表面上看,马善奔跑,牛喜慢行,它们喜好不一,性能各异,是两种不一样的东西。然而,它们都是自然界的自然创造物,都在与自己的性能相适应的自然环境中生长发育。就这一点说,它们都是一样的。这就是它们共同的本质。

"其一也一,其不一也一",是说事物的本质与事物的表现实际上是一样的。"其一也一",是指事物的本质。因为在他看来,不管什么样的东西,在本质上都是自然的创造物,都是按照自然而然的法则存在和变化的,这是一样的。"其不一",是指事物的表现。因为在他看来,事物尽管在本质上都是一样的,但是表面上却各有各的性能,各有各的形象,这是不一样的。不过在真人看来,区分事物的本质与表现,这本身就是一种尚不深刻的眼光。如果将事物看透,事物的本质与表现也没有区分,也是一样的。因为事物的本质和事物的表面都是事物自身自然而然的两个方面,从都属自然创造物这个角度来说,它们没有什么区别,所以说"其不一也一"。比如马、牛都是自然的创造物,都顺应着自身的性能而生活,这是一样的;马、牛各有自己的特长,都有各自的性能,这是不一样的;然而"一样的"是天然形成的,"不一样的"也是天然形成的,所以说来说去,"一样的"与"不一样的"归根到底都是天然如此,都是一样的。

"其一与天为徒,其不一与人为徒",其意是说,一样的,那就是与天然同类的东西,不一样的,那就是与人为同类的东西。之所以这样说,那是因为,事物的本质是指天然如此一类的东西,事物的表现是指人为造作一类的东西。因为所谓"一样的",都是从天然如此这种角度上讲的;所谓"不一样的",都是从人的主观感受或人的主观造作上讲的。比如,一说到牛、马一样,那就是指它们天生的那个方面;一说到牛马不一样,那就是指人们感受到的它们的那个方面。在人们看来,牛与马,一个喜好慢行,一个善于奔跑,这是不一样的。可是这个不一样只是人在认识方面的区别。假如没有人对它们的认识,它们只不过是自然界的一个天然成员而已,不管马善奔跑也好,还是牛喜慢行也好,都是自然界自然而然形成的,都是天性,哪里有什么区别呢?

"天与人不相胜也,是之谓真人",意思是将天然与人为视为不相背谬的人,这就是真人。这是说,真人连天然与人为也不加区别,将一切都看做是一样的。因为所谓人为,实际上也是自然而然的。比如牛、马长着四个蹄子,善于长途跋涉,这是天然的,而人却利用它们,给它们戴上笼头、穿上鼻绳,这是人为,然而人之所以这样做,对人来说也是自然而然的,因为他们天生就有智慧,就要利用自然界的东西为自己服务。所以真人把人为也视为天然,不分人为与天然。

将上面这段话的意思连贯起来,那就是说:古代的真人,外貌随和而不结伙,似有不足而不求助,他的骨节不坚硬,他的襟怀不华浮。面带笑容,好像是很欢喜啊!或动或止,出于不得已啊!起身前行,是自己的形体自然驱使的啊！遇物而止，是自己的本性自然牵制的啊！那个严谨的样子，好像是世俗的君子；那个豪放的样子，却又没有任何约束；动止连绵，好像无所间断；随机起伏，无须张口出言。以刑法作为治理国家的主体，以礼仪作为治理国家的羽翼，以智慧作为治理国家的节度，以本性作为治理国家的规矩。以刑法为主体，却在杀人的事情上显得宽容而得宜；以礼仪为羽翼，为的是随从世俗而不违背民意；以智慧为节度，做事情都是出于不得已；以本性为规矩，是说他与每个有脚的人都回到自己的故里。以上说的这套治理国家的方法，本意是说真人与每个人都返回到自己的本性，而不懂其中含义的人却以为真人真是这样辛苦劳作、不得休息。所以，他喜欢也一样，他不喜欢也一样；他认为一样的也一样，他认为不一样的也一样。他认为一样的，那就是与天然同类的东西；他认为不一样的，那就是与人为同类的东西。将天然与人为视为不相背谬的人，这就是真人。

上面这几段描述，看上去颇为神秘。登高不怕，这可能凡人也能做到，只要不怕死，登高就可以不怕。而入水不濡，入火不热，用脚跟呼吸，把本来不同的东西视为同一，这就不是一般人能够做到的了，只有小说里的神仙才可以。正因为这样，所以汉代之后出现的道教据此发挥，编造出了很多神仙形象，让人们去膜拜。

不过编造神仙却不是庄子的本意。他的本意可以用"以道观之"的要素来分析。

"以道观之"的要素告诉我们，真人的活动不是形体活动，而是心理活动，所以，所谓入水、入火、呼吸、视物，都只是心理活动的一种隐喻。隐喻什么？隐喻在真人的心目中，水、火、气、物等等不同的东西，入水、入火、呼吸和视物等等不同的行为，实际上没有什么差别。在世人看来，这些东西、这些行为是根本不同的：水中没有空气，溺于其中会淹死；火中温度高，落入其中会烧死；气是一种有孔而入的东西，只能用口鼻来呼吸而不能用脚跟来呼吸；万物各色各样，看上去千差万别。可这些千差万别的事物、千差万别的行为，到了真人眼里却没有差别。为什么？因为真人与世人的眼光不一样。世人只看事物的表面，而真人看的却是事物的实质。事物的实质是什么？就是事物自身的自然本性。事物外在的形式可能是千差万别的，但一切事物的自然本性都是一样的，没有什么差别。什么是自然本性？自然本性就是自己有什么样的性能就自然而然地展示什么样的性能,自己的性能如何就能自然而然地适应与自己性能相应的环境。比如,水是一种液体,其中的空气几乎可以忽略不计;火中的温度很高,高到可以销铜铄铁;气体无孔不入而有孔则入;万物纷纭,各呈其能。它们都是自然如此的,没有人要它们这样,也没有人能不要它们这样。这些都是它们自身的自然本性,这对一切事物来说都是一样的。再比如,鱼儿入水不但不会溺死,而且倒是离了水则不能生活;耐火材料不但不怕火烧,而且入到火中方显出其耐火性能;脚跟虽然不能呼吸空气,但却可以支持形体,在发挥它自身自然效用方面与口鼻没有什么差异;万物各异而各适其能,只要在与自身性能相适应的环境之中就能安适自在,这一点没有什么差别。真人正是深入到事物的这个层次来看待事物,来行事处世,既顺着自身的自然性能行事,又顺着外物的自然性能用物,自己有什么样的本事就用什么样的本事,外物有什么样的性能就发挥其什么样的性能。这就是真人的心理境界,在这个境界里,差别消除了,一样的一样,不一样的也一样了。

需要注意的一点是,庄子在此谈到了更深一层的思想,涉及用什么统一天地万物的问题。庄子的回答是用"自然",用"天然",也就是用"自然而然"。换句话说,他认为,天地万物及其行动静止都是自然而然的,这就是它们的本性;虽然它们的外表、它们的形态千差万别,但都是自然而然的,在这一点上是一样的,没有差别。有关这一思想,我们将在第十章《物归自然》中进行探讨,在此不做赘述。

在如上分析的基础上,我们便可以对庄子的"真人"有一个全新的认识了。他所谓的真人,也就是将自己的心境融入混一大道的人。将自己的心境融入了混一的大道,那也就将一切都视为一样了。而将一切都视为一样,最后的落脚点就是天然,就是将一切都归入天然,让一切都顺从天然。所谓归入天然、顺从天然,也就是天生下来是什么样的就让它是什么样,天生下来有什么性能就让它发挥什么性能。既然如此,当然也就不会出现入火觉热、入水被溺的事情了。因为按照天生下来是什么样就让它是什么样、天生下来有什么性能就让它发挥什么性能的原则行事,那也就是让那些耐火的东西进入火中,让那些不怕水的东西进入水中,正像用耐火材料做耐火用具、让鱼龟一类水族进入水中一样,怎么会怕火热、怕水溺呢?耐火材料与鱼龟从外表上来说是不一样的,可是它们各自都适合自己的自然本性,在适合自己性能的环境中都不会受到危害,这是一样的。这就是"其不一也一"。体悟到这一点,就是真人。正因为真人体悟到了这一点,所以便不会违背事物的自然本性行事;正因为真人不会违背事物的自然本性行事,所以也就不会受到危害。

正是出于这样的道理,所以说真人入火不热,入水不溺;犯了错误也不后悔,做得正确也不自得;像秋天一样冷峻,又像春天一样温暖;没有自己,没有名声,没有功果,一切都是顺从着事物的真性。也正因为一切都顺从着事物的真性,所以一切事物都可以安然自适。

庄子在描述真人的时候,涉及以道观之的两个要素,一个是以心体之,另一个是体其同一。至于剥离万物则未曾谈到。而这一要素在庄子的方外之说中也很重要,因为它涉及超脱尘世、达到方外、进入以道观之境界的程序问题。程序问题不解决,方外之说就不圆满,就不成系统。

有关程序,庄子提出了四种形式。这就是坐忘、心斋、悬解和见独。下面我们逐一进行探讨。

一、坐忘之说

"坐忘",就字面意义讲,也就是坐在那里,静下心来,把一切都忘掉。把一切都忘掉了,那在自己的心中就什么东西都没有了,包括身外之物和自己的身体,还包括自己的聪明和自己的心智;把一切都忘掉了,那在自己的心中就剩下了一片蒙眬,形成了一团混沌,庄子把它叫做大通,认为这就是大道的状态,这就是与大道融成了一体。

(一)离形去知 同于大通

庄子通过"颜回坐忘"的故事对"坐忘"的涵义及实现"坐忘"的修养过程做了形象的描述。他说:

颜回曰:"回益矣。"

仲尼曰:"何谓也?"

曰:"回忘仁义。"

曰:"可矣,犹未也。"

他日复见,曰:"回益矣。"

曰:"何谓也?"

曰:"回忘礼乐矣。"

曰:"可矣,犹未也。"

他日复见,曰:"回益矣。"

曰:"何谓矣?"

曰:"回坐忘矣。"

仲尼蹴然曰:"何谓坐忘?"

颜回曰:"堕肢体,黜聪明,离形去知,同于大通,此谓坐忘。"

仲尼曰:"同则无好也,化则无常也。而果其贤乎! 丘也请从
而后也。"(《大宗师》)

"堕肢体,黜聪明,离形去知,同于大通",意思是把自己的四肢身体都抛掉,
把自己的耳聪目明都除掉,离开自己的形体,泯灭自己的智慧,与混沌大通
的道融为一体。

"同则无好也,化则无常也",意思是把一切都视为相同无别的,那也就
无所谓好恶了;把一切都看做是变化不居的,那也就不再固执了。

这个故事从三个方面对"坐忘"做了描述:一是实现坐忘的程序;二是
达到坐忘的标准;三是坐忘之后的效果。

就程序而言,要实现坐忘需要进行修炼。修炼的第一步,就是忘掉身外
之物,简言之就是"忘外"。身外之物包括很多种类,比如物质方面的利益、
精神方面的声誉、行为方面的规范等等。其中儒家更重视行为规范。庄子
在这个故事中以儒家创始人孔子及其大弟子颜回为主人公,而以忘掉仁义
礼乐为实现坐忘的第一步,这是有所用意的。其意是说,儒家一旦忘掉了仁
义礼乐,那其他的身外之物就更不在心内了。也就是说,在这个故事中,忘
掉仁义礼乐是忘掉全部身外之物的标志。不过故事也告诉人们,实现这一
步并不容易,它要有一个修炼的过程。正因为如此,所以故事中的颜回分两
次才完成了。第一次只忘了仁义,孔子认为没有修炼到家,又经过一段修
炼,"他日"才又进一步忘掉礼乐。当然,忘掉礼乐后,孔子还说颜回没有修

炼到家。不过这一次倒不是说修炼的第一步没有到家,而是说修炼还没有进入第二步。修炼的第二步是什么?简言之就是"忘内"。

一旦实现了忘内,也就达到了坐忘的标准,也就进入了方外的境界,也就使自己融入了大道。具体来说,忘内又包括两个方面:一是忘掉形体,这就是"堕肢体",也就是"离形";二是"黜聪明",也就是"去知"。故事告诉人们,只有实现了第二步的这两点,才算修炼到了家。而修炼到了家,也就是与贯通于天地万物中的大道融为一体、无所分别了,所以说"离形去知,同于大通"。

达到坐忘、融入大道会是一种什么样的心态呢?故事中的孔子告诉人们,一旦达到了坐忘,那就"无好"、"无常"了。"无好",也就是无所喜好,无所厌恶;"无常",也就是无所恒守,无所固执。既然融入大道后,在人的心目中,一切都无有分别、同一无二了,自然也就无可好恶了;既然融入大道后,在人的心目中,一切都变化不居、无所止息了,自然也就无可固执了。正因为如此,所以故事中的孔子说"同则无好也,化则无常也"。这就是坐忘在人的内心产生的效果。

这里需要注意庄子的两个着眼点:其一是"同";其二是"化"。说"同则无好也,化则无常也"。"同"是从静态上说的,庄子认为,就静态而言,天地万物、彼此物我都是同一无二的;"化"是从动态上说的,庄子认为,就动态而言,天地万物、彼此物我都是变化不居的。这两个着眼点是庄子以道观尘事时经常选择的切入口。这里我们暂且点一下,以期引起注意。注意到了这一点,有助于理解下面几章中庄子有关尘世问题的一些论述。

(二)忘年忘义　振于无竟

关于"坐忘",庄子还做过理论性的阐述。其文曰:

> 何谓和之以天倪?曰:是不是,然不然。是若果是也,则是之异乎不是也亦无辩;然若果然也,则然之异乎不然也亦无辩。化声之相待,若其不相待。和之以天倪,因之以曼衍,所以穷年也。忘年忘义,振于无竟,故寓诸无竟。(《齐物论》)

"和之以天倪",是说与天然的分际弥合在一起。庄子在这里所说的"天",是指天然、自然而然;"天倪",是说天然产生的分际。天然产生的分际是自然而然存在的,可是融入大道、游于方外又要求与这些分际弥合起来,将天地万物都视为同一,于是乎就发生了怎么样才叫做与天然的分际弥合在一起、什么是与天然的分际弥合在一起的问题。于是发出了"何谓和之以天倪"之问。

"因之以曼衍",是说顺随着自然的变化而变化。

"化声之相待,若其不相待",是说已经形成的有声有色之物都是既相互区别又相互依赖的,可是融入大道的真人则将它们之间的相互区别和相互依赖视为无区别、无依赖。

上面一段论述的大意是:什么是与天然的分际弥合在一起呢? 那就是将正确的东西也看做不正确,将这样的东西也看做不是这样。假如正确的东西果真是正确的,那么,正确与不正确的区别也是无法判定的;假如这样的东西果然是这样的,那么,这样的东西与非这样的东西之间,其界限也是难以判定的。用语言去判别它们,与不去判别它们没有什么区别。既然如此,那也就用不着去判别它们了。它们有区别就让它们自然而然地有区别好了,它们没区别就让它们自然而然地没区别好了,与它们的天然区别及天然的无区别吻合在一起,任随它们有区别和无区别,让我们在这种境界中度过自己的一生吧。忘掉年月的流逝吧! 忘掉道义的操守吧! 在什么物件也没有、什么区别也没有的境界里翱翔,在什么物件也没有、什么区别也没有的境界里安居。这就是圣人的境界,这就是圣人说的与天然的分际弥合在一起。

在这段论述中,最后所要达到的,是忘掉年月的流逝,忘掉道义的操守,在什么物件也没有、什么区别也没有的境界里翱翔,在什么物件也没有、什么区别也没有的境界里安居。实际上也就是要人们内外皆忘,游于方外,与道融为一体。与颜回说坐忘那一段故事相比,谈论的角度有所不同。那一段故事主要是说经过什么程序、达到什么境地就实现了坐忘,进入了方外,融入了大道,达到坐忘之后的心态如何;这一段论述主要是说如何看待事物,如何思考问题,才能够实现坐忘,进入方外,融入大道,为什么要坐忘,为什么要游于方外,进入大道。

讨论这一问题的必要性是很明显的。人本来生活在活生生的、五彩缤纷的大千世界里,每时每刻都在接触有形有色有区有别的事物,怎么可能将眼前这千差万别的事物看成同一无别的呢？怎么能听之不闻，视之不见，将它们忘在脑后，化为无有呢？

庄子出来指点迷津了，他告诉人们：天地万物表面上看来是千差万别、真实存在的，可实际上却非如此。为什么这么说呢？因为真有差别、真实存在的东西应该是可以判别、可以确认的，可是天地万物却是不可判别，不可确认的。既然不可判别，不可确认，那么最踏实、最可靠的方法就是由它去。有别也好，无别也好，顺其自然，由它去；真实也好，不真实也好，顺其自然，由它去。都顺其自然，都由它去，有别与无别也就一样了，真实与不真实也就一样了。既然什么都一样了，什么东西也没有区别了，也就无所谓是什么东西了，也就不存在什么东西了，因为各种物件之所以成为它自身，是因为它与其他物件不一样，是因为它有别于别的东西。正因为如此，所以庄子说：它们有区别就让它们自然而然地有区别好了，它们没区别就让它们自然而然地没区别好了，与它们的天然区别及天然的无区别吻合在一起，任随它们有区别和无区别，让我们在这种境界中度过自己的一生吧。忘掉年月的流逝吧！忘掉道义的操守吧！在什么物件也没有、什么区别也没有的境界里翱翔，在什么物件也没有、什么区别也没有的境界里安居。

也就是说，捉住事物的不真实性、不确定性，就能排除它们的外表，消除它们的差别，透视出它们的同一性，看到它们虚无的实质。而既然事物的外在差别乃至事物自身的存在都是不真实的，那么，忘掉事物，视有为无，游于方外，融于大道，也就成了人们看待事物、思考问题的最可靠、最踏实的归宿，必然的不可避免的归宿。

这里应该说明的是，庄子的这段论述有一个前提，这就是事物的差别和存在是不能判别和确认的。为什么？庄子自有论证。我们将在本书第九章《是非之辨》中论及。

这里还应该提及的是，庄子在描述忘年忘义和游于方外、融于大道的时候，谈到了"和之以天倪，因之以曼衍"。也就是说，所谓的坐忘，所谓的游于方外，并非要脱离开天地万物，而是要与天地万物的天然之性相吻合，要顺随天地万物的自然变化。这在庄子学说中是很重要的一种思想。

二、心斋之说

在庄子看来,进入方外、融于大道的程序还有与坐忘相近的另外一种形式,这就是"心斋"。

什么是"心斋"?

"斋"有清洁的意蕴。古人在祭祀的时候,为了表示自己的清洁,所以换穿干净的衣服,戒荤吃素。后来便将这种穿净衣服、戒荤吃素的程式称为斋戒。"心斋",也就是将心境打扫干净的意思。

(一)勿听以心　听之以气

庄子以"颜回将赴卫"的故事表述"心斋"的内蕴。故事说:颜回要去卫国,特来向老师仲尼辞行。仲尼问去卫国做什么。颜回说为了劝说卫君改邪归正。仲尼认为他自我修养还没有达到可以劝说卫君的水平,但是愿意听一下他用来劝说卫君的方法。颜回讲了许多方法,仲尼都说不行。最后颜回无计可施,只得求教:

颜回曰:"吾无以进矣,敢问其方。"

仲尼曰:"斋,吾将语若! 有心而为之,其易邪? 易之者,暤天不宜。"

颜回曰:"回之家贫,唯不饮酒不茹荤者数月矣。如此,则可以为斋乎?"

曰:"是祭祀之斋,非心斋也。"

回曰:"敢问心斋。"

仲尼曰:"若一志,无听之以耳而听之以心,无听之以心而听之以气! 听止于耳,心止于符。气也者,虚而待物者也。唯道集虚。虚者,心斋也。"

颜回曰:"回之未始得使,实自回也;得使之也,未始有回也。可谓虚乎?"

夫子曰:"尽矣。吾语若! 若能入游其樊而无感其名,入则

鸣,不入则止。无门无毒,一宅而寓于不得已,则几矣。"(《人间
世》)

"无门无毒,一宅而寓于不得已",是说不要有意穿凿,不要有意治理,完全
处在不得已而为之的境界。

这个故事的大意是说,颜回向仲尼求教劝说卫君的方法,仲尼叫他先去
斋戒,说斋戒之后再告诉他。颜回认为,所谓斋戒就是戒酒戒荤。仲尼说戒
酒戒荤是祭祀时的斋戒,而他所说的斋戒是指心斋。

什么是心斋? 仲尼做了解释。概括而言,就是要把心境打扫干净,使之
像气那样虚空,以虚空的心境与外界相感应。这就是所谓的"无听之以心
而听之以气"。

为什么要将心境打扫干净? 因为只有将心境打扫干净,大道才能够进
入心中,就像气虚怀若谷,万物都自然向它归附一样。这就是所谓的"气也
者,虚而待物者也。唯道集虚"。

大道进入了人的心境,人也就与大道融为一体了;人与大道融为一体,
心中也就没有了外物,没有了自我,在其心目中,一切都成了一个样子。所
以颜回将心斋理解为"回之未始得使,实自回也;得使之也,未始有回也"。
也就是说,当颜回没有做到心斋的时候,心中还自有颜回;而当颜回做到心
斋的时候,心中便没有了颜回。

仲尼认可了颜回的理解,并顺着这样的心境向颜回传授劝说卫君的方
法。那就是到了卫国之后不要求取成功的虚名,而要顺应自然。卫君听得
进去,就说;卫君听不进去,就不说。不要有意地穿凿,也不要有意去治理,
一切都顺势而行,不得已而为之。仲尼认为,这样就差不多与大道融为一体
了,所以说"则几矣"。

在这个故事里,仲尼将心斋、融于大道和劝说卫君的有效方法糅在了一
起。在他看来,三者是完全一致的。因为心斋就是把心境打扫得干干净净,
使之空虚无物。达到了空虚无物,实际上也就进入了混然一体的境界。因
为既然没有了任何事物,那也就没有了物与物之间的分别,那也就混混茫
茫,合为一体了。混混茫茫,合成了一体,实际上也就与道融成了一体,因为
道就是没有分界、混然一体的虚空境界。不过故事中的仲尼没有用"与道
融为一体"这样的语言,而用了一种形象的比喻,说是"唯道集虚",意思是

道只聚集于虚空的地方。

与道融为一体的含义是什么？在庄子的学说中可以做两种解释：其一是将一切都视为无有，视为同一。这与道自身就是无有，就是同一是同义语。其二是一切都顺其自然，这是将一切都视为无有，视为同一的归结点。这两种解释的基本意思是一样的，也就是说，当心境与大道融为一体的时候，什么东西都成了一个样子。既然都成了一个样子，那也就没有了彼此物我的区别。既然没有了彼此物我的区别，也就无所谓彼、此、物、我，也就没有彼、此、物、我了。换句话说也就是达到了心斋，使心境虚空无物了。心中没有了彼、此、物、我，也就没有了私心、私欲，没有了担心和畏惧，遇到事情与没有遇到一样，都无所谓，都顺其自然，不加干预。

故事中的仲尼认为，只有进入到这种境界，才能前去劝说卫君。因为卫君很暴戾，说他不好不行，说他好也不行。只有当他心情愉快而愿意听人诉说意见的时候才好说话。而要做到这一点，就必须放弃自己的主观意愿而顺应卫君的脾气，也就是说，必须消除一定要成功的欲望，将他的一切举止都视为同一，视为无有，任随他为所欲为，不加干预。而这也就是随其自然，这也就是与道同体，这是达到心斋之后才能做到的。

（二）耳目内通　外于心知

故事中的仲尼在向颜回传授劝说卫王的方法时，还对心斋做了一番理论的说明。其文曰：

> 绝迹易，无行地难。为人使易以伪，为天使难以伪。闻以有翼飞者矣，未闻以无翼飞者也；闻以有知知者矣，未闻以无知知者也。瞻彼阒者，虚室生白，吉祥止止。夫且不止，是之谓坐驰。夫徇耳目内通而外于心知，鬼神将来舍，而况人乎！是万物之化也，禹舜之所纽也，伏戏几蘧之所行终，而况散焉者乎！（《人间世》）

"为人使易以伪，为天使难以伪"，是说在人欲的驱使下容易做假，而在天然的驱使下则难于做假。

"瞻彼阒者，虚室生白，吉祥止止"，是说观照一下那空空洞洞的宇宙，自己的心境就会像虚空的房间发出光辉，吉祥皆会留驻其间。"阒者"，意为虚空之物，指虚空的宇宙、虚空的道。

"禹"、"舜"、"伏戏"、"几蘧",都是上古时代的帝王。

上面一段话的大意是说:"要人不在地上留下行走的痕迹容易,只要不去行走那就可以了;要人走路而脚不着地困难,因为脚不着地就不称其为走路。在人欲的驱使下容易做假,而在天然的驱使下则难于做假。听说过有翅膀的东西能飞,没有听说过没有翅膀的东西能飞;听说过有智能的东西求知,没有听说过没有智能的东西求知。观照一下那空空洞洞的宇宙,自己的心境就会虚空生辉;自己的心境虚空生辉,那吉祥也就会留驻其中了。如果吉祥不留驻其中,那就是坐驰。"坐驰",是表面上看去好像是静静地坐在那里,而实际上却心猿意马,奔驰不息。当耳目向内而心智绝外的时候,鬼神都会住到人的身体之内,且不说人了。这是万物所以变化的关键,大禹、虞舜用以治世的枢纽,伏羲、几蘧终生所循的道路,且不说后来的人了。

仲尼的这段话有五层意思:

其一是说,生活在人世而又要将人世间的事情都从心中排除出去,达到心斋,这是很困难的,那就好像又要走路又不能留下行走的痕迹一样。

其二是说,做到心斋不容易,但并不是绝对办不到。而要做到心斋,首要的一点就是要消除人欲,不要有个人的欲求,不要有私心杂念。因为个人欲求和私心杂念会引人脱离事物的真情,会引人做假。而私欲和做假与达到心斋都是背道而驰的。因为心斋是要把心境打扫干净,而有私欲也就谈不上心境干净;因为心斋是要放弃主观志向,一切都顺应事物自身的性能,让有翅膀的东西去飞,让有智能的东西去求知,而做假则不可能顺着事物的真情办事。

其三是说,要做到心斋,还要在无欲的基础上去观照那空空洞洞的宇宙、空空洞洞的道。在体悟到道的空洞本体和自然本性之时,眼前就会出现光明,做事待物就会避免固执而顺其自然,就会引出事成功遂的结果来。这就是所谓的吉祥留驻。需要注意的一点是,所谓观照空洞的宇宙、空洞的道,并非只是表面上在那里打坐,而是要真正静下心来,使心境与道融为一体,将一切事物及其形象声色化为无有。如果仅仅是表面上在那里打坐,内心不能化物为无,那就会走入坐驰的歧途。

其四是说,要达到心斋,融入大道,有一个调制心理活动的关键环节,这就是"耳目内通而外于心知",也就是耳目向内而心智绝外。耳目本来是向外、用以接受外物的,要它向内,那就断绝了外物的进入。心智本来是识别外物的,让它绝外,那就止息了它本身的功能。所以,耳目向内、心智绝外,也就是要人的心境与外界事物完全断绝关系,使之完全洁净空虚。达到了完全的洁净与空虚,心中就不仅没有了外物,而且也没有了自己;心中既没有了外物,也没有了自己,这就达到了心斋。不过,这里所说的与外物断绝关系并不是指与外物根本不接触,而是说不使外物的外在形式进入自己的心里,不使事物之间的区别进入自己的心里。如果根本不与外物接触,那也就谈不上让有翅膀的去飞、让有智能的去求知、顺物自然的问题了。

其五是说,达到了心斋,融入了大道,就能够免于祸患,就好像有鬼神保佑一样。所以上古的帝王将它作为治世的枢纽和终生追求的道路。

由此可以看出,所谓"心斋",是将心境与大道融为一体的心理修养过程。完成了这个过程,人的心境也就与大道融为一体了,人的精神也就游于方外了。

三、悬解之说

庄子将心中无物称为坐忘,将心境洁净称为心斋。他认为人的心思陷入物欲之中,让外物充塞心境,那就像是把自己捆绑在了物上、头朝下倒悬了起来,一切听从外物的支配,没有了自己的主动和自由。这是人生最可悲的事情。人之所以要进行精神修养,要达到坐忘,修养心斋,就是为了把自己从物的牵系中解脱出来,将自己从倒悬中解救出来,以达到自由,达到自在。他把超脱于物外、解除倒悬称为悬解。

(一)安时处顺　不悲友亡

庄子用"秦失吊丧"的故事对"悬解"的含义做了解说。故事说:

老聃死,秦失吊之,三号而出。弟子曰:"非夫子之友邪?"

曰:"然。"

"然则吊焉若此,可乎?"

曰:"然。始也吾以为其人也,而今非也。向吾入而吊焉,有

老者哭之,如哭其子;少者哭之,如哭其母。彼其所以会之,必有不
蕲言而言,不蕲哭而哭者。是遁天倍情,忘其所受,古者谓之遁天
之刑。适来,夫子时也;适去,夫子顺也。安时而处顺,哀乐不能入
也,古者谓是帝之悬解。"(《养生主》)

"不蕲言而言,不蕲哭而哭",意思是不应当叨念而叨念,不应当哭泣而哭
泣。"遁天倍情",意思是脱离了天然而添加了人情。

这个故事是说秦失去吊老聃,只哭了三声就出来了,礼节过于简单。弟
子不能理解,问他说:"作为老聃的朋友,吊唁这样简单说得过去吗?"由此
引出了秦失一番超乎常人的议论。这番议论的大意是这样的:

怎么说不过去呢?一开始的时候,我以为来吊唁的人们都是圣人之徒,
可现在看来不对了。在我进去吊唁的时候,看见有上了年纪的人在哭,好像
是在哭他的儿子;有年纪还小的人在哭,好像是在哭他的母亲。他们之所以
达到这种程度,其中必有不应当叨念而叨念,不应当哭泣而哭泣的成分,这
就脱离了天然而添加了人情,忘记了老聃传授的自然之道。古人把这种哀
痛叫做脱离天然所遭受的刑罚。该生的时候,老聃出生了,这就是应时(安
时);该死的时候,老聃死了,这就是顺化(处顺)。既然老聃当生的时刻则
生,当死的时刻则死,应时而顺化,那还有什么可以高兴和悲哀的呢?不为
当生而生欢乐,不为当死而死悲哀,古人称这是悬解。

老聃死了,在常人看来,他的朋友应当很悲伤。可是老聃的朋友秦失却
非如此。之所以不如此,那是因为这种俗人之见违背大道的自然而然,而秦
失却是一位得道之士,从大道自然的高度看待问题。

从大道的高度看待问题:一个人出生了,那是他顺应着自然的变化出现
了:一个人死亡了,那是他顺应着自然的变化而归去了。所以,出生了,也无
所谓欢喜;死亡了,也无所谓悲伤。达到了这种境界,就会将生死得失置之
度外,就会不再受外物的牵系,就会从外物的束缚下解放出来。这就是
悬解。

秦失进入了悬解的境界,所以他的朋友老聃死了他能处之泰然,只走走
吊唁的形式,而没有感情上的波动。

参加吊唁的其他人则不行,他们以常人之情对待老聃的死亡,为老聃离
去而悲伤。他们的这种态度也就等于说老聃死了是不应该的,是老天的不

公,是老天的罪过。然而老天是一种自然而然的东西,它根本没有自己的主观意志,所以也就不存在什么公平与不公平的问题。问题只在于人们能不能够顺应着天然而行。为老聃之死而哀伤,正是脱离了天然而以人情待之。既然如此,这种哀伤也就是人们自找的痛苦,换句话说,也就是上天对人们背离自然的惩罚。所以秦失说这些人是"脱离了天然而添加了人情,忘记了老聃传授的自然之道",把他们的哀伤称为"脱离天然所遭受的刑罚"。

这个故事是以对待亲友的生死为例来说明悬解的。是说把亲友的生死都排于心外,不以亲友生死牵系己心,才能从对亲友的哀思中解脱出来,才能免于天然的惩罚。而要做到这一点,就要把生死看成是自然而然的,就要顺其天成而免于人求,就要安时而处顺。

(二)安时处顺　不恶己殃

不过庄子所谓的"悬解"不只是说心中无亲友的生死,而同时是说心中无一物,其中也包括心中无自己;不只是说要将亲友的生死看成是自然而然的,而同时是说要将一切都看成是自然而然的,其中也包括将自己的存在和变化看成自然而然的。换句话说,也就是遇到一切事物、一切变故都要安时而处顺。而在诸种事物和变故中,与自己最有关系,最能牵动己心的,那就是自己本身的遭遇。所以庄子还从对待自身遭遇的角度谈悬解。

庄子讲了一个"子舆论造物"的故事,其中表述了这样的观点。故事说:

子祀、子舆、子犁、子来四人相与语曰:"孰能以无为首,以生为脊,以死为尻,孰知死生存亡之一体者,吾与之友矣。"四人相视而笑,莫逆于心,遂相与为友。

俄而子舆有病,子祀往问之。曰:"伟哉夫造物者,将以予为此拘拘也!曲偻发背,上有五管,颐隐于齐,肩高于顶,句赘指天。"阴阳之气有沴,其心闲而无事,跰𧿃鉴于井,曰:"嗟乎!夫造物者又将以予为此拘拘也!"

子祀曰:"女恶之乎?"

曰:"亡,予何恶!浸假而化予之左臂以为鸡,予因以求时夜;浸假而化予之右臂以为弹,予因以求鸮炙;浸假而化予之尻以为

轮,以神为马,予因以乘之,岂更驾哉!且夫得者,时也,失者,顺
也;安时而处顺,哀乐不能入也。此古之所谓悬解也,而不能自解
者,物有结之。且夫物不胜天久矣,吾又何恶焉!"(《大宗师》)

大意是说:子祀、子舆、子犁、子来四人都把无有当做脑袋,把活着当做脊柱,
把死亡当做尾骨,把生死存亡视为一体,认为它们没有什么区别,都是不存
在的,都是无有。所以结成了朋友。没过多久,子舆就病了。他蜷曲着身
体,弯着腰躬着背,五官朝天而下巴却埋在肚脐中间,肩膀高过头顶而发髻
却向上指天。不过他却不在乎,认为这是上天自然而然的变化,以之为造物
者的安排。对于这种遭遇,他不但不怨天尤人,而且说"假如把我的左臂变
成雄鸡,我就让它来报晓;假如把我的右臂变成弹丸,我就用它来打鸟;假如
把我的尾骨变成车,把我的精神变成马,我就顺而乘之,用不着再去找车马
了。"为什么会有这样的态度,他有一套自得其乐的理论。在他看来,人生
活在世上,得到了东西,那是碰到了时机;丢失了东西,那是该着的顺序。安
于时机而处于顺序,哀乐也就不会进入人的心里了。这就是古人所说的解
除倒悬。人被倒悬在空中而不能自己解开,那是因为有绳子捆着脚,人们心
中有烦恼而不能自己解开,那是因为有物欲捆住了心。外物有什么可追求
的呢? 无论是什么事物,都是不能违背天的自然变化的。他把自己的遭遇
都视为自然的变化。自然的变化既然是不可违背的,那么最明智的态度就
是顺其自然而安之若素。达到了这一点也就摆脱了外物的捆绑,也就达到
了悬解。

庄子讲这个故事是为了说明:人生活在世界上,受外物引诱会产生痛
苦,而最容易引起痛苦的是与自身利害有直接关系的自身的遭遇。然而之
所以感到痛苦,那是因为自己的心中没有忘掉自己,受到了自我的牵制。而
之所以忘不了自己,那是因为没有把自己融化到大自然之中去,没有把自己
当成一种自然出现、自然消失的自然界中的一部分,而是把它放在了自己的
心中,据为己有,以它的存在为喜而以它的消失为忧,以它的得利为乐而以
它的遭损为悲。这就是子舆所说的"物欲捆住了心"。只有把一切都视为
自然而然的,遇到什么情况就顺应什么情况,一切都安时而处顺,那才可以
解除物欲的捆绑。解除了物欲的捆绑,心境达到了坦然和自在,也就实现了
悬解。

从以上两个故事可以看出,所谓"悬解"包含着两层意思:一是将人世上的一切事物都视为一样的,都视为无有。将生与死视为一样的,将病与不病视为一样的。既然都是一样的,那也就无所谓生,无所谓死,无所谓病,无所谓不病了。能够做到这一点,也就会将一切事物置之度外,化有为无。也就是子祀、子舆、子犁、子来四人所说的"以无为首"。"以无为首",也就是把一切都视为无有的观念当成指导思想。二是一切都顺其自然。到了出生的时候就出生,到了死亡的时候就死亡,生什么病就随它生什么病,老天把自己变成什么东西就随它变成什么东西。这也就是故事中说的"安时而处顺"。"安时而处顺"也就是遇上了什么就算什么,不背逆,不动心。安时而处顺是将一切都视为同一、视为无有的具体体现。因为一切都顺其自然也就是将一切东西都视为一样;一切都顺其自然也就是什么都无所谓,生也无所谓,死也无所谓,生死不留于心,生也等于没有生,死也等于没有死,一切皆为无有。

从以上两个故事也可以看出,悬解与坐忘、心斋是指同一种心境,都是指人的心境从事物的牵累下解脱了出来,进入了无物无我的状态。不过它们的内涵稍有差异。坐忘与心斋是就心理状态自身而言的,是说心里虚虚空空、干干净净,什么东西也没有;悬解是就这种心理状态所产生的心理效果而言的,是说在坐忘与心斋这种心理状态下,人的心理就不受任何事物的牵系了,就获得了解放,达到了自由,进入了自在。

四、见独之说

在庄子的学说中,与坐忘、心斋、悬解具有同等意义的心理境界还有"见独"。可以说,见独是坐忘、心斋和悬解的最终归宿,因为它的同义词就是闻道、体道。之所以这么说,那是因为所谓"独"就是指道;道混然一体,别无二物,正像老子所说的那样,它独立而不改,所以称之为独。

在庄子的学说中,客观世界最高的领域是大道,大道是宇宙之根、万物之本;主观世界最高的境界是得道,得道是人的精神与客观世界完全吻合的一种心理状态,是人的身心与客观大道融为一体的心理体验。

063

　　庄子之所以侃侃而谈,寓言于事,最终目的是要人们透过纷繁的现实世界去体验那独一无二的道。而要体验到道,要得到道,那就要扫除心中的外物,使心境虚空,使心境干净。因为道是混然一体、无形无象、独立自在的,不能与杂物共居一室。

　　在庄子看来,只有达到了虚空干净、像坐忘和心斋那样既无物又无我的境地,心中才能像早晨那无云的太空一样明亮透彻;心中像早晨那无云的太空一样明亮透彻,才能体悟到那独一无二的道。体悟到了那独一无二的道,也就是见独。

　　庄子在《大宗师》中讲了一个"女偊得道"的故事,其中揭示了"见独"的含义。故事说:

　　　　南伯子葵问女偊曰:"子之年长矣,而色若孺子,何也?"

　　　　曰:"吾闻道矣。"

　　　　南伯子葵曰:"道可得学邪?"

　　　　曰:"恶! 恶可! 子非其人也。夫卜梁倚有圣人之才而无圣人之道,我有圣人之道而无圣人之才,吾欲以教之,庶几其果为圣人乎! 不然,以圣人之道告圣人之才,亦易矣。吾犹守而告之,参日而后能外天下;已外天下矣,吾又守之,七日而后能外物;已外物矣,吾又守之,九日而后能外生;已外生矣,而后能朝彻;朝彻,而后能见独;见独,而后能无古今;无古今而后能入于不死不生。"

故事中的女偊年纪已经很大了,可是面色还像小孩一样柔润。为什么? 因为得到了道。所谓得到了道,也就是经过长久的修养,逐渐将外物和自我排除到了心外,使心内只剩下了混然一体、什么形象也无有、什么界限也不分、独一无二的东西,所以也称为"见独"。既然心中只有独而无他物,那也就无所谓古今和生死的区别了,因为有古今和生死的区别也就还存两种以上的事物,也就称不上是见独。既然没有了古今和生死的区别,那当然也就不存在年华的消失问题了;没有了年华的消失,所以女偊也就永远面若孺子。

　　从这个故事可以看出,见独是排除外物的最后结果。当人们不但将天下的得失排除到心外,而且把世间的事物排除到心外,把自己的生死排除到心外,最后达到心中无一物的时候,才能进入那虚空且光明的境地。这个境地实际上也就是前面所说的坐忘和心斋。达到了这个境地,实际上也就与那混沌一体、别无二物的道一样了,不同的仅仅是道存在于人的心外,而这个心境存在于人的心内。一外一内相互连通,合成一体,这就是所谓的闻道、得道,这就是所谓的见独。

综观一下庄子学说中"坐忘"、"心斋"、"悬解"、"见独"、"闻道"、"游于方外"、"以道观之"等等概念,我们可以看出,它们的蕴义基本上是一致的,都用来表达排除了物我、与混一大道融为一体的心境。之所以用不同的概念来表述,那是因为在表达这种心境的时候角度略有不同,由此,这些概念的蕴义也就存在着微小的差异。

坐忘与心斋是就心理状态自身而言的,是说心里虚虚空空、干干净净,什么东西也没有。其中,坐忘又有将已有之物排除出去的意义,因为所谓"忘"是将已有的记忆忘掉;心斋虽然也含有将已有之物排除出去的意义,但又多了一层将外物拒之心外的意义,因为"斋"以净为目的,除内与拒外是达到心净的两个途径,故此又有"耳目内通"和"外于心知"之说。

悬解是就洁净之心所产生的心理效果而言的,是说在坐忘与心斋这种状态下,人的心理就不受任何事物的牵累了,就获得了解放,达到了自由,进入了自在。

闻道与见独是就洁净之心与宇宙大道的关系而言的。是说当人的心境干干净净、一片虚空的时候,也就与混一无分的宇宙大道一样了,也就将混一无分的宇宙大道映照在了自己的心里,与混一无分的宇宙大道融为了一体。

游于方外是就洁净之心与天地万物、人间尘事的关系而言的。是说当人的心境虚空洁净的时候,人的精神也就脱离开了天地万物、人间尘事,而漫游于混一无分的宇宙大道之中。不过需要注意一点,这里所谓"脱离"不是就一般意义的时空而言的,而是一种"无视"。

以道观之也是就洁净之心与天地万物、人间尘事的关系而言的,不过与游于方外的朝向相反。用形象的比喻来说明,游于方外是背朝天地万物和人间尘事,是从天地万物和人间尘事中走出去,而以道观之是面朝天地万物和人间尘事,是在走出天地万物和人间尘事之后又转身回顾。不过这种回顾与处于天地万物、人间尘事之中所看到的却不一样,因为眼界全然不同了。

如上这些差别虽然很细微,但庄子在不同的场合下用不同的概念表述它们,使其学说在恣睢、徜徉之中又显出了几分缜密,为此我们在解剖庄子学说时不能不注意到它们。

方外之说将人的视野移到了天地万物之外,与大道融在了一起,为庄子全面阐述有关人间尘事的观点奠定了方法论基础。这个方法论简而言之就是"以道观之"。下面我们来看庄子是如何以道观尘事的,其中包括以道观生死、以道观贵贱、以道观忧乐、以道观智愚、以道观材用、以道观大小、以道观是非。

第三章 生死之辨

　　人生在世可能要经历种种考验,这些考验会给人的精神带来种种刺激,或是愉快,或是懊恼,或是兴奋,或是沮丧。然而不管是什么,在道家来看,都是对人的一种折磨。

　　在诸种折磨中,最刺激人的是生死之间的反差。每个人活在世上,都有一个自我。体现这个自我的,是活生生的,由血肉、心知、情意和志欲组成的生命。人的一切活动都建立在生命的基础上。劳动收获,成家立业,养妻生子,保家卫国,之所以有如此诸多的尘事,都是因为有从事这些尘事的生命存在,都是因为存在着活着的自我。一旦生命没有了,自我死了,世上原本属于我的一切东西便都没有了。正因为如此,所以人都不愿死,不但那些金玉满堂的王公达贵不愿死,就是那些衣不遮体、食不充饥的贫穷百姓也不愿死。

人们都不愿死，然而在战乱频仍的年代，死亡却在时时刻刻威胁着大家，使得人们不得安宁。为此，庄子为人们提供了一种在这样的生活环境中求得内心平静的方法，这就是以道观生死。

所谓以道观生死，就是站在道的角度看待生死。站在道的角度看待生死，也就是以道为根本来考察生死，以道为尺度来衡量生死。

道本身是一种虚空无有、混然为一的东西，以道为根本来考察生死，也就是说生与死都是道的变现，都是道的外在形式，它们的根本都是道，说到根本上，它们都是没有区别的，都是一样的。

道本身是一种自然存在、自然回旋的东西，以道为尺度来衡量生死，也就是将生与死都看成是自然而然的变化过程。既然它们都是自然而然的变化过程，两者之间也就没有什么区别可言了。

既然生死是没有区别的，那么人也就用不着将生死放在心上，用不着为生而喜，为死而忧，生死都随其自然。做到了这一点，人的心境就会平静、坦然。

以上是庄子以道观生死的大概思路。在具体的论说过程中，庄子还做了一系列论辨（思考辨别之意，下同），提出了一系列具体命题，比如在"子贡助丧"的故事中提出了"游乎天地之一气"，在"秦失吊丧"与"子舆论造物"的故事中提出了"安时而处顺"。下面我们接着这些故事往下剖析。

一、大道周流

第二章我们引述了"子贡助丧"的故事，其中涉及有关生死的三种看法：其一是以死为返回到了自己原本所在地，以生为离开了自己原本所在地。这就是子桑户死后孟子反、子琴张在唱词中所说的"而已反其真，而我犹为人猗"。其二是以生死为气的自然变化，认为气聚则生，气散则死，来来去去，自然周流。这就是孔子在分析孟子反、子琴张游于方外时所说的"彼方且与造物者为人，而游乎天地之一气"。其三是以生为长疮生瘤，以死为疮溃瘤破。这就是孔子在分析孟子反、子琴张游于方外时所说的"彼以生为附赘县疣，以死为决疣溃痈"。将这三种看法归纳起来，故事中的孔子得出了这样一个结论,那就是"夫若然者,又恶知死生先后之所在!假于异物,托于同体"。意思是说,像这样的人又怎么会理会死生前后的区别呢!在他们看来,人生不过是借助于不同的形体来展现同为一体的大道罢了。

为什么会得出这样的结论呢?因为这三种看法有一个共同点,那就是将生死看成是大道自然周流的往返过程。将其展开来陈述,大体是这样的:

大道混然为一,无分无别,但却在不停地周流回旋,如果拿一个可感的东西来比喻,它就像混然一体、茫然无界、周流不息的气。

大道在周流回旋过程中,可能展现出各种各样的形式来,生和死就是其中的一对。顺着大道的回旋,一时呈现出生的样式,一时呈现出死的样式。

而在这一对形式中,生是远离大道原本真性的过程,当它出现的时候,有形有象,可闻可见,像是从那幽室里走了出来;死是回返大道原本真性的过程,当它发生的时候,形象消隐,闻之无声,视之无影,像是回到了原本的幽室之中。

说来说去,生死都不过是大道终而复始周流不止的过程,说不上谁先谁后;说来说去,生死都不过是大道不同形式的外在表现,就本质而言,同一无别,既无所谓生,也无所谓死。

故事中的孔子将这样的思想方法称为"忘其肝胆,遗其耳目;反复终始,不知端倪";说以这样的思想方法看待生死,就是"芒然彷徨乎尘垢之外,逍遥乎无为之业"。意思是说,他们不理会肝胆的区别,不注意耳目的差异,以循环往复、没有终始的眼光看待生死。进入这样的精神境界也就迷迷糊糊地飘荡到了尘世之外,无为自在地逍遥于内心世界。换句话也就是说:游于方外,以道观之,就是不去理会生死的差异,将生死都视为大道周而复始的变化。我们将这样的观点概括成一句话,那就是"大道周流"。

(一)春秋冬夏　四时行也

《至乐》篇中讲了一个"庄子妻死,鼓盆而歌"的故事,其中从一个方面表述了大道周流的思想。故事中将生生死死看做是春秋冬夏四时运行一样,周而复始,没有终穷。故事说:

> 庄子妻死,惠子吊之,庄子则方箕踞鼓盆而歌。

惠子曰:"与人居,长子老身,死不哭亦足矣,又鼓盆而歌,不亦甚乎!"

庄子曰:"不然。是其始死也,我独何能无慨然!察其始而本无生,非徒无生也而本无形,非徒无形也而本无气。杂乎芒芴之间,变而有气,气变而有形,形变而有生。今又变而之死,是相与为春秋冬夏四时行也。人且偃然寝于巨室,而我嗷嗷然而哭之,自以为不通乎命,故止也。

妻子死了,庄子不但不哭,而且还在那里叉着腿、敲着盆,悠闲自得地唱歌呢。这种反常的举止引起了惠施的责问。不过庄子却有自己的道理。在他看来,生死是生命、形体、气息、无气这四种大道表现形式的轮回展现,就像春秋夏冬四季循环一样,终而复始,永无终穷。当大道从无气息的形式转化成有气息,又从有气息的形式转化成有形体,再从有形体的形式转化成有生命的时候,人也就出生了;当大道从有生命的形式转化为无生命、无形体、无气息的时候,人也就消亡了。既然如此,生也就如同从休息的大房子里走了出来,死也就如同又回到了大房子里去休息,生死都是自然界自然而然地变化,都是自然界自然而然地循环往复的表现,有什么可以悲伤的呢。为死而悲伤,那是不懂大自然循环往复道理的缘故。懂得了大自然循环往复的道理,就会随着大自然的流转而自在地飘荡,不分生死,不趋生,不避死,生不喜而死不悲;不懂大自然循环往复的道理,就会以生为福,以死为祸,趋生避死,生喜死悲,结果不但不能改变死人的命运,而且枉费活人的精神。

这是以大道不同表现形式的循环往复来说明生死。

(二)人生入梦 死归大觉

庄子还以梦觉交替,无所终穷来说明生死。他认为人生在世都会做梦,有时候还在梦中占梦,等到醒了的时候才知道占梦的事情也是梦。不过所谓"醒了",也只是相对的,并没有达到最后的觉醒。因为人生本身就是一场大梦,这场梦是如此之长,不到死时很难知道自己是在做梦,只有在死后才从梦中醒来,达到大觉,只有在死后才知道自己的一生也是梦。

《齐物论》中讲了一个"长梧子论圣人"的故事,其中涉及这一思想。故事说:

　　瞿鹊子问乎长梧子曰："吾闻诸夫子，圣人不从事于务，不就利，不违害，不喜求，不缘道；无谓有谓，有谓无谓，而游乎尘垢之外。夫子以为孟浪之言，而我以为妙道之行也。吾子以为奚若？"

　　长梧子曰："是黄帝之所听荧也，而丘也何足以知之……予尝为女妄言之，女以妄听之。奚旁日月，挟宇宙？为其吻合，置其滑涽，以隶相尊。众人役役，圣人愚芚，参万岁而一成纯。万物尽然，而以是相蕴。

　　"予恶乎知说生之非惑邪！予恶乎知恶死之非弱丧而不知归者邪！丽之姬，艾封人之子也。晋国之始得之也，涕泣沾襟；及其至于王所，与王同筐床，食刍豢，而后悔其泣也。予恶乎知夫死者不悔其始之蕲生乎！

　　"梦饮酒者，旦而哭泣；梦哭泣者，旦而田猎。方其梦也，不知其梦也。梦之中又占其梦焉，觉而后知其梦也。且有大觉而后知此其大梦也，而愚者自以为觉，窃窃然知之。君乎，牧乎，固哉！丘也与女，皆梦也；予谓女梦，亦梦也。是其言也，其名为吊诡。万世之后而一遇大圣，知其解者，是旦暮遇之也。"

其意是说，孔子不相信圣人能游于尘世之外，不分物我，无欲无求，将一切都视为一样的，而瞿鹊子相信，并认为这是圣人体悟到妙道的表现。为此瞿鹊子请长梧子评判谁是谁非。长梧子不但认为瞿鹊子的认识正确，而且进行了一系列的论证。以上引文是其中有关生死方面的论证。文意是这样的：

　　要说起圣人，那可是常人难以想象的。他们倚靠着日月，挟持着宇宙，把它们吻合为一体；摆脱琐事纷扰，把贵贱视为同一。众人忙忙碌碌，圣人无知昏愚，糅合万年的变化，把它团弄成一个没有差别的一。万物都是这样，你中有我，我中有你，相互包含，融为一体。

　　既然没有差别，既然都是一体，你怎么知道喜欢活着不是一种迷惑呢？你怎么知道厌恶死亡不是一种忘归呢？

　　一个戍守艾地边关的将士有一个女儿，名叫丽姬。当晋国攻下艾地将她俘获的时候，她哭得泪沾满巾。可是后来她被带到王宫，与君王同床共寝，吃那美味佳肴，悔不该当初被俘的时候那样哭泣。你怎么知道死了的人不会后悔当初求生之心切呢？

一个人晚上梦见饮酒作乐,愉悦欢快,而到天明起床后却可能得忍饥挨饿,受苦悲泣;一个人晚上梦见忍饥挨饿,受苦悲泣,而到天明起床后却可能骑马打猎,享受快乐。所以说,一切都没有一个准性。一个人正在做梦的时候,不知道自己是在做梦。有的时候,梦中还在解梦,等到梦醒之后才知道是在做梦。

除了一般的梦外还有一种大梦,只有在大醒之后才能知此大梦,不过愚蠢的人在做大梦的时候却自以为是醒着,自以为自己很明白。生活在世上的人们大都是这个样子,什么君王呀,什么奴仆呀,真是不开窍。这些都是在做梦。孔丘是在做梦,你也是在做梦,我说你在做梦,这也是在做梦。我说的这些话,听起来很荒诞,也可能在一万年之后会遇到一位大圣人能理解它,不过那是很难得的呀,就好像是早上与晚上相遇那么难。

长梧子的论证具有以下几层含义:

其一是游于方外无差别。长梧子认可瞿鹊子的意见,认为圣人的精神遨游于尘世之外,亦即方外。方外与方内是完全不同的两个世界。在方内,天地万物各有其形,各有其性,千差万别,各不相同,而在方外,既无天地,也无万物,既无形象,也无性别,上下不分,先后无别,混然一体,没有分界。按照现代人的话说,就是既没有空间上的分野,也没有时间上的差别。正因为这样,所以长梧子说,圣人把日月和宇宙吻合在了一起,把万年的变化团弄成了一个没有差别的一。"一"是什么? 是什么也没有,是无,亦即所谓道。

其二是立于方外观生死,生死也就没有区别了。既然方外是一个空无所有、融万为一的境界,既然方外既无空间上的分野,也无时间上的差别,那么从方外的角度看待人间,人间的一切也就无所谓差别了,生也无所谓生,死也无所谓死。

其三是生死无别的原因在于它们都是方外大道往复流行的过程。生是由道而来,死是归道而去,来来去去,往复无终,说到根本上,都是同一无二的道。不同的是,生则形显于外,死则形消迹匿。这种形显形消的交替犹如做梦和梦醒的相互交替一样。梦中的情景只有在梦中才具有时间和空间的意义,一旦醒来,一切皆无。人间的一切只有在人间才具有时间和空间的意义,而站在没有空间分野、没有时间差别的方外大道的角度来衡量,有也非有,生也非生。

其四是生无可喜,死无可悲。正因为生死都是大道往来的过程,生如来,死如归,生如梦,死如醒,说到根本上没有什么差别,所以生也没有值得高兴的,死也没有可以悲伤的。有鉴于此,就应该把它们看淡一些,身处其中而心处其外,不去辨识,不去执著,来了就让它们自然而然地来好了,去了就让它们自然而然地去好了。不过一般人都体验不到这一点,往往把生死看得很重,结果就产生了梦中的欢乐和丽姬似的愁苦,而无论是欢乐也好还是愁苦也好,都是自寻烦恼。

二、自然造化

第二章我们引述了"子舆论造物"的故事,其中将人的遭遇视为造物者的安排。什么是造物者? 就是那"神鬼神帝,生天生地"的大道。因为大道产生了天地万物,所以称其为造物者;又因为大道产生万物是一个不断变化的过程,一时将物变为这种样式,一时又将物变成那种样式,所以又称其为造化者,或简称造化;还因大道在不断产生和变更万物样式的过程中借助了阴阳对立和交替的法则,所以还称其为阴阳或阴阳造化。

在庄子的学说中,虽说大道造化着天地万物,但并不是说大道是一种有意识的东西,也不是说,造化天地万物的行为是一种有意的行为。说大道造化天地万物,只是对其自然而然产生天地万物、天地万物自然而然不断变化的一种生动的描述。我们将这样的观点概括成一句话,这就是"自然造化"。

庄子认为,不仅人的遭遇属于大道的自然造化,而且人的生死也属于大道的自然造化,谁也难以违背,谁也难以改变。既然如此,顺从造化的安排也就成了人们必须遵行的规范。不同的是,有些人懂得这个道理,而有些人不懂得这个道理。懂得这个道理,也就能自觉地与大道的造化过程相契合,生死随造化而行,生死不扰于心;不懂得这个道理,便会求生避死,以生为喜以死为悲,在悲喜交加的心境中过着不得安宁的生活。

(一)天地为炉　造化为冶

在庄子看来,既然生死是大道的自然造化,那么,体悟大道的人也就随着大道的造化而变化。大道使自己变成人,那就让它将自己变成人好了;大道使自己变成鼠,那就让它将自己变成鼠好了。自己没有什么话好说,更谈不上怨言。自己就好像是被冶炼、被浇铸的一炉铁水,天地就好像是熔化铁水的冶炉,大道就好像是冶炼、铸造铁器的工匠。工匠冶铁,铁是没有什么欲望和追求的,顺随着工匠的冶炼而自然变化;大道造物,物也不应该有什么欲望和追求,而应顺随着大道的造化而变化。造生造死皆由大道安排,不因生死扰己心。

庄子在"子来言造化"的故事中表述了这种思想。故事说:

> 俄而子来有病,喘喘然将死,其妻子环而泣之。子犁往而问之,曰:"叱! 避! 无怛化!"倚其户与之语曰:"伟哉造化! 又将奚以汝为,将奚以汝适? 以汝为鼠肝乎? 以汝为虫臂乎?"
>
> 子来曰:"父母于子,东西南北,唯命之从。阴阳于人,不翅于父母;彼近吾死而我不听,我则悍矣,彼何罪焉! 夫大块载我以形,劳我以生,佚我以老,息我以死。故善吾生者,乃所以善吾死者也。今大冶铸金,金踊跃曰:'我且必为镆铘',大冶必以为不祥之金。今一犯人之形,而曰'人耳人耳',夫造化者必以为不祥之人。今一以天地为大炉,以造化为大冶,恶乎往而不可哉!"
>
> 成然寐,蘧然觉。(《大宗师》)

"大块",指阴阳,亦即大道。"镆铘",古代的名剑。

这个故事的大意是:过了一段时间子来也病了。他不停地喘呀喘的,快要死了,妻子围着他转来转去,急得直哭。子犁前来看他,对着子来的妻子说:"哭什么? 快躲开! 不要惊动了变化!"之后靠在门框上对子来说:"真是伟大呀,造化! 又要把你变成什么呀? 又要把你送到什么地方去? 要把你变成老鼠的肝脏吗? 要把你变成飞虫的臂膀吗?"

子来说:"对于儿子来说,父母让去哪里就去哪里,东西南北,唯命是从,无可挑剔。阴阳造化对于人来说不次于父母,它让我死而我不听,那我岂不是太不懂事理了吗! 要知道,阴阳造化可是从来没有错的时候。它用形体铸造了我,它借生命使我劳累,它借年老使我安逸,它借死亡使我歇息。由此可见,人少、人老、人生、人死,都是阴阳造化自然程序的展现。既然如此,以人生为善的也就应该自然而然地以人死为善。之所以如此,是因为它们都是阴阳造化的自然程序。假如现在有一个铁匠在铸造金属物件,被铸造的金属在那里跳跃着说:'我这一下必定是要被造成镆铘之剑的!'铁匠肯定认为这块金属是不祥之金,因为它内心充满了自己的主观欲望,越出了自然而然的轨道。同样道理,假如现在有一个已被铸成人形的人在那里高兴地喊叫:'我成了人了! 我成了人了!'阴阳造化者必定认为这是一个不祥的人。现在我以天地为大冶炉,以造化者为大铁匠,把我铸成什么东西我能不同意呢!"

他说完后就自由自在地睡着了。过了一会又自然而然地醒来了。

这个故事是接着"子舆论造物"的故事讲的,它的前提是天地万物为一体,生死存亡为一体。所以故事开始时子舆、子来、子犁、子祀四人提出的结友条件是以无有为脑袋,以活着为脊柱,以死亡为尾骨。脑袋、脊柱、尾骨是一个整体的不同部位,以此暗喻以无有、活着和死亡为一体。

无有是什么? 是什么也没有。既没有事物,没有事物与事物之间的区别,也没有对事物的追求,没有对事物与事物之间进行区别的念头。

没有事物,没有事物与事物之间的区别,这是宇宙原初的状态,是自然界原本的状态;没有对事物的追求,没有对事物与事物之间进行区别的念头,这是精神进入方外的状态,是人的精神融入自然界原本状态的状态。在庄子看来,这种客观上的无有与主观上的无有具有一个共同的特点,那就是自然而然。客观的宇宙、客观的自然界是自然而然存在着的,是自然而然地按照一定的程序变化着的;人的精神进入方外也就顺应着客观宇宙的自然存在,顺应着自然界自然而然的程序变化,既不追求,也不推托。

因此,将无有与活着、死亡融为一体包括两层意思:一层是活着与死亡是一样的,都是宇宙原初无有状态的表现形式,说到底,它们没有什么区别;另一层是活着与死亡是一样的,它们都是宇宙自然变化的程序,作为一个彻悟宇宙变化道理的人,自觉地将它们视为一体,不迎生,不拒死,生死任其自然。这就是顺随造化。

"不祥之人"之所以不祥,就是因为他违背了这一道理,以做人为喜悦,以不做人为怨恨。不能顺随造化,而以自己的主观欲求替代自然造化。

以无有、生死为一体的子祀、子舆、子犁、子来则不然,他们听凭造物者的安排,生而不喜,死而不拒,病而无怨,化而无恨。一方面形体随着自然的变化而变化,另一方面精神却永远处在不变的境界,把一切变化都视为一样的。正因为这样,所以哀乐不能入其心,他们永远生活在内心平静的世界里。故事中说子来在病至将死的时候还能自由自在地睡着、自然而然地醒来,寓意正在于此。

(二)安排去化　入于寥天

庄子将生死视为大道的自然造化,与其将生死视为大道的周流有着密切的联系,它们都包含着两层蕴义:一层是流动变化;一层是自然而然。不同的是,"自然造化说"强调流动变化的自然而然,"大道周流说"强调流动变化的周而复始、无有止息。正因为有这样的联系,所以庄子又将人生梦境之间的周流变化视为"物化",亦即不同生物之间的相互转化。比如《齐物论》中"庄周梦蝶"的故事便是如此。故事说:

> 昔者庄周梦为胡(蝴)蝶,栩栩然胡蝶也,自喻适志与,不知周也。俄然觉,则蘧蘧然周也。不知周之梦为胡蝶与,胡蝶之梦为周与?周与胡蝶,则必有分矣。此之谓物化。

其意是说,庄周梦见自己变成了蝴蝶,悠闲自在地飞来飞去,很是得意,不知道自己是庄周。突然之间醒了过来,发现自己原来是庄周。不过人生本来都是梦,梦与梦之间流变无终,所以弄不清楚到底是庄周梦见自己变成了蝴蝶,还是蝴蝶梦见自己变成了庄周。

最后庄子得出了结论说,不管是庄周梦见自己变成了蝴蝶,还是蝴蝶梦见自己变成了庄周,蝴蝶与庄周毕竟是不一样的,它们之间的转化也就是物与物之间的转化,所以称为"物化"。

站在道的角度,怎样对待这梦境中的物化呢?庄子主张"安排去化,入于寥天"。意思是安于造物者的安排,顺随事物的变化,将自己融入那寂寥无声、自然而然的变化之中。这里的"天",与前面一样,也是指自然而然的变化。

《大宗师》中"孟孙才居丧不哀"的故事表述的就是这个意思。故事说:

> 颜回问仲尼曰:"孟孙才,其母死,哭泣无涕,中心不戚,居丧不哀。无是三者,以善处丧盖鲁国。固有无其实而得其名者乎?回壹怪之。"

仲尼曰："夫孟孙氏尽之矣,进于知矣。唯简之不得,夫已有
所简矣。孟孙氏不知所以生,不知所以死;不知就先,不知就后;若
化为物,以待其所不知之化已乎!且方将化,恶知不化哉?方将不
化,恶知已化哉?吾特与汝,其梦未始觉者邪!且彼有骇形而无损
心,有旦宅而无情死。孟孙氏特觉,人哭亦哭,是自其所以乃。且
也相与吾之耳矣,庸讵知吾所谓吾之乎?且汝梦为鸟而厉乎天,梦
为鱼而没于渊。不识今之言者,其觉者乎,其梦者乎?造适不及
笑,献笑不及排,安排而去化,乃入于寥天一。"

"造适不及笑",意思是碰到适宜的事情,来不及笑就过去了。"献笑不及
排",意思是遇到高兴的事情,来不及安排笑就笑了出来。

故事的大意是说,孟孙才在母亲死的时候既不涕哭也不悲哀,却享有善
于对待丧事的名声。颜回不懂其中的道理,所以请教仲尼。仲尼说:之所以
如此,那是因为孟孙才的行为完全符合生死的道理,比那所谓知晓丧礼的人
要高超得多。人死了以后,应该简单发送,孟孙才已经简单得不能再简了。
他不以生为生,不以死为死,不去追求生也不去追求死,将人死看成是一物
变化成了另一物,所谓处理丧事不过也就是等待着那不可预知的变化而已。
事物在发生变化的时候,怎么能够知道它不变化的情况呢? 事物不发生变
化的时候,怎么能够知道它变化的情况呢? 我和你都是处在不断变化之中
的物,向什么地方变化,我不知道,你也不知道。我们现在好像知道什么,实
际上都是在做梦。因为我们都在梦中而未觉醒,所以才以人生之事当真事。
而孟孙才则不同,他是一个已经觉醒的人。他认为人的形体可能在不断损
耗而人的心却永无损耗;人生在世有早晨与晚上的区别而没有生与死的区
别。正因为这样,所以在其母亲死时,虽哭而无涕,虽哭而不哀。之所以哭,
不过是自然随俗而已,人皆哭之,所以自己也哭;之所以不哀,是因为死犹物
化,物化为人无所可喜,人化为物无所可悲。活着的人都是处在变化过程中
的物。因为都处在变化过程中,所以也就说不上是我就是张三和我就是李
四。我今天是张三,也可能明天造物者就把我变成一只鸟而在天空飞翔;我
今天是李四,也可能明天造物者就把我变成一条鱼而在深渊潜泳。到了那
个时候再回过头来看看我今天说我是张三、我是李四这样的话,到底是梦话
呢还是真话? 从这个角度来看,世上的一切事物都不过是稍显即逝的幻影,

遇到适宜的事情还来不及笑就过去了,碰到高兴的事情等不及安排笑便笑了出来。既然如此,人生人死都安于造物者的安排去变化好了,用不着动心。做到了这一点也就融入了那寂静无声的自然而然的物化的洪流之中,与大道的造化融会为一。

将仲尼的这一大段话归纳一下,不外乎两点:第一点为前提,是说生死都是物的变化,没有什么本质的区别;第二点为结论,是说既然生死都是物的变化,没有什么区别,那就顺其自然变化好了,来而不必迎,去而不必送,生而无可喜,死而无可悲。

(三)以天为棺 以地为椁

在庄子看来,既然人死是物的自然变化,死了则由一物变成另外一物,那么死后也就用不着做什么特殊处理了,被鸟所食或被蚁所食,任其自便。这是庄子从生死物化、随其自然的思想中引申出来的一种对待后事的态度。

这种态度反映在"庄子简葬"的故事中。故事说:

庄子将死,弟子欲厚葬之。庄子曰:"吾以天地为棺椁,以日月为连璧,星辰为珠玑,万物为齎送。吾葬具岂不备邪?何以加此!"

弟子曰:"吾恐乌鸢之食夫子也。"

庄子曰:"在上为乌鸢食,在下为蝼蚁食,夺彼与此,何其偏也!"(《列御寇》)

在庄子看来,人死是随着天地万物的变化而变化,顺着自然的变化而变化。既然如此,也就什么都具备了。鸟食其肉是自然而然的事情,蚁食其肉也是自然而然的事情,都是一样的,用不着避此就彼。用人为的方法避免人与自然界的同化是不可能的,也是违背自然变化的。用不着去做这样的傻事情。

(四)白驹过隙 忽然而已

庄子在《知北游》中对生死自然造化的思想做了理论性的论述。他将人生比喻为"白驹过隙",认为它会瞬时即逝,并由此引申出对待生死的态度。文中曰:

　　　　人生天地之间,若白驹之过隙,忽然而已。注然勃然,莫不出
焉;油然漻然,莫不入焉。已化而生,又化而死,生物哀之,人类悲
之。解其天弢,堕其天袭,纷乎宛乎,魂魄将往,乃身从之,乃大归
乎! 不形之形,形之不形,是人之所同知也,非将至之所务也。此
众人之所同论也,彼至则不论,论则不至。明见无值,辩不若默。
道不可闻,闻不若塞。此之谓大得。

其意是说:人活在天地之间,像是骏马飞奔、越过缝隙,一眨眼的时间就过去
了。没有一个不是蓬蓬勃勃地出生,没有一个不是萧萧条条地死去。先是
变化而出生,后是变化而死亡,有生命的东西为此而哀伤,有情感的人类为
此而悲痛。与其如此,还不如解开那自然造成的束缚,抛掉那自然造成的桎
梏,随物旋转,魂魄游到哪里,自己就随从到那里。这就是人的最终归宿。
从无形变为有形,又从有形变为无形,这是人们共同显示出来的人生道路,
但却不是追求至理的人所追求的。以上这些是众人都在讨论的问题,不过
达到至理的人却不讨论,凡参与讨论的便没有达到至理。显而可见的东西
与道无缘,想要得道则须缄默不辩。之所以这么说,那是因为大道是不可闻
见的。与其以闻见的方式求道,不如以闭塞的方式求道。懂得了这样的道
理那就是很大的收获。

　　这段论说包含四层意思:

　　其一是说,人生非常短暂,只是大道变化的一个瞬间。大道流变就像骏
马飞奔,人生在世就像飞马过隙。

　　其二是说,生生死死,是大道流变的自然过程、生物变化的自然程序,人
皆如此,没有一个能够避免。

　　其三是说,有鉴于此,人们就应该从对死亡的哀伤和悲痛中解脱出来,
顺随生物的自然变化,生而不喜,死而不悲,生死不动于心,永远保持内心的
平静。做到了这一点,也就达到了至理,回归了大道。

　　其四是说,达于至理、回归大道的人不区别有生与无生,不分辨有形与
无形,将生死来去视为一体,将有形无形划为同一。正因为如此,所以也就
无须言语和论辩。

三、死归至乐

　　庄子认为,站在道的角度观生死,则生死无别。话虽如此说,但活着的人谁也没有到死人的境界体验过,而死人又不能出来为庄子的观点做证明,如何才能说明生死同一呢? 庄子除了从大道混一、道为物本的角度做理论论证外,还以寓言的方式来说明。

　　《至乐》篇中讲了一个"骷髅言死后"的故事,蕴义正在于此。故事说:

　　　　庄子之楚,见空骷髅,髐然有形,撽以马捶,因而问之,曰:"夫子贪生失理,而为此乎? 将子有亡国之事,斧钺之诛,而为此乎? 将子有不善之行,愧遗父母妻子之丑,而为此乎? 将子有冻馁之患,而为此乎? 将子之春秋故及此乎?"

　　　　于是语卒,援骷髅,枕而卧。夜半,骷髅见梦曰:"子之谈者似辩士。视子所言,皆生人之累也,死则无此矣。子欲闻死说乎?"

　　　　庄子曰:"然。"

　　　　骷髅曰:"死,无君于上,无臣于下;亦无四时之事,从然以天地为春秋,虽南面王乐,不能过也。"

　　　　庄子不信,曰:"吾使司命复生子形,为子骨肉肌肤,反子父母妻子闾里知识,子欲之乎?"

　　　　骷髅深矉蹙頞曰:"吾安能弃南面王乐而复为人间之劳乎!"

　　骷髅觉得死后比做君王还快乐,为什么? 因为摆脱了人间的累赘,进入了无君无臣、无牵无累的境地。人间的牵累是什么? 是庄子所问的那些琐事,用现代汉语来表述,也就是"贪生怕死,养尊处优","遇有国难,路逢兵祸"、"行为不善,有愧妻母"、"贫寒饥饿,无有生计",如此等等。死后这一切便都没有了。不但没有了这些琐事,而且也没有了知觉,没有了自我,没有了烦恼,将自己完全融入大自然之中,无所分别,回归自在。回归自在,也就是回到了混然一体的宇宙原初状态。回到了宇宙原初的状态,也就与大道融在了一起,因此也就无所谓上下,无所谓君臣,无所谓四季,无所谓生死了。这就是所谓死后快乐的真实涵义。

四、善生善死

在庄子看来,既然生与死都是大道周流的过程,都是自然造化的程序,从本质上看没有什么区别,那么人们对待死也就应该像对待生一样,抱有同等的态度。所谓一样,所谓同等,包含两层意思:一层是从根本上讲的,那就是既不追求生,也不追求死,生死顺其自然;另一层是退一步讲的,那就是如果喜欢生,也就应该喜欢死。庄子将后一层意思概括成一句话,那就是"善吾生者善吾死"。

庄子在《大宗师》中对这样的观点做了系统的论述。其文曰:

> 泉涸,鱼相处于陆,相呴以湿,相濡以沫,不如相忘于江湖。与其誉尧而非桀也,不如两忘而化其道。夫大块载我以形,劳我以生,佚我以老,息我以死。故善吾生者,乃所以善吾死也。

> 夫藏舟于壑,藏山于泽,谓之固矣。然而夜半有力者负之而走,昧者不知也。藏小大有宜,犹有所遁。若夫藏天下于天下而不得所遁,是恒物之大情也。

> 特犯人之形而犹喜之。若人之形者,万化而未始有极也,其为乐可胜计邪!故圣人将游于物之所不得遁而皆存。善妖,善老,善始,善终,人犹效之,又况万物之所系,而一化之所待乎!

江湖干涸了,鱼儿脱离了自己适宜的生存环境。在这个时候,为了共同的生存,不得不相互帮助,不得不相互亲近。然而,这种互助互爱远远不如彼此相忘、互不挂怀。为什么?因为彼此相忘、互不挂怀是在适宜环境中、自然自在生活的表现,互助互爱是脱离适宜环境、与恶劣环境抗争的表现。回到有水的江湖之中自然自在地生活,这是鱼儿的归宿。

大道对于人来说,就像江湖对于鱼儿一样。回归大道,一切顺随自然的安排,用不着区别唐尧的圣明和夏桀的暴虐,用不着追求仁爱和逃避迫害,这样才能活得自然自在。

之所以要抱有这样的态度,那是因为自己的身躯和生命、老幼和生死都是大道赋予的,都是大道的造化,都是大道周流的外化,都是自然如此且必

081

然如此的。

有鉴于此，所以如果喜欢生则也应喜欢死，因为生与死的原因和道理是一样的。

如上就是庄子对于"善吾生者善吾死"这一观点的论述。

在如上论述的基础上，庄子又做了进一步说明：

不分生死，顺随自然，这就是将自己融入了自然的大道之中，这就是将天下藏于天下，永远不会有所亏损和丢失。之所以会有如此功效，那是因为盈亏得失都在自然而当然的情分当中，而在自己的心中根本就没有所谓盈亏和得失之分。

除此而外，再也找不出长久永存的好办法了，所有的人为造作和设计用谋，都会留有漏洞，就像将船藏在深渊、将山藏在大泽之中一样，看来好似隐避，然而总会有人能够窃去。

用这样的观点看问题，大道将自己造就成人，那也就没有什么可喜的了。如果这是可喜的，那可喜的事情就太多了，数也数不清。而圣人的心境却不这样，它总是处在包容天地万物、不使一物遗漏的心态。这种心态要远远高于那不分老少终始、随和年月流逝的心态，因为它超越了个人的人生，连生死物我都不分别，天地万物、生死物我，一切一切都任其变化，随其变化。这就是与大道融合为一的心态。

说来说去，总是围绕着一个中心，这就是生也好死也好，变成物也好变成我也好，都随它去，不加分别。

说来说去，依据就是一个，这就是生死变化都是大道的变现。大道原本就是同一无别的，所以生死物我也就没有区别。

说来说去，目的就是一个，要人们从个体的我中跳出来，融入那无边无际的大道之中，以道观生死。

《大宗师》中对上述的思想脉络做了简要的表述：其文曰：

> 死生，命也，其有夜旦之常，天也。人之有所不得与，皆物之情也。彼特以天为父，而身犹爱之，而况其卓乎！人特以有君为愈乎己，而身犹死之，而况其真乎！

其意是说，死生是大道变化展现出来的必然程序，就好像天黑天亮是天的变化常规一样。人活在世上，常有不得意的时候，那都是由物欲引发的。抛弃对物的追求,将自己融入那同一无别的大道,也就不会为得而乐为失而忧、为生而喜为死而悲了。人们都将天视为自己的生身之父,而用自己的全部身心去爱它,对那远远超过天的大道不是更应该去爱吗！人们都将君主看做高高在上的人,而不惜为他献出自己的生命,为那真正主宰人生的大道不是更应该献身吗?

观点很明确,要人们投身于大道之中,站在大道的角度观生死。认为以道观之,生死不过是大道流转的程序,没有本质区别。人们之所以生而喜之、死而悲之,产生种种情感,原因在于没有跳出尘世,受了尘世物欲的牵制,而实际上则大可不必。

庄子的生死之辨,体现着他游于方外、以道观之的思维方式,也体现着他对大道与万物之间关系的基本观点,这两个方面都显示出了庄子的智慧和思想的缺陷。

就思维方式而言,它一方面从宏观上描述了生死在宇宙演化中的真实地位,开阔了世人的眼界,将人们的视野从狭小的人世扩展到了整个宇宙;另一方面也将人们的思维引向片面,过分强调了宏观而忽视了微观。

从宇宙演化的过程来看,原本没有某某人,某某人是在某个特定的时间和地点出生的;不但没有某某人,而且没有人类的存在,人类也是在某个特定的时间、在特定的地球上出现的;不但没有人类,而且没有生命,生命也是在某个特定的时间、在特定的地球上出现的;不但没有生命,而且没有产生生命的地球,地球也是在特定的时间、在特定的太阳系出现的,如此等等。按照星云假说(自然还有其他宇宙起源假说,不过对于之后产生的地球及其上面的生命和人类来说,这无关紧要),宇宙原本,天地无分,一片混沌,后来发展变化到了一定时候才产生了地球;地球之上,原无生命,后来发展变化到了一定时候才产生了生命;有生之初,原无人类,后来发展变化到了一定时候才产生了人类;人类之内,原无某人,后来发展变化到了一定时候才产生了某人。某人在人类发展的历史上并不是永存的,不过百年或一百多年他就会回归无有,从人群中消失;人类是不是能够永存,不敢妄言,也许人的智能发展会超过地球毁灭的速度,在地球毁灭之前开辟出新的生存场所,从而繁衍下去,这尚不好说,不过地球终将毁灭,这是无疑的。综观宇宙发展的长河,某某人的生死确属宇宙某个"细胞"在发展演变过程中的一次瞬间的转换,这个瞬间甚至短到了可以忽略不计的程度。从这样的角度看生死,生死的区别也就没有什么意义可言了。这样看待人的生死可能会引发种种联想,可能会引出种种人生观,但无论如何,都不能否认它深邃、洞彻,是一种真知灼见,不能否认它是人类智慧的一次飞跃,不能否认它道出了常人所不知、常人之难见,不能否认它对人类智慧的发展具有永久的启明作用,发人之蒙,展人心胸。因为常人总是将自己的眼光局限在人世之内,甚至局限在出生者或死亡者当事人身上,看不清生死的来龙去脉;因为常人总是将生死视为天大之事,耿耿于怀,不得从生死的惊悸中解脱出来。

从某个个人的生命历程来看,生是生命的开始,死是生命的终结,生是由无变有,死是由有变无,出生与入死是判然相反的两种事情。再从时间上看,如果此人活了80年,以一天为单位来计算,那将是一个漫漫长路,难以用白驹过隙来比喻。从这样的角度看生死,生死又是另一种景象,二者既不同一,又难忽略不计。庄子只强调它们在宏观上的同一而忽视它们在微观上的对立,不能不说失之于偏颇。

立足于大道与万物之间关系的基本观点,庄子将大道视为真实的存在,将生死视为虚幻的梦境,认为它们与无有是一体,这揭示了生命本质的一个方面,而又掩盖了生命本质的另一个方面。

生命的本质是什么?这实在是一个十分复杂的问题,复杂到现代科学还难以对它作出完全精确的概括。虽然如此,我们还是可以对它进行不十分准确的描述。简单一些,可以这样说:生命是物质发展过程中出现的一种特殊现象。这种现象表明,当一些物质与另一些物质结合在一起的时候,这些物质的结合体便具有了自我新陈代谢、自我发育、自我繁殖、自我遗传和变异的综合性功能。物质是生命的载体,这些综合功能便是生命的标志,生命的象征。由此我们可以说,生命是由不可分割的两个方面构成的:一是特有的物质结合体;二是这种物质结合体的综合功能。

特有的物质和特有的功能,这是构成生命的本质所在,对于生命而言,两个方面缺一不可,地位等同。

虽然如此,但从不同的角度看,二者又各有长短。比如就二者的主从关系而言,物质是主体,功能是属性,在失去功能的情况下,构成生命的物质结合体仍有继续存在的可能性,即使这种结合体解体了,构成这种结合体的物质原素还存在,而且会永恒存在,而在失去物质的情况下,功能则一时一刻都不能存在。从这样的角度看,物质实体是主要的,功能属性是从属的。又如就二者表现生命活力的作用而言,物质是生命存在的必要条件而不是充分条件,没有它便不会有生命而有了它也不一定有生命,功能则既是必要条件又是充分条件,没有它便不会有生命而有了它就一定有生命,所以说功能是生命的灵魂,而物质是生命的载体。从这样的角度看,功能是生命的代表,物质只是生命存在的保证。有鉴于此,功能几乎成了生命的同义语,它存在,人们就说这个生物活着,它消失,人们就说这个生物死了。

庄子不是生物学家,不过他的生死之辨却涉及到了生命本质的问题。他所说的道,与我们上面所说的物质主体具有近似的意义,正因为如此,所以庄子曾以无生之前原本就存在的气比喻它;他所说的生死,与我们上面所说的功能的展示和功能的消失具有近似的意义,正因为如此,所以庄子将生视为道在自身演变过程中的一种展示,将死视为道在自身演变过程中的回归。

庄子在对生命本质的认定中,特别注重作为主体的道,认为它是永恒的,是生命的实质;比较轻视作为属性的生死,认为它们是道在一瞬间的变换,是生命的现象。这种见解在中国古代是一种挑战。

先秦时期,人们大都认为生命是灵魂与肉体结合的产物,而灵魂是可以脱离肉体独立存在的,当它居住于一个人的肉体中时,这个人就活着,当它脱离开一个人的肉体时,这个人就死了。这个人死了,他的肉体将要解体,化为无有,但灵魂却依然存在,而且可以另与其他肉体组合成新的生命,以另外一个人的形象展现自己。也就是说,物质性的肉体是暂存的,精神性的灵魂是永存的;生命的本质不是物质性的肉体,而是精神性的灵魂。庄子突破了这种观念,或者说,他将这种观念颠倒了过来,以无知的自然存在物为生命的实质,以无知的自然存在物在某一瞬间显现的功能为生命的现象,而且讲出了一大套难以辩驳的道理,对消除灵魂不死的观念具有难以磨灭的意义。

虽然如此,认为人生是虚幻的,将它与梦相提并论,是不科学的。它否认了生命本质的另一方面,否认了生命是特有物质的特有功能的展现。庄子之所以得出人生虚幻的结论,与他的推理方式有一定的关系。

在他看来,人生是短暂的,在大道流变的过程中只是一瞬;一瞬过后一切皆无;既然一瞬过后一切皆无,那么这一瞬的存在便是虚幻的。在这里,庄子犯了一个逻辑错误,那就是将短暂的当做是虚幻的,偷换了概念。应该说,短暂的与虚幻的是两个不同的概念。虚幻是一种不真实的存在,不管时间长短,它都是不真实的,并不能因为存在的时间长就变成了真实的;真实的存在虽然总是受到时间的限制,在时限之外将化为无有,但却不能说在时限之内它的存在是不真实的,哪怕它的时限短到一瞬,也不能说在那一瞬它的存在是虚幻的。

庄子的生死之辨会引出什么样的人生观?这是以往学界讨论较多的问题。不少学者认为,庄子以人生为虚幻,会引出人生虚无主义,引导人们昏昏庸庸地过日子,甚至引人颓废奢靡,腐化堕落。我们说,这是有可能的。不过只是可能而已,而不是必然。因为这种结果已经超出了庄学的范围,是人们从庄学中引申出来的。而庄学自身像是水,它有多种功用,可以供人饮用以维持生命,可以供人洗涤以清除污垢,可以用来灌溉以润泽万物,可以淹没大地而造成灾害。究竟会产生什么后果,那要看环境和人们自己的素质,要看人们有没有能力驾驭它,利用它。然而,不管人们如何驾驭和利用它,那只是人们自己的事情,不能把账算到水的身上。而庄学自身告诉人们的不外是:人生是短暂的,甚至可以说是虚幻的,眨眼就过;造就人生而恒久存在的是道;道是一种没有意识的自然存在物,它自然而然地造就人生,又自然而然地毁灭人生;人在道的自然造化面前是无法背拗的,最明智的办法是生死随其自然。人们如何引申和利用这种学说,那是人们自己的事情,既可以因为时光短暂而游戏人生,吃喝玩乐,行尸走肉,又可以因为时光短暂而珍惜人生,勤于事业,留益后世。不过庄子自己却没有沿着上面的两种思路走,他做生死之辨的宗旨是体悟大道,将生死归于自然变化,以此来化解人们对人生的愁苦,平息人们对死亡的恐惧,使人们在危殆的处境中保持内心的安宁,坦然自在地生活。从这个角度看,这种学说虽然具有消极的一面,但在无奈的乱世却不失为一剂良药。

进一步说,这种学说不仅在无奈的乱世有开人心胸的功用,就在一般的日常生活中也有指导意义。我们经常看到这样一种情况:一些人老往医院跑,今天这里不舒服,明天那里不舒服,今天检查了这里,明天又要检查那里,老是以为自己得了不治之症。几年、十几年过去了,没有发现什么大病,数也数不清的大好时光耗费在了医院的长凳上且不说,将自己的精神完全埋在了临近死亡的恐惧之中,不能不说是莫大的悲哀。之所以会出现这种心理,原因之一就是将生命看得太重了,将死亡看得太可怕了。过分珍惜自己的生命,反而浪费了自己宝贵的生命;过分恐惧死亡,反而时时伴随着死亡的威胁。要想从这个怪圈里跳出来,了解一下庄子的生死之辨倒不失为一种良方。按照庄子的学说,一切顺其自然,活一天就做一天自己应该做的事情,做工的努力做自己的工,经商的精心处理好自己的业务,科研人员要利用这一天的时间推进一天的研究进程,学校教师要利用这一天的时间向学生传授一天能够传授的知识。做到了这一点还有什么遗憾呢? 到了人生的终点便让它终止好了,该做的都已经做了,该去的时候就自然而然地让它去。这样生活大概要充实得多,坦然得多,对个人的人生有益得多。当然如果能树立一心为公的人生观,利用短暂的人生为人民创造宏伟大业,造福人类,那将是一种更高的境界,不过却不是一般人都能做到的。

第四章　贵贱之辨

　　生死观是人生观的基础,一定的生死观可以引申出与之相应的多种人生观。这个问题我们在第三章中已经涉及到了。

　　立足于生死齐一、顺其自然的生死观,庄子究竟提出了什么样的人生观? 这是庄学研究中的一个课题。

　　人生观的核心是人生价值的问题,因为人为什么而活着、怎样活着才有意义,这些有关人生价值的观念,是人们言论、思想和行为的出发点,也是人们言论、思想和行为的动力,也就是说,它决定着人生观念的方方面面。

　　中国古代表述人生价值的概念有许多,比如轻重、尊卑、荣辱、伟大和藐小等等,它们虽然各自带有不同的色彩,反映着衡量者所在的不同角度,但都具有一种功能,这就是展示着一个人立足于人世所产生的影响,所具有的价值。

庄子在衡量人生价值的时候,采用了贵贱的概念。这个本来在市场交易中反映商品价值的概念,后来被引申到社会的领域,既含有社会地位高下的意义,也含有人生价值轻重的意义。庄子在使用这个概念的时候,一语双关,两意皆含,在不同的语境中所指不同。

在庄子看来,人生在世往往受到两个方面的量度:一个是外来的,亦即众人和社会的量度;一个是内在的,亦即自己本身的自我感觉。外来的量度又分为两个方面:一个是社会把自己放在什么样的地位上,这反映社会对自己的重视和轻视;一个是自己在众人的心目中处在什么位置上,这反映着人们如何看待自己。内在的量度又包含两个层次:一个是自己所处的社会地位对自我感觉的影响;一个是自身内在的价值尺度对自身作出衡量后产生的感觉。正因为有如上种种的量度,所以人们总是处在荣辱、尊卑的氛围中,总是不断地受着贵贱分野的刺激,总是在外界和内心的纷扰之中惶惶度日,难以解脱出来过上那平静和自在的日子。

庄子认为,之所以如此,那是因为人们没有脱离尘世的观念,每日都在用尘世的观点看待人生。如果换个角度,从道的高度来看人生,展现在人们眼前的将是另外一种景象,那里没有贵贱之分,也不会因为贵贱的区别而引发内心的波涛。

一、物无贵贱

庄子认为,有没有贵贱之分,关键在于观察事物的角度。站在不同的角度看待事物,就会得出不同的结论来。站在人世,处在物中,用世人的眼光看待事物,贵贱的区别就会显现出来。因为这种位置处在事物的包围之中,不同的事物之间相互对比,形成了事物之间的反差,而贵与贱的差别正是在这种对比之中产生的。站在大道的角度看待事物,将事物的外在形态排除在了视野之外,剩下的也就只是事物的同一本质了,哪里还有差别可言? 既然没有了差别,所谓贵贱之别也就自然不存在了。

（一）以道观之　物无贵贱

庄子在《秋水》篇中讲了一个河伯与北海若论大小和贵贱的故事。故事说：

> 河伯曰："若物之外，若物之内，恶至而倪贵贱？恶至而倪小大？"

> 北海若曰："以道观之，物无贵贱；以物观之，自贵而相贱；以俗观之贵贱不在己。以差观之，因其所大而大之，则万物莫不大；因其所小而小之，则万物莫不小；知天地之为稊米也，知豪末之为丘山也，则差数睹矣。以功观之，因其所有而有之，则万物莫不有；因其所无而无之，则万物莫不无；知东西之相反而不可以相无，则功分定矣。以趣观之，因其所然而然之，则万物莫不然；因其非而非之，则万物莫不非；知尧桀之自然而相非，则趣操睹矣。"

这里不仅说到了贵贱的区别，而且也说到了大小、有无、是非等等的区别，而这些内容并不是本章所应讲到的。我们之所以将它们全部引述了下来，原因在于，这里不是在讲这些具体区别，而是在讲一般的方法论。

河伯不知道如何辨别事物的贵贱和大小，所以提出了"恶至而倪贵贱"、"恶至而倪小大"的问题，意思是，到哪里才能找到贵贱之间的分界，到哪里才能找到小大之间的分界。"倪"，指事物与事物之间的分界。

北海若告诉他：站在大道的角度来观察，则事物无所谓贵也无所谓贱；站在事物的角度来观察，则各自以自己为贵而以他物为贱；站在人世的角度来观察，则人们会认为贵贱不是由自己决定的。站在差别的角度来观察：从大的方面来看，则万物没有一个不是大的；从小的方面来看，则万物没有一个不是小的；能够懂得天地不过像粟米那么小而毫末却像泰山那么大，也就懂得了差别的奥妙。站在功用的角度来观察：从有用的方面看，则万物没有一个没有用的；从无用的方面看，则万物没有一个有用的；能够懂得东与西是相反的但却不能互相分离，也就能确定事物各自的功用了。站在情趣的角度来观察：从喜欢的方面看，则万物没有不可爱的；从厌恶的方面看，万物没有不可恶的；懂得唐尧与夏桀各自都有照其情趣自然行事的道理而其行为却又完全相反，也就能看透什么是情趣了。

这段论说的基本含意有三层：

其一是说，无论贵贱也好，还是大小、有无、是非也好，都没有固定不变的分界。它们的分界都是站在某一角度观察事物得出的结果，一旦离开了这一角度而变换到了另一角度，它们的分界就不再是原先的样子了。

其二是说，就根本而言，贵贱、大小、有无、是非之间的分界不存在。因为站在不同的角度进行观察就会得出不同的结论，说明贵贱之分、大小之别、有无之异、是非之对原本是不存在的。

其三是说，站到人世之中观人世，视线受到事物的遮蔽，误以为贵贱有分，大小有别，有无相异，是非相对，而站到大道的高度观人世，则会豁然开朗，事物的贵贱、大小、有无和是非的分界悄然化无，荡然无存。

北海若唯恐河伯听不明白，又以具体的事例做了说明。他说：

> 昔者尧舜让而帝，之哙让而绝；汤武争而王，白公争而灭。由此观之，争让之礼，尧桀之行，贵贱有时，未可以为常也。梁丽可以冲城，而不可以窒穴，言殊器也；骐骥骅骝，一日而千里，捕鼠不如狸狌，言殊技也；鸱鸺夜撮蚤，察毫末，昼出瞋目而不见丘山，言殊性也。故曰，盖师是而无非，师治而无乱乎？是未明天地之理，万物之情者也。是犹师天而无地，师阴而无阳，其不可行明矣。然且语而不舍，非愚则诬也。帝王殊禅，三代殊继。差其时，逆其俗者，谓之篡夫；当其时，顺其俗者，谓之义徒。默默乎河伯！女恶知贵贱之门、大小之家。（《秋水》）

尧把王位让给了舜，舜把王位让给了禹，燕王哙把王位让给了子之，三个人做的事情都是一样的，但是结果却不一样，尧舜让位使帝业传继，而燕王让位却使人死国亡。商汤与夏桀争天下而做了帝王，周武与商纣争天下也做了帝王，楚国的白公胜也想争王位，结果落了个身首异处。三人做的事情都是一样的，但结果却不一样。为什么？因为时机和环境不一样。因此说，是贵是贱，并没有什么常规可言，顺着时机的不同而不同。

巨大的梁柱在战争中可以用来撞击城门，但却不能用来堵塞蚁穴；千里马一天能跑千里，但捕鼠却不如黄鼠狼；猫头鹰在晚上能捉住跳蚤，而在白天，把眼睛瞪得大大的却看不见大山。为什么？因为一种东西有一种东西的用途，一种东西有一种东西的技能，一种东西有一种东西的性能，只有在适宜的场合和环境中才能发挥它的作用。

有鉴于此，所以就不能说谁贵谁贱，谁是谁非，谁大谁小，谁好谁坏，就好像不能说天贵地贱、阴贵阳贱一样。对于具体事物来说，只要合于它的时机，合于它的用途，合于它的技巧，合于它的性能，它就会发挥它的作用，它就有价值；反之，它就不能发挥它的功能，它就没有价值。因此，要说贵，那都可以说是贵；要说贱，那都可以说是贱。说到底，贵贱没有什么固定的界限，它们都是一样的。

这就是北海若一番解说的大概脉络。沿着这样的脉络理下去，贵贱、大小的分界在哪里谁也说不清，因为它们根本不存在。所以北海若劝河伯说："默默乎河伯！女恶知贵贱之门，大小之家"。让河伯还是闭住嘴不要说了，因为他是找不到贵贱分野的门户和大小分野的归宿的。

（二）无拘而志　无一而行

人生在世贵贱无分，那么究竟应该怎么做人呢？这是自然而然要提出来的问题。于是河伯进一步提问了，他说：

> 然则我何为乎，何不为乎？吾辞受趣舍，吾终奈何？（《秋水》）

对此，北海若从理论与实践的结合上做了说明。他说：

> 以道观之，何贵何贱，是谓反衍；无拘而志，与道大蹇。何少何多，是谓谢施；无一而行，与道参差。严乎若国之有君，其无私德；繇繇乎若祭之有社，其无私福；泛泛乎其若四方之无穷，其无所畛域。兼怀万物，其孰承翼？是谓无方。万物一齐，孰短孰长？道无终始，物有死生，不恃其成；一虚一满，不位乎其形。年不可举，时不可止；消息盈虚，终则有始。是所以语大义之方，论万物之理也。物之生也，若骤若驰，无动而不变，无时而不移。何为乎，何不为乎？夫固将自化。（同上）

这段话的大意是说：

站在道的角度来观察，哪有什么贵，哪有什么贱呢？所谓贵贱不过是用相反的东西衬托出来的而已；不要把你的头脑局限在贵与贱的区别上，否则的话，就会与大道相抵触。站在道的角度来观察，哪有什么少，哪有什么多呢？多的可以变为少，少的可以变为多，相互更迭，没有定论；不要把你的行为固着在一个方面，否则的话，就会与大道相错落。

说起那个大道呀，严肃得像是一国之君，从不照顾私人情分；超脱得像是社庙之神，降福于人从不偏心；胸怀博大像是四方无边无际，内心从来没有隔阂、猜忌。它包容万物，说不上有谁受到了特殊的待承而又有谁没有受到护佑，这就是无偏无向；万物在它面前都是一样的，没有哪个是短，哪个是长。

道没有终也没有始，物却有生而也有死，所以不要矜持自己的一时成功；事物都是一会儿空虚，一会儿满盈，没有固定不变的准性。年月不能由人推着快走，时间不能被人拉住不行；事物总是一会儿兴盛一会儿衰败，到了终点就又从头开始。

懂得了上面的这些道理，才有可能谈论宇宙的奥妙，才有可能谈论万物的道理。事物从产生开始，就像是在飞跑，就像是在奔驰，没有一时不变化，没有一刻不移动。用不着考虑做什么呀，不做什么呀，实际上它们本来就在那里自然而然地变化。

河伯问北海若应该做什么，不应该做什么。北海若回答说，用不着考虑做什么和不做什么，为什么呢？因为一切事物都在那里自然而然地变化。人只要顺着事物的自然变化自然而然地变化也就是了。这就是所谓的"何为乎，何不为乎？夫固将自化"。

顺着事物的自然变化自然而然地变化，就不能事先有一个自己的主观设想，就不能以自己的主观设想为框框来限制自己的行动，否则的话就会与大道相抵触。这就是所谓的"无拘而志，与道大蹇"。

顺着事物的自然变化自然而然地变化，就不能固执于一种行为的模式，一定要这样做而一定不能那样做，否则的话就会与大道相错落。这就是所谓的"无一而行，与道参差"。

之所以不能按照自己主观设想的框框行动，之所以不能按照一个固定的模式行动，根本原因就在于大道是一个无所不包、无所偏私、虚实交替、无所拘制的自然流变物，人和天地万物都是大道流变的产物，都须遵循大道而行，顺之则通，逆之则滞。大道无私，不贱一物，不贵一物，所以人也就不能厚此薄彼，拘制己行。

二、爵无荣华

在庄子眼里,无所谓贵也无所谓贱,顺自然则为之,不顺自然则不为之。这就是他的人生价值理论。他创立了这样的理论,也就按照这样的理论行动,按照这样的理论衡量世事。

在世人的眼里,天地之间,万物之中,人为最灵;人世之间,百姓之上,爵位为贵,王位为尊。而在庄子眼里则不然。在庄子看来,爵位无所谓贵也无所谓不贵,王位无所谓尊也无所谓不尊。爵位、王位原本都是社会自然发展变化的产物,谁做官谁为王,都是"需要"和"机遇"自然造就的。从这种情况出发,做官与不做官,为王与不为王,都无可无不可,顺其自然就是了。

庄子讲了一个"三为令尹不荣华"的故事,就是在表达这种意思。故事说:

> 肩吾问于孙叔敖曰:"子三为令尹而不荣华,三去之而无忧色。吾始也疑子,今视子之鼻间栩栩然,子之用心独奈何?"

> 孙叔敖曰:"吾何以过人哉!吾以其来不可却也,其去不可止也,吾以为得失之非我也,而无忧色而已矣。我何以过人哉!且不知其在彼乎,其在我乎?其在彼邪?亡乎我;在我邪?亡乎彼。方将踌躇,方将四顾,何暇至乎人贵人贱哉!"

> 仲尼闻之曰:"古之真人,知者不得说,美人不得滥,盗人不得劫,伏戏、黄帝不得友。死生亦大矣,而无变乎己,况爵禄乎!若然者,其神经乎大山而无介,入乎渊泉而不濡,处卑细而不惫,充满天地,既以与人,己愈有。"(《田子方》)

故事的大意是:

孙叔敖被解职了,可是他的心情很平静。肩吾问他:"先生三次被任命为令尹,没有见您为此而显示荣耀;三次被解职还乡,也没有见您为此而稍有懊恼。开始我对您的这种心态还抱有怀疑,可现在看您鼻子之间的表情,的确是坦坦然然的。先生您到底是怎么想的呢?"

孙叔敖说:"我有什么超人的地方呢?我不过是把那任命的事当成一

件不可推却的事来办罢了,我不过是把那解职的事当成一件不可阻止的事来对待罢了。我把它们都看成是由不得我的事情,所以就任它去了,所以才能无有忧愁。我有什么超人的地方呢?不过是弄不清楚所谓的荣耀和所谓的懊恼到底是归于谁而已,是归于我呢还是归于令尹呢?如果归于令尹,那就与我没有关系。既然与我没有关系,那么我有什么荣耀和懊恼可言呢?如果归于我,那就与令尹没有关系。既然与令尹没有关系,那么我为什么还为担任不担任令尹而感到荣耀和懊恼呢?我正要去散心呢,我正要去游览呢,哪里有时间考虑什么贵贱,哪里有时间为所谓的贵贱而乐悲呢?"

孔子听到这件事情后发表了一通议论。他说:古代的真人就是这样的。智者难以说动他,美女难以打动他,强盗难以抢劫他,连伏羲和黄帝都难以和他交朋友。死生这是最大的事了,对他说来好像与自己无关一样,何况爵禄的得失呢?像这样的人,精神已经达到了一切都无所阻滞的境界了:穿越大山像是没有遇到障碍,入于深渊像不会沾湿衣服;处在低位不感到沮丧,胸中豪气能充满天地之间;将自己的东西给了人,却感到自己的东西更多了。

总之,在得道的人看来,有爵位与无爵位,授爵位和免爵位,都是自然的事情,既不是人应该追求的,也不是人应该回避的,既不是人能够求得的,也不是人能够逃避的。人所应该做的,人所能够做的,就是顺其自然。既然如此,对他们来说,来去都是一样的,没有什么可以动心的。来之也不表明尊贵,去之也不表明卑贱;来之也不必推却,去之也不必忧伤。

不过后来的情况发生了变化,得道之人对于爵位和王位开始躲避了。之所以如此,那是因为人的智能越来越高,而私心也越来越重,为王的妄用个人的意志,违背自然的趋势,将王位转化成了一种个人的专权,将手下的官吏变成了个人的奴仆。到这个时候,在人们的心目中,爵位贵了,王位尊了;可是从实而论,爵位贱了,王位卑了。爵位之所以贱,那是因为它沦落到了君王奴婢的地位,做官不仅失去人身自由,而且成了君王祭祀所用的牺牛;王位之所以卑,那是因为它成了一个熏染私心的位置,为王不仅妄施妄为,以己之心裁天下,而且以天下为私有,卑鄙到让人感到可耻的地步。正因为这样,所以庄子蔑视做官而藐视为王,并创作了一系列寓言故事来表达自己的这种思想。

（一）宁游泥中　不为牺牛

《史记·老庄申韩列传》有一段记述,反映出了庄子对爵位的基本看法。其文曰:

> 楚威王闻庄周贤,使使厚币迎之,许以为相。庄周笑谓楚使者曰:"千金,重利;卿相,尊位也。子独不见郊祭之牺牛乎? 养食之数岁,衣以文绣,入以大庙。当是时,虽欲为孤豚,岂可得乎? 子亟去,无污我。我宁游戏污渎之中自快,无为有国者所羁,终身不仕,以快吾志焉。"

《庄子·秋水》篇中也有一段类似的记载。其文曰:

> 庄子钓于濮水,楚王使大夫二人往先焉,曰:"愿以境内累矣!"
>
> 庄子持竿不顾,曰:"吾闻楚有神龟,死已三千岁矣,王巾笥而藏之庙堂之上。此龟者,宁其死为留骨而贵乎? 宁其生而曳尾于涂中乎?"
>
> 二大夫曰:"宁生而曳尾涂中。"
>
> 庄子曰:"往矣! 吾将曳尾涂中。"

在庄子看来,国相在人们心目中是很尊贵的人物,平时有丰厚的俸禄,住在豪华的相府之中,出门乘坐华丽的马车,那个荣华富贵可以说是一人之下而万人之上了。可是这一切都是用什么换取的? 是用自己的自由和生命。他要受君王的管束,要为君王的利益出力,要维护君王的王位,要保卫君王的社稷。也就是说,他已经不再属于自己,而成了国君的附属,与豢养在王宫之中等待宰杀祭祀的牺牛没有什么两样。再看那乌龟,当它没有成为国君太庙中的神物时,自由自在地游戏于污泥之中,虽然水浊泥污,却是自己最适宜的地方,虽然没有锦巾为衣,却是一个自由自在的自己。等到被国君当做神物,用锦巾包裹起来、藏于匣中的时候,虽然备受尊敬,但是已经不属于自己。这样看来,国相的尊贵是表面的,虚假的,远远比不上一个自由自在的布衣百姓。

庄子还讲了一个"惠施相梁"的故事,更是将相位贬得不如粪土。故事说:

惠施相梁,庄子往见之。或谓惠子曰:"庄子来,欲代子相。"于是惠子恐,搜于国中三日三夜。

庄子往见之,曰:"南方有鸟,其名为鹓鶵,子知之乎? 夫鹓鶵,发于南海而飞于北海,非梧桐不止,非练实不食,非醴泉不饮。于是鸱得腐鼠,鹓鶵过之,仰而视之曰"吓!"今子欲以子之梁国吓我邪?"(《秋水》)

在庄子看来,相位不过是一只腐鼠,而自己却是一只鹓鶵。腐鼠对于猫头鹰来说可能是美食佳肴,而对鹓鶵来说却不如粪土。鹓鶵不得梧桐之树不栖,不得精美之食不食,这对猫头鹰来说却是难以理解的。惠施以自己的志向衡量庄子,听说庄子要来梁国,以为是来与自己争夺相位,就像猫头鹰以自己的志向衡量鹓鶵,见到鹓鶵路过此地,以为是来与自己争夺腐鼠一样,令人好笑。

庄子用这个故事表达了自己的高洁、相位的可鄙。

虽如此说,但仍有不少人沉迷于爵位之中,以之为高,以之为贵,用自己的自由和生命换取君王的暂时恩赐。为此,庄子讲了一个"异豖者何"的故事,揭示君王与臣下的主从、刀俎的关系。故事说:

祝宗人元端以临牢筴,说彘曰:"汝奚恶死? 吾将三月豢汝,十日戒,三日斋,藉白茅,加汝肩尻乎雕俎之上,则汝为之乎?"为彘谋,曰不如食以糠糟而错之牢筴之中;自为谋,则苟生有轩冕之尊,死得于腞楯之上、聚偻之中则为之。为彘谋则去之,自为谋则取之。所异彘者何也?(《达生》)

庄子在这里既讲了故事,又做了评论,其大意是:

负责祭祀的人穿上那庄严的礼服来到猪圈旁边对猪说:"你何必怕死呢? 要知道,在你死前我要用上好的饲料喂养你三个月,然后我还要大戒十日,素斋三天,给你铺上珍贵的白茅草,把你的肩肘和屁股放在雕花的祭板上。这种待遇可以说是很高了吧! 你乐意了吗?"

如果此人是为猪打算,那还不如喂它糠糟,把它永远圈在猪圈里。如果此人是为自己打算,那他在生前能得到高官厚禄而死后能乘上雕花的柩车、用上饰彩的棺材,他就什么事都可以干了。如果是为猪打算,那就把那些许诺给猪的待遇统统取消掉好了;如果是为他自己打算,他一定会接受这些待遇而去做一个牺牲。他与猪的区别在哪里呢?

故事中的祭祀者既代表宰割者,又代表被宰割者。在他与猪的关系中,他是宰割者,为猪提供丰美之食和华丽祭板,并非从猪自身的利益出发,而是为了宰猪行祭;在他与君王的关系中,他是被宰割者,不过却是一个自愿的被宰割者,为了一时的华贵而不惜去做牺牲。这就是那些以官为高、以官为贵者们的可悲之处,所以庄子说他们与猪没有什么两样。

(二)逍遥自得　无为天下

在庄子的心目中,最珍贵的是品行,最重要的是心境。在他看来,顺随大道,按照自然的安排行事,这是人的本性;保存人的本性,使自己与大道融为一体,这是应有的品行。顺着人的本性而行,维护人的高尚品行,这是最为可贵的。做到了这一点,人就能处在平静自在的心境中,安享天年;做不到这一点,活着还不如死了好。可是那些帝王却不能这样,他们每天想的是如何按照自己的意愿治天下,每天做的是维护自己一己私利的事情,所以为心洁如雪的人们所不齿。因此,在世人看来最为尊贵的王位,在有志之士的眼中却成了最为污浊的地方,不要说让他们去做帝王,就是让他们听到要他们去做帝王的消息都会觉得是莫大的侮辱。

《庄子》书中有一篇《让王》,其中讲了很多逃避为王的故事,就是在表述这种观点。下面我们引述几则,以为证明:

> 舜以天下让善卷,善卷曰:"余立于宇宙之中,冬日衣皮毛,夏日衣葛絺;春耕种,形足以劳动;秋收敛,身足以休食;日出而作,日入而息,逍遥于天地之间而心意自得。吾何以天下为哉!悲夫,子之不知余也!"遂不受,于是去而入深山,莫知其处。

"逍遥于天地之间",一是说心境自在,二是说顺随自然。正因为顺随自然,日出而作,日入而息,春种秋收,夏絺冬皮,所以才得以自在。自然、自在,这就是善卷追求的人生价值。在善卷看来,这是最为珍贵的东西。而治天下则不然,以一人之意扰天下之民,与自然无为大为相背。于是不受,而且入于深山,以免再受舜帝的骚扰。

在庄子看来,舜做帝王,这本身就说明他的品行还没有修养到家,还没有认识到做帝王、治天下有背于人的自然本性。这在下面的故事中可以看出：

> 舜以天下让其友石户之农，石户之农曰："倦倦乎后之为人，葆力之士也！"以舜之德为未至也，于是夫负妻戴，携子以入于海，终身不反也。

> 舜以天下让其友北人无择，北人无择曰："异哉后之为人也，居于畎亩之中而游于尧之门！不若是而已，又欲以其辱行漫我。吾羞见之。"因自投清泠之渊。（《让王》）

文中的"后"是君王之意，指舜。石户之农、北人无择都以做帝王为耻辱，都认为舜的品德还不高，为什么？因为舜本来是一个种田的，不安于种田，不顺于自然，而却煞费苦心地治天下，想以人力变自然，岂不可悲且可耻？舜帝不仅自己走入迷途，而且还想将这样的行为转嫁给二位有道之士，引发出二位的羞耻之心，所以一个逃匿于海外，一个沉溺于渊中。

下面的故事更直接说明了耻于为王的原因：

> 汤将伐桀，因卞随而谋，卞随曰："非吾事也。"

> 汤曰："孰可？"

> 曰："吾不知也。"

> 汤又因瞀光而谋，瞀光曰："非吾事也。"

> 汤曰"孰可？"

> 曰："吾不知也。"

> 汤曰："伊尹何如？"

> 曰："强力忍垢，吾不知其他也。"

> 汤遂与伊尹谋伐桀，克之，以让卞随。卞随曰："后之伐桀也谋乎我，必以我为贼也；胜桀而让我，必以我为贪也。吾生乎乱世，而无道之人再来漫我以其辱行，吾不忍数闻也。"乃自投稠水而死。

> 汤又让瞀光曰："知者谋之，武者遂之，仁者居之，古之道也。吾子胡不立乎？"

> 瞀光辞曰："废上，非义也；杀民，非仁也；人犯其难，我享其利，非廉也。吾闻之曰，非其义者，不受其禄，无道之世，不践其土。况尊我乎！吾不忍久见也。"乃负石而自沉于庐水。（《让王》）

商汤找卞随和瞀光谋划讨伐夏桀的事情,卞随和瞀光都说不是自己的事情,都不提供可以与汤共谋划的人选,为什么?因为他们认为你讨我伐与自然而然相违背,他们的事情就是顺随自然。

商汤取胜后想将帝王之位让给卞随和瞀光,卞随自投稠水而死,瞀光自沉庐水而亡。为什么?原因有两条:其一是天下无道,无论是夏桀执政也好,还是谁来执政也好,无非是你争我夺,杀人越位,与自然之道相背而行;其二是让自己为王,也就是让自己充当背道的角色。生于乱世而践其土,这本身就是对自己的侮辱,让自己充当这无耻的角色,那就更是无脸生存于世了。

上面的故事都遵从一个思想,以为王、做官为耻,以避王、逃世为洁。之所以如此,直接的原因可能是多种多样的,但是其中有一个根本原因,这就是社会发展到战国时代,为王也好,做官也好,已经没有自然可说了。一些自作聪明的君王总按照自己的主观意念改造它,使它失去了自然的本性,失去了往日的和谐,造成了物与物相克、人与人相残的混乱局面。这样的局面虽然是令人忧心的,但却不是人为的力量能够改变的。越是想用人为的力量去改变,就越是乱上添乱。于是庄子以古喻今,以夏桀、商汤、商纣、周武之事做喻比。说夏桀无道而商汤代之,商纣无道而周武代之,这些所谓的代换,都是以暴代暴,都是出于私利,都是发于主观,都在背逆自然。正因为这样,所以有志之士只有洁身自好,不与为伍,在无拘无束的环境下过那自由自在且自然的生活。

三、富为累赘

世人之所以以官为贵,以王为尊,与达官、帝王过着花天酒地的生活、家中堆积着如山如丘的财宝有关系。反过来说,当一个人富有之后,在世人眼里,好像突然变得高大了,从此不可等闲视之。所以人们常常将富与贵联系在一起,在恭维一个人的时候,以富贵誉之。

可庄子却不这样看,在他看来,之所以出现这样的情况,那是因为世人站在了人世的角度看问题,眼光被眼前的事物障蔽了,以为贫就是贫,富就是富,贫富的区别是真实存在、无法改变的。然而当跳出人世,立于大道观人世,情况就大不一样了,哪里有什么贫穷,哪里有什么富贵呢? 今天的富人,明天就可能变成了穷人;今天的穷人,明天就可能变成了富人。贫富不会总是固定不变、永归一人的。即使一个人富了一辈子,金银如山,牛羊满圈,可是百年之后,他还富有吗? 不要说那金银和牛羊不再属于他的了,就是他自己也已化为无有。到那时候反过来再看看今天,贫在哪里,富在哪呢? 一切都不过是一团烟云,时日一过,烟消云散,一切皆无。

由此可见,什么贵贱之分、贫富之别、荣辱之殊、生死之界,全都是人为之虚设,全都是站在人世观人世造成的幻影,全都是脱离大道造成的错觉。站在大道的角度,把自己的心掏得空空的,连自己本身都没有了,连自己的自我都没有了,哪里还会有富贵?

庄子在《天地》篇中对此观点做了概述。其文曰:

> 夫道,覆载万物者也,洋洋乎大哉! 君子不可以不刳于心焉。无为为之之谓天,无为言之之谓德,爱人利物之谓仁,不同同之之谓大,行不崖异之谓宽,有万不同之谓富。故执德之谓纪,德成之谓立,循于道之谓备,不以物挫志之谓完。君子明于此十者,则韬乎其事心之大也,沛乎其为万物逝也。若然者,藏金于山,藏珠于渊,不利货财,不近贵富;不乐寿,不哀夭;不荣通,不丑穷;不拘一世之利以为己私分,不以王天下为己处显。显则明,万物一府,死生同状。

这段话的大意是:

说起大道,那是覆载万物的东西,可真是无边无际的大啊! 君子要想理解它,就不能不把自己的心掏得空空的。生活在世界上,什么叫做天然呢? 无所作为而事情就自然而然地成功了,这就是天然;什么叫做德性呢? 无心言说而人们就自然懂得了,这就是德性;什么叫做仁爱呢? 体谅他人而有利于物,这就是仁爱;什么叫做博大呢? 视异为同、存异求同,这就是博大;什么叫做宽广呢? 行不到边际、走不到异域,这就是宽广;什么叫做富有呢? 拥有万物、物各异殊,这就是富有;什么叫做纲纪呢? 遵循德性、不离本性,这就是纲纪;什么叫做立身呢? 德性完满、无亏无损,这就是立身;什么叫做齐备呢? 遵循大道、无所偏离,这就是齐备;什么叫做完善呢? 不贪于物、不丧己志,这就是完善。君子若能明晓这十点,就能心胸博大而消事于内,放任悠闲而散物于外。像这样的人,会把金银抛于深山,会将珠宝沉于深渊,不追逐财物,不靠近富贵,不以长寿为乐,不以早逝为哀,不以亨通为荣,不以贫穷为耻,不将天下公利据为私有,不将称王天下视为显赫。在他看来,真正的显赫是明晓于大道:将万物视为一体,将生死视为一样。

也就是说,与大道融为一体,心胸就会博大;心胸博大了,就会囊括一切,将天下视为一家,将万物视为一体,无彼无此,无亲无疏,无分无界,无轻无重,一切都顺其自然,无弃无求。既然如此,那也就没有贫富之别、贵贱之分了,于是乎抛金沉玉,不靠近富贵,不以亨通为荣,不以贫穷为耻;既然如此,心中也就无所牵累了,于是乎便能消事于内,散物于外,放任悠闲,自然自在。

反过来说,如果把贫富的差别放在心上,求富避贫,以富为贵,富贵就会成为自己的一个大包袱,背之太重,弃之心痛,由此而不得安生。

庄子从诸多方面表述过上述观点。

(一)操之而栗 舍之而悲

在庄子看来,一个人既然来到人世,也就要生活下去。要生活下去,不外乎需要吃一口饭,穿一身衣。所以只要有一口饭吃,有一身衣穿,也就可以了,除此之外,那就是多余,不但无用,而且累人。所谓累人,不但是因为在求取这些财富时须苦身疾作,劳其心志,而且在得到这些财富之后,还须为其担心忧愁。放在那里怕丢了,送给别人又舍不得,担心受怕一辈子,到头来自己也用不着,死了之后也带不走。这是何苦呢?

他在《至乐》篇中说:

> 夫天下之所尊者,富贵寿善也……所下者,贫贱夭恶也。夫富者,苦身疾作,多积财而不得尽用,其为形也亦外矣。夫贵者,夜以继日,思虑善否,其为形也亦疏矣。人之生也,与忧俱生,寿者惛惛,久忧不死,何苦也! 其为形也亦远矣。

其意是说,世上之人都以富贵寿善为尊贵,都以贫贱夭恶为鄙下,由此为积累财富而劳其体肤,为升官发财而耗精费神,结果积下的财富却用不了,成了身外之物,爵位高了身体却垮了。像这样,一生与忧苦相伴随,活得越长,遭的罪越大,可真是不值得。

他在《天运》篇中又说:

> 以富为是者,不能让禄;以显为是者,不能让名;亲权者,不能
> 与人柄。操之则栗,舍之则悲,而一无所鉴,以窥其所不休者,是天
> 之戮民也。

在庄子看来,求富、求爵、求权的人,得到了财害怕,因为唯恐失去,放弃吧则又舍不得,因为这是他们心中之所求。这样的人不能从前人的愁苦中得到借鉴,看不透他们所孜孜以求的到底是什么东西,于是只好受愁苦的熬煎了。庄子把这样的人称为"天之戮民",意谓受自然规律惩罚的人。

庄子还讲了一个"无足与知和议富贵"的寓言故事,用以表述他的观点。故事说:

> 无足问于知和曰:"人卒未有不兴名就利者。彼富则人归之,归则下之,下则贵之。夫见下贵者,所以长生安体乐意之道也。今子独无意焉,知不足邪,意知而力不能行邪,故推正不忘邪?"

> 知和曰:"今夫此人以为与己同时而生,同乡而处者,以为夫绝俗过世之士焉;是专无主正,所以览古今之时,是非之分也,与俗化。世去至重,弃至尊,以为其所为也;此其所以论长生安体乐意之道,不亦远乎!惨怛之疾,恬愉之安,不监于体;怵惕之恐,欣欢之喜,不监于心;知为为而不知所以为,是以贵为天子,富有天下,而不免于患也。"

> 无足曰:"夫富之于人,无所不利,穷美究埶,至人之所不得逮,贤人之所不能及,侠人之勇力而以为威强,秉人之知谋以为明察,因人之德以为贤良,非享国而严若君父。且夫声色滋味权势之于人,心不待学而乐之,体不待象而安之。夫欲恶避就,固不待师,此人之性也。天下虽非我,孰能辞之!"

> 知和曰:"知者之为,故动以百姓,不违其度,是以足而不争,无以为故不求。不足故注之,争四处而不自以为贪;有余故辞之,弃天下而不自以为廉。廉贪之实,非以近外也,反监之度。势为天子而不以贵骄人,富有天下而不以财戏人。计其患,虑其反,以为害于性,故辞而不受也,非以要名誉也。尧舜为帝而雍,非仁天下

也，不以美害生也；善卷、许由得帝而不受，非虚辞让也，不以事害己。此皆就其利，辞其害，天下称贤焉，则可以有之，彼非以兴名誉也。"

无足曰："必持其名，苦体绝甘，约养以持生，则亦久病长厄而不死者也。"

知和曰："平为福，有余为害者，物莫不然，而财其甚者也。今富人，耳营钟鼓筦籥之声，口嗛于刍豢醪醴之味，以感其意，遗忘其业，可谓乱矣；侅溺于冯气，若负重行而上阪，可谓苦矣；贪财而取慰，贪权而取竭，静居则溺，体泽则冯，可谓疾矣；为欲富就利，故满若堵耳而不知避，且冯而不舍，可谓辱矣；财积而无用，服膺而不舍，满心戚醮，求益而不止，可谓忧矣；内则疑劫请之贼，外则畏寇盗之害，内周楼疏，外不敢独行，可谓畏矣。此六者，天下之至害也，皆遗忘而不知察，及其患至，求尽性竭财，单以反一日之无故而不可得也。故观之名则不见，求之利则不得，缭意体而争此，不亦惑乎！"（《盗跖》）

故事中的无足，代表贪财无厌之人；知和，代表明晓和谐之人。二人各抒己见，讨论如何看待富贵的问题。

首先由无足提出问题。他看见知和不求富，不逐贵，一切都顺其自然，凡事皆和谐共处，感到不可理解。因为在他看来，人们都是追求名利富贵的。一个人富有了，别人就会归附他，尊敬他，在他面前低三下四，而他自己得到这样的待遇，就会快乐、健康和长寿。无足以小人之心度君子之腹，以为知和之所以与此不同，不是因为智力不足，就是由于能力不足。却没想到知和讲出了另外一种大道理。

知和说：当今的一些人，觉得某某富人与自己同年而生、同乡而居，就引以为自豪，而当自己也富起来时，那就更加忘乎所以了，误以为自己真的是超世绝伦。他们哪里晓得，这正是不明正道、不通古今、不明是非的庸俗之见。这些人把最可珍贵的东西忘掉了，把最可尊敬的东西抛弃了，为所欲为，从他们自己的感受出发来谈论什么快乐、健康和长寿，这离真正的快乐、健康和长寿不是很远吗？只有将悲惨和困穷、悠闲与安适置于身外，将惊慌与恐惧、欢欣与快乐置于心外，才谈得上真正的快乐、健康和长寿；而上面那些人只知道自己在做什么而不知道自己为什么这样做,就是贵为天子,富有天下,也难以免除自己的祸患。

　　知和的一席话只是一个引子,还没有作出具体论述,所以无足难以领会。下面是无足的两个观点:其一是富有对人是很有益处的;其二是追求富贵是人的本性。之所以说富有有益,那是因为,一旦富有了,就能享尽人间的美事,得到人间的权势,可以借用别人的勇力来逞威风,可以借用别人的智能观察事物,可以借用别人的德性取得贤名,虽然没有君王的称号却像君王那样尊贵威严,这是那些至人和贤人难以做到的。之所以说追求富贵是人的本性,那是因为耳听好的音乐、口吃美味佳肴、手握大的权力,这些事情对于人来说,不用指点就乐于去做,不用体验就乐于接受。避害趋利,不用师教,人生下来就是这样。不只是我一个人是如此,天下的人没有不如此的。

　　知和没有全面反驳无足的观点,只是对有关人性的问题做了论述。他认为,说人人都在追求富贵,追求享乐,追求权势,追求名誉,求而不得就争,那是不合乎实际的。求与不求,争与不争,是人的生活环境造成的,而不是人的本性如此。他说:体悟道理的人,做事总是从百姓的实际情况出发,不超越事物的限度,所以人们都生活在自足的环境中。在这种情况下,人们就不争,没有必要的东西,人们也不求。如果人们必需的生活品得不到满足,那是会引起争夺的,在这种情况下,就是四处去争也不会感到自己贪婪;当富足而有余的时候就会出现辞让的行为,因为有余,所以就是把天下让给别人也不会感到自己清廉。是廉还是贪,衡量的尺度不在表面的、外在的事物,而在人的内心。不能说让就是廉而争就是贪,而要看在什么情况下、为什么要让要争。有的人贵为天子而不自尊自傲,富有天下而不用财富戏弄人。这样的人可以说是很高尚的了,而实际上他们之所以这样做并不是为了名誉,而是从实际的需要出发,考虑到骄傲和戏人会引起的祸患,考虑到事情都会向反面转化,考虑到这样做有背于人的本性,所以他们不这样做。像唐尧和虞舜这样的帝王,采取慈和的政策治天下,这也不是为了仁慈,而是为了不以自己的美好生活而有害生灵;像善卷和许由这样的臣下,不接受帝王的禅让,并不是图一人谦虚的虚名,而是为了不用不应该自己做的事情来伤害自己。以上的诸种行为都是出于一定的实际情况,为了保护自己的利益、避免遭受危害而作出的。天下都称这些行为高尚，人们既然这样说，那也没有什么不可以的，不过，作出这些行为的出发点却不是为了名声。

这一大段论述的中心思想是：世上确有争夺的事情，但争权夺利并不出于人的本性；世上确有谦让的事情，但谦和辞让并不出于求取名声。一切都出于人们生活的自然需要，并不是为了求取富贵。

由此拆除了人人都在求取富贵的理论基础，而有关富贵的危害则留在了下一回合辩论。

无足仍然坚持人人都在追求富贵的观念，根本听不进知和所讲的道理。在他看来，安于贫穷绝不是一种自然的行为，而是为了换取清高的名声。他认为，节衣缩食是在残害身体，这样生活就像久病、处危但却未死，过的不是正常生活。

知和认为，无足之所以以贫为病、以穷为危，关键在于没有弄清什么是福、什么是害，不懂得超出自然需要之外的财富对人的危害，于是着重讲述福与害的区别，系统地罗列了余财对人的危害。他说：

需要什么就取什么，所取的东西与所需的东西相适应，这就是福；不需要的东西也去追求，求得的东西大大超过了自己的需要，这就是害。什么东西多余了都是这样，财富多余了更是这样。当今的富人，耳中听着美妙的音乐，口中吃着美味佳肴，将自己沉溺于奢靡的生活中，觉得很是得意，结果把自己的功业都忘得干干净净，这可真叫做遭乱呀！贪欲淤积于心，而且越积越厚，这样生活，就像是背着沉重的包袱上山坡，这可真叫做受苦呀！贪求钱财而劳损身体，贪求权势而竭其智虑，静养的时候就懒懒散散，体胖的时候就淤气愤满，这可真叫做找病呀！追求财富而无止息，追求利益而无足时，就像是碰到了墙壁而不知躲避，肚中已饱而不舍得离席，这可真叫做找辱呀！积累的财富没有用处，腹中的积食不能消散，这本身已经是很大的烦恼了，可是还在不停地追求，这可真叫做忧愁呀！有了财富不知道如何处置，放在家里怕遭贼抢，带着外出怕遭盗劫，在家严加把守紧锁门窗，出外结伙同往不敢独行，这可真叫做惊恐呀！以上这六个方面，是天下最害人的，可是人们往往把这些危害抛在脑后，到灾祸临头的时候，才乞求保佑。不过到了那个时候，就是把财富全部抛掉，想要换取一天的平安，也是难以办到的。由此可见，名是求不来的，利是争不到的，人们每日沉溺于名利的欲望之中而不可自拔,不是太糊涂了吗!

总之一句话,求富造害,积财引灾,财富不仅不是尊贵的阶梯,而且反是陷阱的诱饵。

(二)斗升之水　可以活我

立足于上述观点,所以庄子宁肯过那一斗粗米、一身布衣的生活,而不要身外之利、分外之财。认为一斗粗米就可以维生,一身布衣就可以防寒,身外之利、分外之财不是维持自己的自然生命所需要的,求之有背自己的自然本性,得之有害于自己的自然本性。

《外物》篇有一个"庄周借粮"的故事,表述庄子的这种心境。故事说:

> 庄周家贫,故往贷粟于监河侯。监河侯曰:"诺。我将得邑金,将贷子三百金,可乎?"
>
> 庄周忿然作色曰:"周昨来,有中道而呼者。周顾视车辙中,有鲋鱼焉。周问之曰:'鲋鱼来!子何为者邪?'对曰:'我,东海之波臣也。君岂有斗升之水而活我哉?'周曰:'诺。我且南游吴越之王,激西江之水而迎子,可乎?'鲋鱼忿然作色曰:'吾失我常与,我无所处。吾得斗升之水然活耳,君乃言此,曾不如早索我于枯鱼之肆!'"

庄子家中断了粮,只要一斗米就可以生活下去,监河侯不但答应借给,而且许诺借给三百两白银,不过有一个前提,这就是要等过一段时期,收了利息之后。这种许诺等于说,在庄子饿死之后将他变成大富翁。一条鱼离水之后,只要一斗水就可以得救,眼下不给它一斗水,却答应几个月后放它回江河,这种许诺与将它晒成鱼干、卖于市场没有什么两样。收息之后借银三百两与几个月后放鱼归江湖,结果都是一样,无济于事。

这个故事用生活所需与多余之财的时间差来隐喻财富对人的危害。其中包含着三层意思:其一是说,一斗米、一斗水就够一个人生活、一条鱼活命了,用不着更多的财富;其二是说,当需要一斗米、一斗水的时候不供给,而在人死鱼枯之后供给白银三百两、满满江湖水,无济于事;其三是说,不满足于生活之需,而要求取多余之财,就好像求取息后之银、月后之水一样,不仅求之无用,而且带给自己的只能是灾难。

也就是说,布衣、斗米的生活是正常的,锦衣、山珍的生活是超常的。以自己的劳作换取正常的生活,没有什么不光彩的;以不光彩的手段攫取超常的生活,那才是丑陋的。

《山木》篇中有一个"贫而非惫"的故事在表述这种观点。故事说:

> 庄子衣大布而补之,正廓系履而过魏王。魏王曰:"何先生之惫邪?"
>
> 庄子曰:"贫也,非惫也。士有道德不能行,惫也;衣敝履穿,贫也,非惫也;此所谓非遭时也。王独不见乎腾猿乎?其得楠梓豫章也,揽蔓其枝而王长其间,虽羿、蓬蒙不能眄睨也。及其得柘棘枳枸之间也,危行侧视,振动悼栗,此筋骨非有加急而不柔也,处势不便,未足以逞其能也。今处昏上乱相之间,而欲无惫,奚可得邪?此比干之见剖心徵也夫!"

"惫",原意为困顿,转意为败落;魏王用的是第一种含义,指家境的贫穷,庄子故意引申为第二种含义,指人品的低下。

庄子穿着粗布衣服,而且上面还补着大块的补丁;腰带是用麻绳编的,而且已经破损不齐,出门的时候还需整理整理;鞋子已经不能随脚而行了,所以要用带子系一下。

庄子这么一副贫困相,难怪魏王要说他困穷。不过魏王用的不是困穷二字,而是用的"惫"。

庄子接过了话茬,将"惫"字的意思转成了人格的败落,说贫穷不是"惫",而人品的败落才是"惫"。并以此为话题,发表了一通议论,用以说明人贫并不可耻,因为这不是个人败坏造的,而是由于生不逢时,由腐败的君王和无耻的国相造成的,真正可耻的是昏君和乱相。

为了把自己的意思说得分明,庄子举了一个猿猴的例子。在他看来,猿猴在茂林之中上下攀援,那个身形灵活、筋骨柔软,连善于射箭的后羿和蓬蒙都拿它没有办法。可是当它掉到荆棘之中的时候却害怕了,小心地斜视着四周,一点响动都会给它带来一阵惊恐。之所以如此,并不是它的本领没有了,而是环境改变了,环境不适于它,这叫英雄无有用武之地。以此说明贫穷之人并非没本事,并非不高洁,有才且高却身处困境,原因就在于君昏相庸。

故事的基本思想是，人生在世，品行才是衡量高贵和卑贱的尺度，贫穷只不过是处境的一种结果，不代表人的生存价值。

四、仁为虚名

庄子虽然认为人的品行是衡量人生价值的尺度，但并不认为一个人的声誉是一个人品行的标志。在他看来，情况恰恰相反：有声誉的往往无道德，有道德的往往无声誉。为什么？原因在于世道乱了，什么东西都颠倒了。就拿"仁"这个词来说吧，那是一个多么高尚的字眼呀。它本来用以表示人与人之间的宽容、谅解、相爱和互济。可是正因为这个字眼高尚，所以便被那些有权有势的人抢来装潢门面。结果原本很好的字眼被玷污了，成了一种虚假的幌子，而那人与人之间真诚的友爱关系，却反而不再能用这种字眼来表达。从实而论，真诚的友爱关系也用不着以什么字眼来表达，用不着用言语来述说，用不着做任何的宣传，也用不着谁来颂扬，因为这种友爱是人生本质的自然流露，不带有任何的功利因素。反之，用颂扬和传授的方法推动的东西，往往与功利和名声结合在一起，在颂扬和传授一种道德观念的时候，往往也就伴随着功利的诱导在其中。久而久之，功利的诱导则会反宾为主，成为人们做某种善事的动力，而使善行失去真正的道德意义，成为人们追逐名誉和地位的垫脚石。

在庄子看来，他所生活的时代也正是这样的时代，虚伪代替了真诚，空名淹没了本性。那些用以表彰高风亮节的桂冠大都戴在盗贼的头顶，失去了高贵的意义，而那些按照自然本性友爱相处的人却被冠以盗贼的恶名。

（一）多方仁义　枝于道德

在庄子看来，人生最为珍贵的莫过于自然本性。遵从自然本性是最高尚的人格，按照自然本性行事是最高尚的道德。

什么是自然本性？自然本性就是人生下来自然而然的性能及由此表现出来的自然而然的需要、自然而然的行为、自然而然的情感等等。

在庄子看来，一切出于自然的东西都是自然本性的反映，一切出于人为的东西都是悖谬自然本性的。在诸多有背于自然本性的东西中，仁义是特别突出的一种。创造仁义的人也许是出于好意，想要用它们来协调人们之间的关系，达到天下的大治，于是把它们抬高到非常神圣的地位，说是达到了至仁就可以成为圣人，但其结果却恰恰相反，它们不但不能促进人们的道德，反而成为附在道德身上的一个赘瘤，就像是在一个正常的五指手上枝出一个第六指，给人们造成了痛苦和忧伤。

《骈拇》篇在集中讲述这样的道理。其文曰：

> 骈拇枝指，出乎性哉！而侈于德。附赘悬疣，出乎形哉！而侈于性。多方乎仁义而用之者，列于五藏哉！而非道德之正也。是故骈于足者，连无用之肉也；枝于手者，树无用之指也；骈枝于五藏之情者，淫僻于仁义之行，而多方于聪明之用也。

骈拇，是大拇指与二拇指连生的畸形指；枝指，是与五指并生的第六指。它们都是人身原本没有的东西，是超出于正常人体的多余，所以人们称之为侈。侈，是多余之意。"多方"，是过滥之意。

这一段提出了一个论题，这就是仁义对于道德来说是多余，就像足上之骈拇和手上之枝指。骈拇有害于足，枝指有害于手，仁义有害于道德。其大意是：

骈拇和枝指，看上去是天生就有的，然而却超出了人的原本德性；赘瘤和瘊子，看上去是从人的身上长出的，然而却不是出于人的天生；仁义和礼教，看上去是出于人的内在心思，然而却不是出于纯德正道。正因为如此，所以说：脚上长的骈拇，是连着的一块无用之肉；手上长的枝指，是抒出的一根无用之指；从人的内在情思中长出的骈拇和枝指，那就是泛滥于人世而邪僻于德性的仁义之行，那是滥用人的聪明所导致的结果。

下面庄子做了长篇论述，我们引其几个要点。庄子说：

> 彼至正者，不失其性命之情。故合者不为骈，而枝者不为岐；长者不为有余，短者不为不足。是故凫胫虽短，续之则忧；鹤胫虽长，断之则悲。故性长非所断，性短非所续，无所去忧也。意仁义其非人情乎！彼仁人何其多忧也？

> 且夫骈于拇者，决之则泣；枝于手者，龁之则啼。二者，或有余于数，或不足于数，其于忧一也。今世之仁人，蒿目而忧世之患；不

仁之人,决性命之情而饕富贵。故曰仁义其非人情乎! 自三代以
下者,天下何其嚣嚣也? (《骈拇》)

这两段提出了衡量正道的标准,这就是"不失其性命之情",不背离其自然
本性。拿这个标准来衡量,仁义是不合于正道的,因为它们不再使人自然自
在地生活,而给人带来无休止的忧愁和烦恼。不过论述没有用肯定的语气,
而是用了疑问句。这两段的大意是:

所谓正道,就是不失其性命的真情而已。只要是合于他们本身的真情,
那骈者也就不是骈,枝者也就不是枝,长的也就不是有余,短的也就不是不
足。比如小鸭子的腿虽然短,然而却并不是短,如果有谁嫌其腿短而要给它
续上一截,那它可就忧愁了;大仙鹤的脖子虽然长,然而却并不是长,如果有
谁嫌其脖长而要为它截去一段,那它就悲惨了。所以本性长的不能截,本
性短的不能续,是长是短都是它们的本性,所以无所谓忧患,也用不着去消
除忧患。用这样的道理来衡量,那仁义也就谈不上是人之真情了。否则的
话,为什么仁人会有那么多的忧患呢?

脚有骈拇的人,用刀把它切开,疼痛得就要哭泣;手有枝指的人,用嘴把
它咬断,疼痛得就要啼哭。这两种东西,一个不足于应有的指数,一个超过
了应有的指数,虽然在对于指数的关系上有所不同,但是不符合指数的忧愁
却是一样的。当今之世的仁人,睁开眼睛就为人世担忧;不仁的人,却又杜
绝性命的真情而贪图富贵。二者的表现形式不一样,但他们为人事而犯的
忧愁却是一样的。用这样的道理来衡量,那仁义也就谈不上是人之真情了。
否则的话,自三代以来,代代都在鼓动仁义,为什么天下却总是如此混乱不
安呢?

庄子在下面做了肯定性论述,他说:

且夫待钩绳规矩而正者,是削其性者也;待绳索胶漆而固者,
是侵其德者也;屈折礼乐,呴俞仁义,以慰天下之心者,此失其常然
也。天下有常然。常然者,曲者不以钩,直者不以绳,圆者不以规,
方者不以矩,附离不以胶漆,约束不以绳索。故天下诱然皆生而不
知其所以生,同焉皆得而不知其所以得。故古今不二,不可亏也。
则仁义又奚连连如胶漆绳索而游乎道德之间为哉,使天下惑也!
(《骈拇》)

其意是说:凡是需要用钩绳规矩矫正的,都是偏离了本性的东西;凡是需要用绳捆胶粘的,都是剥落了德性的东西;世上之所以用烦琐的礼乐、口头的仁义去安抚人心,那是因为天下离开了自然的常规。天下是有自然常规的。只要顺应着常规,弯曲东西用不着钩,打直东西用不着绳,画圆之时用不着规,画方之时用不着矩,粘连东西用不着胶,捆绑东西用不着索。天下的东西悠然而生却不知道为什么产生了,天下的东西皆得其所却不知道为什么得到了。这个常规古今是一样的,一时一刻都不能亏损。哪里还用得着仁义来矫正人的道德呢?仁义这种东西,婆婆妈妈的像绳索胶漆一样,越是宣教它,人们就越是迷惑。

上述几段的基本思想和逻辑顺序是这样的:

其一,仁义礼教是人性的骈拇和枝指,它们的出现是由于人类本性遭到了损害,它们的存在又是人类本性亏损的表现。正因为人类的本性遭到了损害,所以那些仁义之士总是忧心忡忡,而他们要用仁义去规范人的行动,则更如饮鸩止渴,使人的真情、德性受到更大的损害。究其原因,就在于它们是人为的造作,而不是人类的自然常情。

其二,人生的正道不是仁义,而是不失性命的真情。这里所说的性命不是指人的生命,而是指人的本性和由本性所决定的人生要走过的历程。"不失性命的真情",就是不背离人的本性,不脱离本性所铺下的人生轨道。

其三,衡量是否合于本性,有一个普遍适用的标准,这就是自然常规。世上的事物有长有短,有骈有枝,然而并不是所有的短者都是骈,所有的长者都是枝,所有的骈者都离性,所有的枝者都失真。衡量是不是骈、是不是枝、是不是离性、是不是失真的标准,就是看它是不是符合于事物本身的自然常规。如果长符合于某一事物的自然常规,不用续接,它就自然是长的,那么长就是它的自然本性;这样的长者虽然长,但却并不是枝。如果短符合某一事物的自然常规,不用裁截,它就自然是短的,那么短就是它的自然本性;这样的短者虽然短,但却并不是骈。如果骈符合于某一事物的自然常规,不用分割,它就自然舒畅,那么骈就是它的自然本性;这样的骈者虽然骈,但却并不是离了自己的本性。如果枝符合某一事物的自然常规,不用去除,它就自然舒畅,那么枝就是它的自然本性;这样的枝者虽然枝,但却并不是失去了自己的真情。

其四，仁义礼教却不是这样，它就像是捆在人身上的绳索、粘在人性上的胶漆，不遵其行则引起那些仁义之士的百般忧伤，遵其而行则需要仁义之士的无休教诲。由此可见，它们绝非人的自然本性。

这里面特别提出了衡量本性的标准，为庄子的立论奠定了基石。它不仅申明了人的本性是自然而然，而且进一步明确了所说的自然而然不是指个别的偶然，而是指普遍的常然，是指符合自然常规，由此使"自然而然"有了更加明确的界定。比如一个人长了枝指，这到底是不是出于他的自然本性？很可能会仁者见仁，智者见智。从一个方面来说，它是这个人自然天生的，不是后天外加的，由此似可判定它出于这个人的自然本性；从另一个方面来说，它又不合乎常人的身体，对于一个一般的人来说，它是多余，是累赘，由此又可判定它不出于这个人的自然本性。这种分歧在庄子学说中不存在。之所以避免了这种分歧，原因就在于提出了作为自然常规的"常然"概念，以是不是符合于"常然"作为划分是不是出于自然本性的标准。庄子拿这种标准来衡量仁义，得出了它不合于人类常规、不是人类本性的结论。由此说明它是道德之枝指。

（二）至义不物　至仁无亲

仁义是道德的枝指，破坏着人的自然本性，是不是由此就不要人间的友爱了呢。

庄子认为这里不存在要不要的问题，而在于是不是遵从人的自然本性的问题。人与人之间自然存在着友爱和体谅，要它也存在，不要它也存在，不过因为它是一种自然的情感，所以人们无所觉察，更不可能用语言来表达。一旦觉察了出来，就说明它已经脱离了自然，就说明其中有了人为的因素。如果进一步又用语言表达了出来，那就更糟糕了，到了这个时候，所谓的友爱已经完全离开了真实的自然情感，成了一种虚伪的名分。而仁义就是这种东西。

正因为如此，所以消除仁义，不但不是不要友爱，而恰恰是要去掉虚伪而恢复真情；不但不是不要友爱，而恰恰是要恢复至友至爱，至仁至义。

对此，《庚桑楚》中有过表述。其文曰：

> 蹍市人之足，则辞以放骜，兄则以妪，大亲则已矣。故曰，至礼

有不人,至义不物,至知不谋,至仁不亲,至信辟金。

其意是说:在街上走道,不小心踩了路人的脚,会很小心地陪不是,说"对不起! 是我太莽撞,让您受苦了"。如果是踩了兄长的脚,就不会赔不是,大不了也只是有个怜惜的表情。如果是踩了父母的脚,就像是没有发生这样的事一样,无所表示。什么原因呢? 越是亲近就越是隐于内心的缘故呀。所以说:至礼有不人,至义不物,至知不谋,至仁无亲,至信辟金。

"至礼有不人,至义不物,至知不谋,至仁无亲,至信辟金",是说:最高尚的礼,不把他人当外人;最高尚的义,没有物我之划分;最深刻的知,自然去做不谋划;最高尚的仁,没有表面之亲近;最恪守的信,从来不用抵押金。

在庄子看来,人对人自然而然地爱才是真诚的仁,人对己没有约束地正才是纯粹的义。一旦要通过教化,通过制约,那就不再是原本的仁义,而是虚伪的仁义了。越是亲近的人,越是心爱的人,就越是无需乎这样的仁义,就越是不存在这样的仁义,就好像儿子踩了父母的脚无须乎道歉一样;越是疏远的人,越是不亲的人,才越是需要这种仁义,才越会表现出这样的仁义,就像行人踩了路人的脚立刻道歉一样。这种虚伪的仁义不是人的原本真性,而是对原本真性的扭曲和亵渎,连虎狼都可以表现出来。而最高尚的仁义是想要表现也表现不出来的。

《天运》篇中有一段庄子与大宰的对话,进一步表述了这种观点。其文曰:

> 商大宰荡问仁于庄子。庄子曰:"虎狼,仁也。"
>
> 曰:"何谓也?"
>
> 庄子曰:"父子相亲,何为不仁?"
>
> 曰:"请问至仁。"
>
> 庄子曰:"至仁无亲。"
>
> 大宰曰:"荡闻之,无亲则不爱,不爱则不孝。谓至仁不孝,可乎?"
>
> 庄子曰:"不然。夫至仁尚矣,孝固不足以言之。此非过孝之言也,不及孝之言也。夫南行者至于郢,北面而不见冥山,是何也? 则去之远也。故曰:以敬孝易,以爱孝难;以爱孝易,以忘亲难;忘亲易,使亲忘我难;使亲忘我易,兼忘天下难;兼忘天下易,使天下

兼忘我难。夫道德遗尧舜而不为也,利泽施于万世,天下莫知也,
岂直大息而言仁孝乎哉! 夫孝悌仁义,忠信贞廉,此皆自勉以役其
德者也,不足多也。故曰,至贵,国爵并焉;至富,国财并焉;至愿,
名誉并焉。是以道不渝。"

宋国的大宰荡请教庄子什么是"仁"的问题,庄子说:"虎狼所表现出来的关系就是仁。"大宰很吃惊,紧接着问:"您这话怎么讲?"庄子说:"虎狼在它们的父子之间不是表现得也很亲爱吗? 世俗所说的仁不就是亲爱吗? 既然虎狼之间也表现出了亲爱的关系,为什么不能说是仁呢?"大宰说:"你所说的是一般的仁,我所问的是最高尚的仁。"庄子说:"最高尚的仁从来不表现出亲近。"大宰说:"我听说,没有亲近就没有爱,没有爱就没有孝。说最高尚的仁不孝,可以吗?"

由此引出了庄子的一大段议论。

庄子说:"这话不对。最高尚的仁是至高无上的,哪能用孝来说明它呢? 况且用爱来说明孝也是不恰当的。说不恰当,并不是说爱超过了孝,而是说它还没有达到孝。一个人往南行走,当他来到楚国郢都的时候,望北则看不见燕山。为什么呢? 因为离得太远了。有鉴于此,所以说:用外表好似恭敬的礼节来表示孝比较容易,以人与人之间的亲爱来达到孝比较难;用人与人之间的亲爱来达到孝比较容易,以忘掉这是我的亲人来达到孝比较难;用忘掉这是我的亲人来达到孝比较容易,使亲人忘掉我是他的亲人则比较难;使亲人忘掉我是他的亲人比较容易,使他们把天下的东西都忘掉比较难;使他们把天下的东西都忘掉容易,让天下的人们连自己也忘掉比较难。一个人的德性达到了忘掉尧舜而不为仁义、惠于万世而天下不知的程度,哪里还会为谈到仁义而感叹呢? 世俗所说的孝悌仁义、忠信贞廉,都是用来自我勉励而干扰本性的东西,实在不值得赞赏。因此说,要达到至贵就须舍弃国家的爵位,要达到至富就须舍弃一国的财物,要达到至愿就须舍弃名誉和桂冠。而只有自然之正道是永恒不变的。"

庄子认为,世俗表现出来的所谓仁,是表面的亲情,谈不上是至高无上的仁。这种亲情连虎狼都会有,不值得赞扬。至高无上的仁是不能用亲情表现的,它是人与人之间、人与物之间的一种自然而然的和谐关系。这种关系越淳厚,人们的感觉便越淡薄;人们的感觉越浓厚,这种关系便越浅薄。

人们的感觉最深刻、自然的关系最浅薄的表现就是礼节仪式；人们的感觉最淡薄、自然的关系最淳厚的状况就是大家都遵循自然正道而行。遵循自然正道而行，无情无亲，就达到了至仁，就达到了至高无上的仁。太宰不懂得这个道理，拿亲爱和孝敬来说明至仁，这就好像想要看北面的燕山而跑到了楚国的郢都一样，离至仁越来越远。

为了把这个道理讲清楚，庄子将人与人的关系分成了礼、爱、孝、道四个层次。

在庄子看来，礼是为了表达恭敬之情的，爱是为了表达仁慈之心的，它们都是人为的、后天的情感，离人的本性很远很远，连标准的孝都达不到。

标准的孝不是表面的恭敬，也不是表面的亲爱，而是让父母活得自在、安适。要让父母活得自在、安适，就要让他们不再为儿女挂心，不再为外物牵动。而达到这一点很不容易，因此庄子说："用外表好似 恭敬的礼节来表示孝比较容易，以人与人之间的亲爱来达到孝比较难；用人与人之间的亲爱来达到孝比较容易，以忘掉这是我的亲人来达到孝比较难；用忘掉这是我的亲人来达到孝比较容易，使亲人忘掉我是他的亲人则比较难；使亲人忘掉我是他的亲人比较容易，使他们把天下的东西都忘掉比较难。"

达到标准的孝不容易，而达到自然正道，达到至高无上的仁则更不容易。标准的孝与自然正道，与至高无上的仁是无法比拟的。标准的孝只是让父母把外物都忘掉，内心不受外物的干扰，由此使心身平静下来，从而进入随处皆安的境界。而自然正道、至高无上的仁则是指自身完全融化在大自然之中、不分物我、不分内外的一种境界。处在了这种境界也就谈不上对父母的孝与不孝的问题，甚至也就谈不上父母子女的分别了，天地万物、物我彼此都是一体，和谐共存。这是一个完美和谐的整体，无所不安，无所不善，因此称之为至仁；这是天地万物自然而然遵循的轨道，因而称之为自然正道。而世俗所谓的仁义礼教，实际上都是与此相背、削刻本性的东西。有鉴于此，所以庄子说："世俗所说的孝悌仁义、忠信贞廉，都是用来自我勉励而干扰本性的东西，实在不值得赞赏。因此说，要达到至贵就须舍弃国家的爵位，要达到至富就须舍弃一国的财物，要达到至愿就须舍弃名誉和桂冠。而只有自然之正道是永恒不变的。"

由此可见，最高尚的人格、最可尊敬的人品是不能用仁义和孝敬来表达的,越是要用仁义和孝敬来表达,离大道就越远,离人的自然本性就越远,也就越谈不上尊贵。

(三)以仁求贵　无异盗贼

虽然如此说,但是并非人人都懂得这个道理。有的人孜孜不倦地修养仁义之性,也可能就其内心而言,并不是自觉地在追求名声,追求富贵,可是实际的结果却是如此,而引人乐此的也正是这种结果。

不过在别人眼中高贵的东西在庄子眼里却是卑下的。在庄子看来,这些徒有虚名的人,不仅不值得尊重,而且应该铲除,因为他们与盗贼没有什么两样。要说有区别的话,那就是他们比盗贼更可恶。因为盗贼的恶行显于表面,人皆知之,人皆恶之,而这些人的恶行用一层华美的外表遮盖着,人们不但看不出来,而且还羡慕,还赞美。之所以出现了这种怪现象,那是因为这些人不但盗窃了天下的财富,而且还盗窃了天下的美名。由此可见,他们可恶至极。

庄子认为孔子是这方面的代表人物,因此创作了一个"盗跖怒斥孔子"的寓言故事,用来表现这种思想。故事说:

孔子与柳下季是朋友。柳下季的弟弟是一个强盗,人们称其为盗跖。盗跖聚集了九千名徒卒,横行于天下。袭击诸侯,破门入户,掠人牛马,抢人妇女,只要是钱财则取之,从来不讲究亲情,不顾及父母,不考虑先祖的荣誉。所过之地,大国则坚守城池,不敢开门;小国则缩于内城,严阵以待。老百姓为此可受了大苦了。

孔子对柳下季说:"做人的父亲,一定要能指使自己的儿子,做人的兄长,一定要能教导自己的弟弟。作为一个父亲,不能指使自己的儿子,作为一个兄长,不能教导自己的弟弟,所谓父亲和兄长的名分也就不被人们敬重了。先生是当今著名的贤士,弟弟是一个强盗,造害于天下,而您却不能教导他改邪归正,我暗暗在为您害羞。您既然没有教导他的能力,那就让我替您去教导他吧。"

柳下季说:"先生说,做人的父亲,一定要能指使自己的儿子,做人的兄长,一定要能教导自己的弟弟,假使儿子不听从父亲的指使,弟弟不接受兄长的教导,那就是遇到像先生这样的辩才,对他们也是无可奈何的呀!况且我弟弟这个人,心机像泉水一样涌动,意念像飘风一样不定,力量足以抵得过敌人,辩才足以掩饰住过错,顺从他的心思则高兴,背逆他的心思则恼怒,动不动就用恶语伤人。先生千万别去见他。"

孔子不听,让颜回给他赶车,让子贡给颜回做副手,前去见盗跖。

当孔子一行找到盗跖的时候,盗跖正率领着他的徒卒们在泰山的北坡下休息,嘴里还嚼着煮熟的人肝,吃得正可口呢。

孔子从车上下来,走到传令的徒卒眼前说:"我是鲁国的孔丘,听说你们的将军是一位高尚的义士,特来拜见,请您传达一下。"

传令的徒卒将孔子拜见的消息传进去后,盗跖大怒,眼睛瞪得像颗明星,头发顶得头巾直动,对传令的徒卒说:"这个人不是那鲁国机巧而虚伪的孔丘吗?你替我告诉他:'你编造谎言,制作臆语,胡说这些谎言和臆语是文武之道,这真是用树枝编织帽子,把牛筋当成腰带。你花言巧语,不耕而食,不织而衣,摇动唇舌,制造是非,用来迷惑天下的君主,用来欺骗天下的学者,使他们不能返本归真而行虚假的孝顺之道。说到底,你不过是想要用此手段达到封侯致富的目的而已。你真可以说是罪大恶极了,快快给我走开!不然的话,我就把你的肝挖出来当作白天的一顿美餐!'"

孔子听了徒卒的回话,并没有死心,又让徒卒传进话去,说自己是柳下季的好朋友,这次前来,不敢正视将军,但愿低着头与将军交谈几句。盗跖这才答应让孔子前来。

孔子接到通行之命,赶忙走了过去,但却不敢抬头,遵循着以下见上的礼节,走到跟前后又后退几步,向盗跖跪拜。盗跖见他如此造作扭捏,心中大怒,两脚伸开,手按宝剑,双眼圆睁,吼声如虎地说:"孔丘过来,有什么话快快讲。不过我要告诉你,说的话顺我之耳,就放你活着回去,不顺我耳,就让你死于此地!"

孔子听后战战兢兢,只好从恭维的话说起。他说:"在下听说,天下有三种值得称道的东西:一个人又高又大,容貌美好,老少贵贱见了都很喜欢,这是上等的人才;一个人聪明智慧,大知天地,小识万物,这是中等的人才;一个人勇猛果敢,能号令三军,领兵打仗,这是下等的人才。人能具有其中的一种品格,就能南面称王了。现在将军兼具三者,身长八尺二寸,面目有光,唇如朱砂,齿如白贝,声如黄钟,本来可以堂堂正正地做一个大将军,可是人们却称你为盗跖，在下实在为你感到可惜和羞耻，认为你实在不应该得到这样的结果。将军如果有意听在下的话，在下愿意为你南面出使于吴越，北面出使于齐鲁，东面出使于宋卫，西面出使于晋楚，让他们为将军造一个数百里的大城，设一个数万户的郡邑，尊将军为诸侯，使将军与天下重新结交关系，停止争斗，解散徒卒，回家供养自己的兄弟姐妹，与他们一起祭祀自己的宗祖。这可是圣人才士才能够做到的事情，也是广大百姓希望你能做到的事情呀！你看怎么样呢？"

孔子的话引得盗跖大怒。他将对世俗的疾愤一股脑儿全部倾泻到了孔子的身上，说：

丘来前！夫可规以利而可谏以言者，皆愚陋恒民之谓耳。今长大美好，人见而悦之者，此吾父母之遗德也。丘虽不吾誉，吾独不自知邪？

且吾闻之，好面誉人者，亦好背而毁之。今丘告我以大城众民，是欲规我以利而恒民畜我也，安可久长也！城之大者，莫大乎天下矣。尧舜有天下，子孙无置锥之地；汤武立为天子，而后世绝灭。非以其利大故邪？

且吾闻之，古者禽兽多而人少，于是民皆巢居以避之，昼拾橡栗，暮栖木上，故命之曰有巢氏。古者民不知衣服，夏多积薪，冬则炀之，故命之曰知生之民。神农之世，卧则居居，起则于于，民知其母，不知其父，与麋鹿共处，耕而食，织而衣，无有相害之心，此至德之隆也。然而黄帝不能致德，与蚩尤战于涿鹿之野，流血百里。尧舜作，立群臣，汤放其主，武王杀纣。自是之后，以强凌弱，以众暴寡。汤武以来，皆乱人之徒也。

今子修文武之道，掌天下之辩，以教后世，缝衣浅带，矫言伪行，以迷惑天下之主，而欲求富贵焉，盗莫大于子。天下何不谓子为盗丘，而乃谓我为盗跖？

子以甘辞说子路而使从之，使子路去其危冠，解其长剑，而受教于子，天下皆曰孔丘能止暴禁非。其卒之也，子路欲杀卫君而事不成，身菹于卫东门之上，是子教之不至也。

子自谓才士圣人邪？则再逐于鲁，削迹于卫，穷于齐，围于陈蔡,不容身于天下。子教子路菹此患,上无以为身,下无以为人,子之道岂足贵邪?

世之所高,莫若黄帝,黄帝尚不能全德,而战涿鹿之野,流血百里。尧不慈,舜不孝,禹偏枯,汤放其主,武王伐纣,文王拘羑里。此六子者,世之所高也,孰论之,皆以利惑其真而强反其情性,其行乃甚可羞也。

世之所谓贤士,伯夷、叔齐。伯夷、叔齐辞孤竹之君而饿死于首阳之山,骨肉不葬。鲍焦饰行非世,抱木而死。申徒狄谏而不听,负石自投于河,为鱼鳖所食。介子推至忠也,自割其股以食文公,文公后背之,子推怒而去,抱木而燔死。尾生与女子期于梁下,女子不来,水至不去,抱梁柱而死。此六子者,无异于磔犬流豕操瓢而乞者,皆离名轻死,不念本养寿命者也。

世之所谓忠臣者,莫若王子比干、伍子胥。子胥沉江,比干剖心,此二子者,世谓忠臣也,然卒为天下笑。

自上观之,至于子胥、比干,皆不足贵也。

丘之所以说我者,若告我以鬼事,则我不能知也;若告我以人事者,不过此矣,皆吾所闻知也。

今吾告子以人之情:目欲视色,耳欲听声,口欲察味,志气欲盈。人上寿百岁,中寿八十,下寿六十,除病瘦死丧忧患,其中开口而笑者,一月之中不过四五日而已矣。天与地无穷,人死者有时,操有时之具而托于无穷之间,忽然无异骐骥之驰过隙也。不能说其志意,养其寿命者,皆非通道者也。

丘之所言皆吾之所弃也,亟去走归,无复言之! 子之道,狂狂汲汲,诈巧虚伪事也,非可以全真也,奚足论哉!(《盗跖》)

故事以孔丘自认晦气、仓皇逃去而告结束。

盗跖是传说中的人物,名为柳下跖,因为是强盗,所以在他的名前加了一个"盗"字。

孔子是儒家的代表人物,以游说列国、宣传仁义礼教为己任。

在世俗看来,强盗是不讲什么仁义礼教的,杀人掠货,奸人妻女,无所拘制,为所欲为;儒家是仁义礼教的倡导者,规劝人们循规蹈矩、克己复礼、孝亲忠君、信友慈人。为此，故事塑造了两个代表人物，一个是盗跖，一个是孔子，分别代表强盗与儒家两个方面，做了一次盗儒观念的论辩演示。

这场论辩是孔子挑起的。孔子认为，盗跖不守仁义礼教，有害于人世，于是就去教训他。

孔子的基本观点是：遵从仁义，可以富贵。不过他却没有这样直接说出来，而是迂回了一个大圈子才落脚于此的。他把盗跖自身具有的三个优点放在最前面：一是壮美；二是聪明；三是勇猛。说是三德具一就可以南面称王，好似这三点是盗跖可以富贵的资本。而实际上这不过是讨好盗跖的一种说法而已。按照孔子说话的逻辑推论，盗跖三德皆具而没有成王，究其原因，在于做了强盗而背离了仁义。因此，要想由盗变王，根本的途径是放弃强盗的行为而回归于仁义的规范。由此可见，在孔子看来，仁义是为王的前提，仁义是富贵的依据。

孔子玩弄的把戏，盗跖心中是很清楚的，所以一开始就揭开了这一虚伪的纱幕，指出身体壮美是父母所赋，用不着花言巧语、妄加赞美。接着就进入了实质性的论战。

盗跖的基本观点是：仁义背真情，礼教害人生；仁义之论是一种虚伪的说教，仁义之行是一种欺骗的行为；它的唯一功用是沽名钓誉，求取富贵。而也正因如此，所以说遵从仁义的人不如盗贼，以仁义求富贵与人的德性和人格相背。

他的论辩分了几个层次：

其一，说明自己只是按照人的自然本性、内在真情行事而已，不是强盗。如果非要分辨谁是强盗的话，那恰恰是倡导仁义礼教之行的孔丘。因为孔丘规劝人们将自己的本性、真情掩盖起来，拿出一副假面具做给人看，以此沽名钓誉、骗取富贵。以为按照他的规劝去做，不但可以骗得富贵，而且可以窃得名誉。由此可见，孔丘是窃取天下富贵、窃取天下名誉的教唆犯，是货真价实的大盗贼。只不过俗人受他花言巧语的迷惑，不能看出他的真面目，所以才颠倒了是非，不称他为盗丘，反而称自己为盗跖。

其二，从历史发展的角度描述人之本性丢失的过程，说明孔丘推崇的黄帝尧舜、商汤文武都是本性不足、真情阉割的世俗之人，不值得为训。

其三，以历史教训为借鉴，说明了仁义礼教的危害性。上从尧舜、大禹、商汤、文武说起，下到比干、子胥、尾生、子推为止，凡是按照仁义礼教行事的，没有一个有好下场。由此推论，仁义礼教不但没有用处，而且有害于人生，有背于人性，遗祸于百姓，造乱于人世。

其四，正面表述了自己的立论依据，这就是人的自然本性、人的自然真情。人是自然的产物，体有所欲，生有所穷。自然展示自己的情欲，自然度过自己的天年，这是人生的自然正道。而仁义礼教却矫人真情，伤人本性，损人天年，都是一些狂言妄语。

盗跖的观点也就是庄子的观点。庄子所以要用一个强盗的形象来展示自己的观点，不是他赞赏杀人掠货的强盗，而是用一种极端的手法来揭示仁义礼教的虚伪性、自然本性的重要性。这种手法，起到了两个反衬作用：其一反衬出自己的观点与仁义礼教的观点完全相反。它表明，如果俗人认为只有强盗才反仁义之道而行之，那么庄子宁肯认可自己的观点就是强盗的观点。其二反衬出仁义礼教的极端可恶性。它表明，如果俗人都厌恶那些杀人掠货的真强盗，那么庄子认为，仁义礼教的行为连强盗的行为都不如。

庄子还讲了一个儒生盗墓的故事，以此揭露仁义说教的虚伪性、儒生富贵的根本途径。故事说：

> 儒以《诗》、《礼》发冢。大儒胪传曰："东方作矣，事之何若？"
>
> 小儒曰："未解裙襦，口中有珠。"
>
> "《诗》固有之曰：'青青之麦，生于陵陂。生不布施，死何含珠！'接其鬓，压其顪，儒以金椎控其颐，徐别其颊，无伤口中珠！"
>
> （《外物》）

《诗》、《礼》是儒家宣教仁义的经典，故事却将其比喻为盗墓的指导工具。一般的盗贼已经很可恶了，庄子却将以仁义为操守的儒士比喻为窃墓之贼，可以说是可恶至极。儒家说仁义可以致富贵，而庄子却认为这种富贵是以仁义说教为工具从坟墓之中盗窃来的，不但盗窃，而且不遗余物。出于如此鄙视的目光，所以庄子才做了如此惟妙惟肖的描绘。

其大意是说：两个儒士以《诗经》和《周礼》为指导去盗墓。在上面放风的大儒问在墓中的小儒说："东方快要亮了，事情办得怎么样了？"

小儒说："裙子和小袄还没有脱下来，口里含着的一颗珍珠掏不出来。"

大儒说："《诗经》中有这样的话：'青青的麦苗儿，长在山坡上，生前你不布施,死后为何含珠?'托起他的鬓角,按下他的胡须,用锤子敲他的下巴,慢慢掰开他的嘴巴。不要损坏了口中的珍珠。"

(四)圣人不死　大盗不止

以仁求贵,最终所达到的绝对不是人格的尊贵,只能是人间的富贵,而这种富贵与盗贼无异,确切些说,更甚于盗贼。

在庄子看来,这绝不是危言耸听,它既具有理论的可证性,又具有历史的实在性。之所以说它具有理论的可证性,那是因为仁义是一个虚名,人皆可取之,有权者可取之,有钱者可取之,有力者可取之,有技者可取之;之所以说它具有历史的实在性,那是因为历史上头顶仁义桂冠而实为窃国大盗者历历可数。

庄子并不否认创造仁义之说、提倡仁义之行的人们怀着好意,知道他们是为了在人世树立完美人格的典型,塑造博爱智慧的圣人。不过庄子却认为,这种善良的愿望与最终的结果却大相径庭,不管他们播下的是什么种子,生长出来的却是一种怪物,是一种圣人与盗贼两相胶融的人格。说他们是圣人,是因为在他们头上都罩着仁义的光环,都以爱人惠人而名闻天下;说他们是盗贼,是因为他们的财富、爵位,甚至仁义之名,都是窃取的。

对此,庄子在《胠箧》篇中做了论述。其文曰:

> 虽重圣人而治天下,则是重利盗跖也。为之斗斛以量之,则并与斗斛而窃之;为之权衡以称之,则并与权衡而窃之;为之符玺以信之,则并与符玺而窃之;为之仁义以矫之,则并与仁义而窃之。何以知其然邪?彼窃钩者诛,窃国者为诸侯,诸侯之门而仁义存焉,则是非窃仁义圣知邪?故逐于大盗,揭诸侯,窃仁义并斗斛权衡符玺之利者,虽有轩冕之赏弗能劝,斧钺之威弗能禁。此重盗跖而使不可禁者,是乃圣人之过也。

其意是说:虽然想要通过圣人的典范作用来达到治理天下的目的,实际上却为盗跖式的人物创造了便利条件。结果出现了一种奇异的社会现象:为了防止奸商的欺诈,你制造了斗斛,用来量米,可是奸商却连斗斛一起盗窃而去;为了防止奸商的欺诈,你制造了权衡,用来称物,可是奸商却连权衡一起盗窃而去;为了防止坏人的欺诈,你制造了印章,用作信物,可是坏人却连印章一起盗窃而去;为了防止人们的邪行,你制订了仁义,用来矫正人性,可是人们却连仁义一起盗窃而去。

怎么知道是这样呢? 看看社会的现象就知道了:那些盗窃珠宝的被杀了,可那些盗窃国家的却做了诸侯;进了诸侯的家门,就享有仁义的名声。这不就是盗窃仁义和圣智的证明吗? 正因为这样,所以那些追随大盗、想做诸侯而连同仁义、斗斛和权衡一并盗取的人,用高官厚禄的奖赏也劝阻不了,用斧钺重刑的威严也禁止不了。之所以造成这种局面,都是圣人宣教仁义的罪过呀!

由此可以证明,人的自然本性是不能雕刻的。一旦被雕刻,使它脱离开自然而然的状态,它就成了一种人为的、虚假的东西。这种虚假的东西,不管以什么形式表现出来,用人们称之为善行的仁义表现出来也好,还是以人们称之为恶行的盗窃表现出来也好,都无益于人世,都遗害于人世。而且所谓的善行与所谓的恶行只不过是一种表面现象,是善是恶,谁也难以分辨清楚。人们称之为恶行的,也许只是小的恶行,而人们称之为善行的,也许正是隐藏起来的大恶行。小的恶行,人们可以辨识,可以以刑法进行处罚;而大的恶行,不但人们难以辨识,而且还给以褒扬,因此是无论谁也无法禁止的。

庄子在做理论说明的时候还举了一些事例。比如说齐国的田氏:

> 故尝试论之,世俗之所谓知者,有不为大盗积者乎? 所谓圣者,有不为大盗守者乎? 何以知其然也? 昔者齐国邻邑相望,鸡狗之声相闻,罔罟之所布,耒耨之所刺,方二千余里。阖四境之内,所以立宗庙社稷,治邑屋州闾乡曲者,曷尝不法圣人哉! 然而田成子一旦杀齐君而盗其国。所盗者岂独其国邪? 并与其圣知之法而盗之。故田成子有乎盗贼之名,而身处尧舜之安;小国不敢非,大国不敢诛,十二世有齐国。则是不乃窃齐国,并与其圣知之法以守其盗贼之身乎?(《胠箧》)

齐国本是一个恪守圣人章法、力行仁义之政的国家,然而不仅国家被田氏窃取而去,而且连同圣人章法和仁义之名都被盗窃一空,成了田氏的家产,成了田氏守卫其家产的护身之符。

有鉴于如上的理论和史实,所以庄子将仁义礼教和用仁义礼教培育出来的所谓圣人视为人世混乱的重要原因加以抨击。认为只有消除了仁义，绝灭了圣人，天下的人们才能脱离虚伪、回归自然，成为保有自己纯朴本性的真人。所以他在上面所引"虽重圣人而治天下，则是重利盗跖……"一段之首，借用了老子的一句话，这就是"圣人不死，大盗不止"。

庄子的贵贱之辨，主要在讲人生的价值问题。有价值为贵，无价值为贱。而在具体的论述中，涉及人在社会生活中的爵位问题、贫富问题、人品问题等等，而其核心问题是人品，用现代语言来表述，那就是人的道德素养问题。在他看来，位高、财富都谈不上贵，都是身外之物，对人来说没有什么真实的价值，只有人的道德素养才体现出人在尘世和宇宙中的地位，才体现出自己的存在价值，才谈得上贵贱问题。不过他衡量人品的标准与世人不同。世人受儒家思想的熏陶，以守仁行义为高，以背离仁义为鄙，而庄子则发挥了老子的思想，以循道顺德为高，以背离道德为鄙。然而他所说的道德不是现代人们所说的道德，而是宇宙的本性和人从宇宙那里接受来的自然本性。庄子认为，与道融为一体，遵循着人的原本德性行事，才是最高尚的、最尊贵的、最纯真的。也正因为如此，所以他将这样的人称为真人。然而也正因为真人与道融合成了一体，遵循着人的原本德性行事，达到了至尊至贵，进入到了无分无界、一切都顺其自然的境界，所以也就无所谓尊卑，无所谓贵贱了。因此他又说，以道观之，物无贵贱。

这样的一种人生价值理论，学界有过多种评价。我认为它既具有不足之处，也有可取之处。那要看在什么样的环境中、用什么标准去衡量它。

要评价一种人生价值理论，首先要弄清什么是人生价值。然而这个问题又是那样复杂，以至于复杂到公说公有理、婆说婆有理的程度。尽管如此，我们还是有一个衡量的标准，那就是对社会的贡献：贡献越大价值越大，贡献越小价值越小，无贡献则无价值，有危害则为反价值或曰负价值。

之所以将对社会的贡献作为价值的标准，并不是出于个人爱好和主观愿望，而出于理论的推导和实践的要求。

从理论上说，所谓价值，是就一种东西对于另外一种东西的用途而言的，而不可能就一种东西的自身而言。比如说，一件衣服的价值，说到根本上，是就它对人的用途而言的；脱离了它对人的用途，就谈不上价值。总不能说一个对什么都没有用处的东西有价值,总不能说一个东西对它自身有价值。把这个道理移植到人身上,一个人的价值就在于他对别人的用途。而最大的"别人"就是社会,最大的价值就是对社会的贡献。

从实践上说,每个人都生活在社会中,社会就是自己的家庭。家庭美满了,每个人才能幸福。家庭的美满不是自然形成的,需要每个家庭成员来营造。只有每个成员都为家庭做贡献,这个家庭才能生气勃勃;反之,这个家庭则会萧条、败落。而家庭的萧条和败落,也就意味着每个家庭成员的灾祸。因此,人生首先面临的是如何共同维护社会、维护公益、推动社会发展、向社会作出奉献的责任,应该说,这是人生价值和人格的立足点。立足于此,再向前迈进,就会有一个更高的要求,那就是在必要的时候,为了维护社会、维护公益而舍弃个人的利益乃至生命。就个人来说,这是对社会的最大贡献,也是人生的最大价值。

用这种理论来衡量,庄子的人生价值理论具有消极的因素。它不讲究对社会的积极贡献,而讲究顺其自然,遇到什么是什么。既不有意追求什么,也不着意回避什么。按照他的理论做人,就会失去人的主观能动性,泯灭了作为社会成员的责任感。

虽然如此,却不能将它与那些以个人名利为目标、以一己私利为轴心的人生价值理论相提并论。它们属于性质根本不同的两种类型。

它虽然具有消极的因素,但基本上还是一种有利于社会、无害于他人的人生理论。因为它主张在客观环境允许的条件下,自然而然地为社会做贡献;在客观环境不允许的情况下,自然而然地悠闲生活,在平静的心态中自得其乐。上面这两种态度,退到最底层,也不会给社会造成什么危害,而且在不危害社会的同时,或许对个人的身心修养还颇有益处。再退一步说,它为逢于乱世的平民百姓打开了一扇自得其乐的窗户,也可说是一种贡献吧。

那种利己主义的人生价值理论则不然,它主张为了一己私利而不择手段,为杀人越货、奸人妻女的恶行提供理论依据,引导那些智商超人、技巧绝伦的盗贼在盗窃财物的同时,连同爵位和仁义之名一同窃为己有。

至于庄子有关仁义的种种观点,也需要做具体的分析。

如果庄子所说的仁义礼教是指一般的社会道德规范,那么他的这种观点是不足取的。

人类社会虽然是从自然界分化出来的,但毕竟不再是自然界,而是由有智能、有理性、有独立行为能力的个体组织起来的有机群体。在这个有机群体中,个体与个体、个体与群体总是处在既相互抵触又相互依赖的矛盾之中。由此,在人类社会发展的过程中,自然而然就产生了制约个体行为的规范。而这些规范经过人们的认识和总结,以道德戒律的形式固定下来,就成了维护社会生存的一种力量。所以说,社会道德规范既是人类社会在自身发展过程中自然而然发生的,又是人们有意地培植起来的。它的出现是社会存在的需要,也是社会发展的需要。它们在社会发展的过程中会不断变化,但却不会全部消失。庄子提出的消除仁义的主张如果是要消除社会道德规范,那么就没有实现的可能,而且也不会给社会带来他所说的那种安宁。因为没有道德规范制约的社会,不会是一个有条不紊的社会。庄子消除仁义礼教的主张的确具有消除一般社会道德规范的倾向,因为他在提出消除仁义礼教的时候,是以反对人为造作,要求回归自然为出发点的,而任何的道德规范都带有人为造作和非出自然的色彩。所以我们说,庄子的这种观点,对整个社会来说没有实践的意义。

如果立足于庄子所处的时代,仅限于庄子所指的对象,可以说庄子的观点具有合理的方面和精彩的地方。

说它合理,主要是就以下两点而言的:

其一,庄子所处的时代正是诸侯打着行仁施义的幌子而行窃国取利之实的时代。仁义礼教已经成了那些强施暴力、杀人越货者们达到自己目的的工具。因而,它不但带有虚伪性,而且简直成了强者强奸人意、盗贼窃取桂冠的帮凶。从这样的时代特点出发,揭示它的负面效应,对于人们全面认识它有一定的意义,在社会思想领域是一个贡献。

其二,庄子消除仁义礼教的观点主要是针对儒家的仁义说教而言的。客观一些说,儒家的仁义说教在促进中华文明和塑造高尚人格方面具有深远的影响和社会价值。不过它自身的确也存在着虚伪和造作。它讲究外表形式,讲究等级名分,过分强调人的社会本性而忽视人的自然本性。也正是由于如此,所以在促进中华文明和塑造高尚人格的同时,也被那些沽名钓誉的人用来求取荣华富贵,也被历代封建统治者用来禁锢人心。庄子揭示了仁义礼教的这一社会滞动性,虽然并不全面,却也不失为一种明见。

说它精彩,主要是指这种观点的透彻性。

在一般人看来,仁义礼教是在教人行善,与教唆行恶是对立的。可庄子从仁义礼教的虚伪性出发,透视到了它从教人行善向教唆行恶转化的可能性,透视到了仁义礼教与盗贼行窃的贯通性。

在庄子看来,仁义礼教从表面上说是在教人行善,实际上是把行善作为一种门面来装潢。因为它一出现就带有人为造作、背逆自然的特点,与人的原本真情相抵牾。正是这种特点使它成为任何人都可以借用的一种外在形式,而又由于它具有耀人耳目的高尚光环,所以更是世人争相冠顶的追求对象。而在争夺之中,越是强暴之人,越是有势之人,就越是有力量将它夺之于手,就越是有可能将它冠之于顶。正因为如此,所以所谓仁义的桂冠,常常存于诸侯之门。正因为如此,所以那些窃得国家之位的盗贼也往往能把仁义的桂冠窃于己手,戴于己头,用本来倡导善行的东西来为他们的恶行张目。

这样一来,庄子不仅把仁义的虚伪性和随意性暴露无遗,而且将其在历史上扮演的可悲角色描述得淋漓尽致。大开人们的眼界,给人以大梦猛醒的惊愕。

第五章　忧乐之辨

　　庄子学说的出发点，是要在纷乱不安、满目悲怆的人世为人们开辟出一方乐土来。当然这方乐土不可能存在于诸侯相残、百姓流离的现实世界，只能存在于人的精神世界之中，于是庄子劝导人们跳出人世，将自己的目光移至宇宙，将自己的心境融于大道，在辽阔的宇宙之中，在静谧的大道之内，求得超脱，求得安乐。庄子之所以辨证生死，辨证贵贱，除了抨击当时的一些庸俗见解之外，用意也在于此。

　　为什么融于大道就会苦中见乐呢？庄子自有一番高论。

一、体道无忧

庄子认为,将自己的心境融于大道就会身处乱世之苦而心游至乐之境。之所以会出现这种奇迹,那是因为大道混然为一,没有贫富之差,没有贵贱之分,没有生死之别,没有物我之界。融入大道,也就忘掉了贫富,忘掉了贵贱,忘掉了生死,忘掉了物我之间的分界,达到了坐忘的境界,由此也就从个人的得失之中解脱了出来,消除了尘世的污染,化解了忧愁的根由。

(一)平易恬淡　忧苦不入

在庄子看来,人之所以快乐和忧愁,往往与个人的得失有着密切关系。自己有所得获,那就快乐;自己有所亏损,那就忧愁。所谓得获和亏损,不外乎功名、利禄和寿命。因此,要想从忧愁中解脱出来,就必须避免损名、失利和减少寿命的事情。不过世上的事情就是那么怪,要想有所得获,就会有所遗失,天下从来没有只得获而不遗失的事情。比如一个人有升官发财的时候,就必然有丢官弃财的时候,就算是直到死还在任上,直到死还富有千金,死了也就什么都没有了,官也没了,财也没了,谁都不可能将爵位和财富带到阴间去;何况在平时的宦海角逐、财富竞争中总会有得有失。正因为这样,所以,避免遗失的唯一方法就是不得获。

不过人生在世,是不可能无所得获的,比如要吃要穿,还要有文化和精神的生活,什么都得不到行吗?不行。这样看来,庄子要避免忧苦的愿望就难以实现了。不过庄子却不这样看。他认为人生的基本需求得到了,这算不上是得获,因为这是自然而然的事情;如果环境不许可而没有得到,也算不上是遗失,因为这也是自然造成的,不是人为可以解决的。对于这一层次的得失,只要把它视为自然的事情也就可以了;能够看到这一点,就不会在自己的心中激起波澜,因此也就不会引起苦乐的感受。人生在世最为烦恼的是追求自然需求之外的东西,比如升官、发财、荣名和长寿。因为追求的时候要殚精竭虑,追求不到则烦心懊恼。世人大都陷入其中不可自拔,所以常常受到愁苦的困扰。

在庄子看来，不管从哪个层次上看得失，要想摆脱苦恼，只有一个办法，那就是顺其自然而不去追求。基本的需求得到了也顺其自然，基本的需求没有得到也顺其自然；身外的名利飞来了顺其自然，身外的名利飞去了也顺其自然。不但不去追求富贵名利和长寿，而且不去分别贫富、贵贱、荣辱、寿夭，把这一切都看得淡淡的。做到了这一点，心境就会平静下来，忧愁和烦恼也就会自然消失了。

庄子在几个地方对这种思想做过表述。

《至乐》篇中说：

> 夫天下之所尊者，富贵寿善也；所乐者，身安厚味美服好色音声也；所下者，贫贱夭恶也；所苦者，身不得安逸，口不得厚味，形不得美服，目不得好色，耳不得音声。若不得者，则大忧以惧。

也就是说，世人之所以有忧有苦，都与他们追求物欲，追求欢乐有关系。他们将有财富、有爵位、吃美味、观美色、听美声、穿丽服作为快乐，可是谁能想要得到就得到呢？得到了，可能有一时的快乐；而得不到，那就是一种痛苦。

所以说，痛苦总是与追求名利，追求富贵，追求长寿联系在一起的。要想消除痛苦，也就要取消身外之物的追求，使自己的心境平易，性情恬淡。

《刻意》篇对此做了进一步表述。其文曰：

> 夫恬淡寂寞虚无无为，此天地之本而道德之质也。故圣人休焉。休则平易矣，平易则恬淡矣。平易恬淡，则忧患不能入，邪气不能袭，故其德全而神不亏。

心境平易，性情恬淡，把富贵寿夭都看得淡淡的，得到了也就不会高兴，失去了也就不会懊恼。正因为如此，所以"忧患不能入，邪气不能袭"。

当人的心境平静下来，把名利寿夭看得平平淡淡的时候，当人不去分别贫富、贵贱、荣辱、寿夭的时候，那是一种什么境界呢？那就是第二章中所说的坐忘、心斋、悬解、见独的境界，也就是与大道契合，与德性契合的时候。所以庄子说"此天地之本而道德之质也"。

正因为如此，所以庄子认为忧乐和喜怒的感受，都是人的心境与大道偏离，与德性错落造成的。只要真正与大道融为一体，心境就一定会至虚、至静、至淡、纯粹，不受外物的干扰，不受名利的诱惑，不受忧愁的煎熬。

他在《刻意》篇中说：

故曰,悲乐者,德之邪;喜怒者,道之过;好恶者,心之失。故心不忧乐,德之至也;一而不变,静之至也;无所于忤,虚之至也;不与物交,淡之至也;无所于逆,粹之至也。

其意是说:人有了忧愁和快乐,那是因为原本的德性染上了邪恶;人有了欢喜和恼怒,那是因为与原本的大道发生了错落;人有了爱好和厌恶,那是因为自然的心境有所丧失。所以说,心中既不忧愁又不快乐,这是原本德性最为完满的时候;心中专一致志固守不变,这是寂静安宁达到顶点的时候;心中随物流转无所背逆,这是胸中虚空至于极端的时候;心中闭门杜户不与物交,这是欲望恬淡到了极限的时候;心中顺其自然无所冒犯,这是境界洁净到了顶端的时候。

(二)与天合者 谓之天乐

心境与大道融为一体,虚静,恬淡,平易,纯粹,就可无忧。这一点上面已经说得很清楚了。不过有两个要点是必须说明的:其一是心境与大道融为一体,行动上有何特点;其二是无忧是否就是快乐。这两点在上面的述说中已经谈到,不过没有作为重点来谈。

在庄子的学说中,这两个问题很明确,很突出。

庄子认为,与大道融为一体,在行动上的特点就是顺物自然。而顺物自然单从行为主体的角度来表述,又称为无为,或曰寂寞无为。

不管称顺物自然,还是称寂寞无为,具体说来,都是指随应事物之自然,事物自身是如何存在的就让它自然而然地存在,事物自身是如何变化的就让它自然而然地变化,不以人的主观意愿去干预。在庄子学说中,自然也就是天然,也就是天生如此,所以又称为"天"。

至于无忧是否就是快乐,在庄子看来则不是。这个问题有待下面分析,此处只说明一点,那就是,庄子称其为"天乐"。"天乐"不同于一般的"快乐",它的意思是顺应天然而得到的快乐。

庄子在《天道》中表述了这种观点。他说:

夫虚静恬淡寂寞无为,天地之平而道德之至,故帝王圣人休焉。休则虚,虚则实,实者伦矣。虚则静,静则动,动则得矣。静则无为,无为也则任事者责矣。无为则俞俞,俞俞者忧患不能处,年寿长矣。

"俞俞",悠闲自在的样子。意思是说:虚静恬淡寂寞无为,是天地运行的准则、道德之性的根本,所以帝王和圣人都以它为自己行为的归宿。以它为自己行为的归宿就心境虚空;正因为心境虚空了,所以才能接受事物;正因为接受了事物,所以才谈得上事物的条理和次序。正因为心境虚空了,所以才能内心平静;正因为内心平静了,所以才能适时行动;正因为适时行动,所以才能处事得宜。内心平静了才能无为,无为也才能使那些责任者各负其责。无为就能悠闲自在,悠闲自在忧患就不会放在心上,年岁也才能活得长久。

在这里,庄子将自然无为视为天地运行的准则、道德之性的根本,所以他所说的与大道融为一体,也就是在行动上遵循自然无为,认为只有自然无为,一切都顺应着事物自身的自然禀性,才能取得成功,才能避免忧苦。

接着庄子又说:

> 夫明白于天地之德者,此之谓大本大宗,与天和者也;所以均调天下,与人和者也。与人和者,谓之人乐;与天和者,谓之天乐。
> (《天道》)

其意是说:明白天地本性的人们都知道,无为就是天地万物最为根本的东西,就是与天然的和谐;用无为来协调人事,就是与人的和谐。与人和谐,就是顺应人事得到的快乐;与天和谐,就是顺应天然得到的快乐。

下面,庄子就为什么无为可以达到天乐做了论述。他说:

> 吾师乎! 吾师乎! 整万物而不为戾,泽及万世而不为仁,长于上古而不为寿,覆载天地刻雕众形而不为巧,此之谓天乐。故曰:"知天乐者,其生也天行,其死也物化。静而与阴同德,动而与阳同波。"故知天乐者,无天怨,无人非,无物累,无鬼责。故曰:"其动也天,其静也地,一心定而王天下;其鬼不祟,其魂不疲,一心定而万物服。"言以虚静推于天地,通于万物,此之谓天乐。天乐者,圣人之心,以畜天下也。(《天道》)

在这里,庄子将大道称为老师,因为它们是人们遵行的准则、仿效的楷模;大道的基本属性是自然无为,以大道为老师也就是行自然无为之道。这一大段的意思是:

我所尊敬的老师啊,我所尊敬的老师啊! 你毁坏万物而不显得暴戾,你惠及万世而不显得仁慈,你老于上古而不觉得长寿,你覆盖昊天、托载大地、雕刻众形、塑造万物而并不显示技巧,这就是所谓的天乐。所以说:"懂得天乐的人,出生了也不高兴,只是把它视为天的运行;死了也不哀伤,只是把它视为物的变化。静下来的时候与阴的属性相合,动起来的时候与阳的属性同波。"正因为如此,所以懂得天乐的人,不会遭到天的怨恨,不会遭到人的非难,不会遭到物的牵累,不会遭到鬼的责怪。所以说:"遵循无为的人,行动像天一样运行,静止像地一样安定,心境沉稳而天下响应;鬼怪不来作祟,精神不觉疲惫,心境沉稳而万物不背。"这是说,将自己的虚静扩展开来,与天地融为一体,与万物贯通一气,这也就是说的天乐。由此看来,所谓天乐,是指圣人包容天下的一种心境。

庄子在这段论述的最后点出了论题,说天乐就是圣人包容天下的一种心境。之所以将其称为天乐,那是因为这种心境与天同一。

在庄子的学说中,与天同一,也就是将自己的身心完全融于自然而然之中,失去了任何的主观意志,失去了任何的愿望和追求,凡事都遵循其自身的趋势,凡物都遵循其自身的性能。这样一来也就与万物相容了。

与万物相容包含着两个方面,一方面是人容天地万物,另一方面是天地万物容人。既然两相融通,无所隔碍,那也就不存在什么忧愁和烦恼了。不存在忧愁和烦恼也就达到了顺应天然的快乐,因此称为天乐。

将这一基本思想再解说一下,也就是说:天地万物都在自然而然地存在和变化,从萌生到发育,从老化到死亡。而干扰与伤害它们的罪恶之源就是人的主观意愿,就是人为。只要放弃人为而实施无为,它们就会自然按照自身的性能存在,自然按照自身的趋势变化。从这个角度说,无为是天地万物自然存在和自然变化的大宗大本。

做到了无为,天地万物当出生的时候则出生,当死亡的时候则死亡。出生了也不是谁的恩赐,也谈不上是谁的仁德;死亡了也不是谁的惩罚,也谈不上是谁的暴戾。

而无为这种行为准则是从哪里来的呢?是从作为宇宙原本的大道那里来的,它是大道的基本属性。人行无为是在效法大道,是以大道为师。而大道是宇宙之源,万物之根,比上古还要古老;它化育了天地万物而不自以为尊贵,它塑造了众物众形而不自以为手巧,为人类作出了无为而顺随天地万物自然生化的榜样。所以庄子说："我所尊敬的老师啊,我所尊敬的老师啊！你毁坏万物而不显得暴戾,你惠及万世而不显得仁慈,你老于上古而不觉得长寿,你覆盖昊天、托载大地、雕刻众形、塑造万物而并不显示技巧。"

　　做到了无为,顺随天地万物的自然存在和自然变化,就不会与事物相对立了。不与事物相对立,也就不会遭到事物的抵御和对抗,不会遭到天的怨恨,不会遭到人的非难,不会遭到物的牵累,不会遭到鬼的责怪。既然如此,还有什么忧愁可言呢？所以庄子把无为称为乐。不过这种乐不同于一般的乐,而是顺物天然的一种乐趣,所以说它是"天乐"。

　　庄子关于天乐的思想,是无得无失无忧苦思想的进一步扩展。无得无失无忧苦,主要是针对人事而言的,是说只要将人生遇到的贫富、贵贱、荣辱、寿夭视为自然而然的事情,不加区分,顺之而行,就能免于忧苦；无为而天乐则将所说的范围扩展到了人所面对的整个世界,既包含人事,也包含人与自然界发生的关系,是说人在处理人事及人与自然界的关系时,只要顺应事物本身的自然变化,不以自己的主观臆想造作事物,就会得到天然之乐。

135

二、至乐无乐

　　庄子将融于大道、物我两忘、包容一切、自然无为的心境称为天乐,而不称为快乐。这是为什么？因为在庄子的学说中,天乐不是一般的快乐,而是与天然相合产生的快乐。这种快乐与一般快乐的根本区别在于它与忧愁无牵连,不会带来忧愁,是最大的快乐、至极的快乐,所以又称为"至乐"。既然至乐不是一般的快乐,没有一般快乐给人造成的那种感受,所以庄子说至乐无乐。

（一）俗之所乐　非为至乐

　　一般的快乐本总是与忧愁相伴而行的。有快乐才体现出了忧愁,有忧愁也才体现出了快乐。当一个人根本不知道忧愁是什么的时候,那他肯定也就根本不知道什么是快乐。反过来也是一样。按照这样的逻辑关系来推演,如果一个人体验过快乐,那么他一定也体验过忧愁。既然他体验过忧愁,那么他所体验的快乐也就没有达到顶点。进一步说,只有根本没有体验过忧愁的人,才可以说是体验到了最大的快乐。然而根本没有体验过忧愁的人也肯定没有体验过快乐,所以庄子说最快乐的人没有快乐,而世人所感到的快乐不是至极的快乐。

《至乐》篇表述了这种观点。文中说:

> 天下有至乐无有哉? 有可以活身者无有哉? 今奚为奚据? 奚避奚处? 奚就奚去? 奚乐奚恶?

在这里,庄子提出了两个问题:一个是有没有至乐,有没有求生的办法;另一个是如果有的话,我们应该怎么做。

庄子从世人所谓的快乐入手去讨论有没有最大的、至极的快乐,而世人所说的快乐又与个人的得失相关,在个人的得失中,最大的得是保存住生命,最大的失是失却生命,所以庄子在一开始就把有没有最大的快乐与有没有保存生命的办法作为并列的问题提了出来,设问道"天下有没有至极的快乐呢? 有没有可以求生的办法呢?"

而要实现至极的快乐和达到维护生命的目的,按照世人的观念,那是应该有所行动的。因此在提出第一个问题之后,庄子紧跟着设问:"今奚为奚据? 奚避奚处? 奚就奚去? 奚乐奚恶?"亦即"我们应该做些什么? 依靠什么? 回避什么? 珍惜什么? 趋向什么? 离开什么? 欢喜什么? 厌恶什么?"

庄子认为至乐是有的,但却不是世人所说的快乐。世人所说的快乐总也达不到至乐,之所以如此,那是因为它们总与忧苦相伴随。

接下来庄子以世人追求富贵、荣名和长寿为例,论证俗之所乐非至乐。其中的部分论述我们在前两章中已经引述过,为了文章的连贯,此处仍予保留。

庄子说:

> 夫天下之所尊者,富贵寿善也;所乐者,身安厚味美服好色音声也;所下者,贫贱夭恶也;所苦者,身不得安逸,口不得厚味,形不得美服,目不得好色,耳不得音声;若不得者,则大忧以惧。其为形也亦愚哉!

> 夫富者,苦身疾作,多积财而不得尽用,其为形也亦外矣。夫

贵者,夜以继日,思虑善否,其为形也亦疏矣。人之生也,与忧俱生,寿者惛惛,久忧不死,何苦也!其为形也亦远矣。烈士为天下见善矣,未足以活身。吾未知善之诚善邪,诚不善邪?若以为善矣,不足活身;以为不善矣,足以活人。故曰:"忠谏不听,蹲循勿争。"故夫子胥争之以残其形,不争,名亦不成。诚有善无有哉?

今俗之所为与其所乐,吾又未知乐之果乐邪,果不乐邪?吾观夫俗之所乐,举群趣者,誙誙然如将不得已,而皆曰乐者,吾未之乐也,亦未之不乐也。果有乐无有哉?吾以无为诚乐矣,又俗之所大苦也。故曰:"至乐无乐,至誉无誉。"(《至乐》)

在庄子看来,一般的快乐,不外乎求得了富贵,求得了荣誉,求得了长寿。可是这些东西有求到的时候,也有求不到的时候。即使是求到了,在求取的时候也要花费心血和精力,这本身就是一种忧苦,更不用说为此而损害了自己的身体,那将会有更大的痛苦。如果求不到,那个心急,那个焦虑,那个懊丧,那个名利福寿擦肩而过所引起的心颤,都会给人的精神造成极大的痛楚。

正因为如此,所以庄子说:当今世人的所作所为和所谓的快乐,我确实难以判定其中的快乐果真是快乐或果真是不快乐。我看那些世人,感到快乐的事情,都争先恐后地去做,好像连自己都控制不了自己,并且都说是快乐,可是我却不感到快乐,不过也不感到不快乐。世上究竟有没有快乐呢?我认为无为才能达到真正的快乐,然而世人却说无为太苦了。所以说:"最至极的快乐无快乐,最高级的名誉无名誉。"

之所以得出了这样的结论,那是因为世人所谓的快乐与个人的得失密切联系在了一起,而个人的得失又与个人的作为密切联系在了一起。然而庄子认为,个人的作为能够达到得其欲得的目的从而引发出快乐,然而与其同时却总也伴随着得其所不欲得、不得其所欲得所引发的忧愁,因而达不到最大的、至极的快乐。

换句话也就是说,所得与所失是一对孪生的兄弟,形影不离。比如,富有的人很富,应该说是大有所得,然而却因此积劳成疾,这又是大失;烈士有了英名,可以说是大有所得,但却失去了生命,又是无可挽回的大失。由此看来,要想摆脱损失,只有一个办法,那就是不要有得。

如何才能免于有得？首要的前提是不去求得。不去求得而任随自然，这就是无为。

所以庄子又说：

> 天下是非果未可定也。虽然，无为可以定是非。至乐活身，唯无为几存。请尝试言之。天无为以之清，地无为以之宁，故两无为相合，万物皆化。芒乎芴乎，而无从出乎！芒乎芴乎，而无有象乎！万物职职，皆从无为殖。故曰天地无为也而无不为也，人也孰能得无为哉！（《至乐》）

其意是说：天下的是非确实无法确定。虽然如此，无为还是可以判定是非的。那是因为，不管是至极的快乐也好，还是保护自己的生命也好，只有无为才能使之实现。请让我来论证一下这个问题：天，正因为无为，所以才能够清明；地，正因为无为，所以才能够宁静。正因为有这两个无为汇合在一起，所以万物才得以化育。说起这个无为，蒙眬恍惚，不知道是从哪里出来的；恍惚蒙眬，看不出它是什么样子。然而万物都在各司其职，之所以如此，都是由无为导致的。所以说，天地无为啊却无所不为啊，人有谁能得到无为呢？

无为而任随自然，失之也无所谓，得之也无所谓，所以也就无所谓忧也无所谓乐。

无所谓忧则无忧，无忧就是最大的快乐、至极的快乐。无所谓忧总是伴随着无所谓乐，所以最大的快乐、至极的快乐也就是无乐。

最后庄子又从自然观的高度论述了无为的效用，说天正因为无为才清明，地正因为无为才宁静，万物正因为天地无为才得以化生，以此说明只有无为才能达到最大的快乐，才能维护人的生命。

（二）古之得志　无以益乐

既然俗人所谓的快乐总是与忧苦相伴随，只有至乐才能摆脱忧苦，所以庄子劝导人们向古代的有志之士学习。在他看来，古代的有志之士都将自己的志向放在探寻至乐上，放在超越于俗人之乐上。

超越于俗人之乐，至为关键的一点就是摆脱名利富贵的诱惑，把它们看透，把它们放在整个宇宙的运动之中去看待，把它们放在大道的周流过程中去看待。只有这样，才能与道融为一体，摆脱忧苦，达到至乐。不然的话，虽然活在人世,算是一人,但是实际上却没有了人的自然本性,成了外物的俘虏。这样的人,也就是前面所说到的,被物牵系、头脚倒置的人。

庄子在《缮性》中表述了这种思想。他说:

> 古之所谓得志者,非轩冕之谓也,谓其无以益其乐而已矣。今之所谓得志者,轩冕之谓也。轩冕在身,非性命也,物之傥来,寄者也。寄之,其来不可圉,其去不可止。故不为轩冕肆志,不为穷约趋俗,其乐彼与此同,故无忧而已矣。今寄去则不乐,由是观之,虽乐,未尝不荒也。故曰,丧己于物,失性于俗者,谓之倒置之民。

"无以益其乐",指快乐到再也不能增加的程度,也就是达到了至乐。

在庄子看来,现世俗人都把升官封爵视为得志,而古代志士则不然,他们是把达到快乐到再也不能快乐的境界视为得志。把升官封爵视为得志,那也太糊涂了。那些东西不是人生本身所有的东西,不是人的本性,充其量也不过是忽然从外面而来、暂时寄存在人身上的东西而已。既然是暂时寄存在人身上的东西,人就不可能永久地拥有它,来了你不可能圈住它,走时你也不可能留住它。既然如此,它对人来说一点价值也没有,何必要花若大的力气去追求它们呢?

庄子认为,追求升官封爵不但没有价值,而且对人极为有害,它会给人带来惊恐和烦恼。因为这些东西本来是来去不定的,可是你偏偏要追求它,追它而又得不到,或是追到了又失去了,都会给你造成苦恼。即使是暂时留在了你的身上,可随时随地又都可能走掉,也会使你时时担心。因此说这样的人完全丧失了自己的自由,成了外物的俘虏;完全丧失了自己的本性,成了世俗的牺牲品。这些人就像是把自己的头脚倒置起来,难分真伪。

有鉴于此,所以庄子劝导人们,不要为了高官尊爵而丧失修养至乐的志向,不要在穷困财匮的时候随从世俗去追求那虚幻的快乐。一定要保持在任何时候都快乐的心境。这也就是永无忧愁的心境。

三、穷通皆乐

庄子认为,人一旦达到了至乐的境界,就像是置身于无边无际的太空一

139

样,看不到事物之间的分界,不觉得物我之间的区别,不知道什么是得失,不晓得什么是升跌,自由自在地生活,不管身形在现世的境遇如何,永也无忧无虑,坦然自得。为此特别塑造了一些身处困顿而心无所忧的人物形象。

(一)道德于此 穷通为序

人生在世,可能会有各种境遇,有时很顺利,有时很艰难。顺利,人们就高兴,所以在祝福的时候往往说"愿你万事亨通"。艰难,人们就懊恼,所以往往拿经济上的拮据来喻比,称其为困穷。

庄子却不以此为然。在他看来,穷也好,通也好,都是大道变化的过程,都将顺着大道的变化依序流逝,化为无有。站在大道的高度观穷通,穷也非穷,通也非通,穷通都是一样的。只要顺其自然而行,那也就没有什么穷通之别了,也就没有什么穷通忧乐了。不分穷通忧乐,也就无所谓忧无所谓乐。由此也就可以长乐无忧。

《让王》篇"孔子无耻"的故事就是在讲这样的道理。故事说:

> 孔子穷于陈蔡之间,七日不火食,藜羹不糁,颜色甚惫,而弦歌于室。颜回择菜,子路、子贡相与言曰:"夫子再逐于鲁,削迹于卫,伐树于宋,穷于商周,围于陈蔡,杀夫子者无罪,借夫子者无禁。弦歌鼓琴,未尝绝音,君子之无耻也若此乎?"

> 颜回无以应,入告孔子。孔子推琴喟然而叹曰:"由与赐,细人也。召而来,吾语之。"

> 子路、子贡入。子路曰:"如此者可谓穷矣!"

> 孔子曰:"是何言也!君子通于道之谓通,穷于道之谓穷。今丘抱仁义之道以遭乱世之患,其何穷之为!故内省而不穷于道,临难而不失其德,天寒既至,霜雪既降,吾是以知松柏之茂也。陈蔡之隘,于丘其幸乎!"

> 孔子削然反琴而弦歌,子路扢然执干而舞。子贡曰:"吾不知天之高也,地之下也。"

> 古之得道,穷亦乐,通亦乐。所乐非穷通也,道德于此,则穷通为寒暑风雨之序矣。故许由娱于颍阳而共伯得乎共首。

其意是说:孔子被围困于陈蔡之间,七天都没有生火做饭了,只能喝到一些没有米粒的野菜汤,面色疲惫,可是还在屋里弹琴唱歌呢。

颜回在屋外择菜,子路与子贡在他旁边闲聊,说:"孔老夫子两次被人家赶出鲁国,卫国宣布他是不受欢迎的人,在宋国乘凉讲学的大树也被人家砍倒了,宋国和鲁国不能再去,现在又被围困在陈蔡之间,要杀害他的人逍遥法外,侮辱他的人受不到处罚,可是他却满不在乎,还在那里弹琴唱歌。君子难道就这样无所谓羞耻吗?"

颜回无法解答他们的问题,就进入房间告诉了孔子。孔子把琴推到一边,叹了一口气说:"子路、子贡真是浅薄的小人呀!你把他们叫进来,我要给他们说话。"

子路和子贡进来了。子路说:"像我们现在这个样子,难道还不算是困穷吗?"

孔子说:"这是什么话!君子把通晓于道视为通达,把不通晓道视为困穷。现在孔丘我怀揣仁义之道而遭到乱世的灾难,这怎么叫做困穷呢?正因为我内心明白而通达于大道,所以能面临灾难而不失德性,这就叫做天寒地冻方知松柏之苍劲。应该说,陈蔡这种困难的考验对于孔丘来说那是很幸运的啊!"

说完之后,孔子又反转过身去弹起了他的琴,唱起了他的歌。子路也很感慨,操起大盾,随歌而舞。子贡颇有所悟地说:"我真不知道,当人的精神与天地融合在一起的时候,是如此的高大,如此的深厚。"

古代那些得道的人,在困穷的处境中也会感到快乐,在通达的处境中也会感到快乐。因为他们所以感到快乐的原因不是那些困穷或通达的处境,而是与道德融合在了一起。与道德融合在一起,那些困穷或通达的处境对于他们来说,也就像是寒暑风雨一样,只是一种瞬时即逝的东西,不会牵动他们的心。正因为如此,所以许由能欢乐地隐居于颍水之滨,共伯能惬意地安居于共首之山。

故事里所说的"道",是指宇宙原本状态和宇宙的根本法则。从原来状态来说,那就是混沌不分;从根本法则来说,那就是自然无为。故事里所说的"德",是指道在人身上的体现,具体说来那就是混一不分的心境和自然无为的行动。

故事中孔子所说的"仁义之道"及"大道",并不是真指仁义之道,而是以寓言的形式来表述宇宙之道。

结论中所讲的许由和共伯都是传说中的人物。

许由,据传是唐尧时代的贤者。唐尧听说许由是贤者,所以想把王位让给他。许由听说后逃跑了,隐居在箕山之下。后来唐尧又想让他做九州长,许由听说后觉得有辱于自己的耳朵,到颍水之中去洗耳。

共伯,据传是周王的后代,受封于共。周朝遭厉王之难后,王位空缺,诸侯都知道共伯是贤者,所以推他为王。共伯辞之不得,于是就位。在位14年,遇到大旱,旱得房屋都着了火。卜师为此而算了一卦,说这是因为周厉王的阴魂在作祟,共伯镇压不住。由此大家废了共伯而另立宣王。共伯立之不喜而废之无怨,退位后回归封地,逍遥于共首之山。

孔子乐于陈蔡之难,许由乐于颍水之滨,共伯乐于共首之山,都是在身遭不顺的时候还处在乐观心境之中的事例。庄子认为,这些人之所以能做到穷亦乐、通亦乐,那是因为他们根本就没有觉出自己处境的变化,根本就不知道自己是处在顺境还是处在逆境。顺境也好,逆境也好,对他们来说都是一样的,都是一种瞬间即逝的过程,无关紧要。之所以能够做到这一点,那是因为他们的心境完全融化在了大道之中,融化在了人的本性之中。

大道混混,无界无分,所以也就无所谓穷,也就无所谓通;大道无为,随物流转,所以穷也坦然,通也坦然。

(二)知足无累　致道忘心

人生在世,基本需求是有限度的,欲望和奢求是无止境的。适应于自己的生活环境,以所得为足,即使生活并不富余,也会自得其乐;不满足于自己的生活环境,以所得为不足,即使食美味、穿锦绣,也会满腹忧愁。

《让王》篇中"颜回知足无累"的故事就是在讲这个道理。故事说:

孔子谓颜回曰:"回,来!家贫居卑,胡不仕乎?"

颜回对曰:"不愿仕。回有郭外之田五十亩,足以给飦粥;郭内之田十亩,足以为丝麻;鼓琴足以自娱,所学夫子之道者足以自乐也。回不愿仕。"

孔子愀然变容曰:"善哉回之意!丘闻之:'知足者不以利自累也,审自得者失之而不惧,行修于内者无位而不怍。'丘诵之久矣,今于回而后见之,是丘之得也。"

颜回很有学问,然而却不去求官,宁愿过着贫穷的生活。孔子问他为什么,他回答说,自家的土地足够穿衣吃饭之用,在家弹琴足可以自娱,学老师之道足可以自乐。既然有吃有穿有娱有乐,还有什么可以追求的呢。

孔子非常赞赏颜回的思想和品德,认为这是对"知足者不以利自累"、"审自得者失之而不惧"、"行修于内者无位而不怍"的身体力行,以往自己只是咏诵这些古训,而颜回的品行让他在现实中开了眼界,可谓一大收获。

"知足者不以利自累",是说满足于自己生活的人,不用身外之利拖累自己。

"审自得者失之而不惧",是说明晓自己该不该得的人,失去了东西也不惊惧。

"行修于内者无位而不怍",是说修养自己心境的人,没有爵位也不羞愧。

知足者以一斗米、一身衣为满足,认为身外之利只不过是一个沉重的包袱,对自己毫无用处,所以不去追求。不去追求,所以轻松愉快,没有拖累。

审自得者知道自己应该得到什么而不应该得到什么,认为自然而然得到了,那是自己应该得到的,自然而然失去了,那是自己不应该得到的,所以得之而不喜,失之而不忧,永远保持着平静的心境,不会受到惊惧的骚扰。

修养自己心境的人不去追求身外之物,更不屑于那虚有其尊的爵位,所以有之而不荣,无之而不愧,内心永远平静如水。

不追求身外之利、身外之物、身外之位,就可以达到无累、无惧、无愧;达到了无累、无惧、无愧,就可以免除许多忧愁。这种精神境界是很高的了,所以孔子赞扬颜回,说"善哉回之意"。

颜回达到了无累、无惧、无愧,是不是就完全达到了无忧、至乐?故事中没有明确表述。故事的意义在于,淡泊于名利地位就会免除许多痛苦。

如何才能免除所有痛苦而达于至乐呢?这就是与道一体,忘掉一切,其中包括自己的形体和自己的心灵。

"曾子致道忘心"的故事是在讲这个道理。故事说:

> 曾子居卫,缊袍无表,颜色肿哙,手足胼胝。三日不举火,十年不制衣,正冠而缨绝,捉衿而肘见,纳屦而踵决。曳纵而歌《商

颂》,声满天地,若出金石。天子不得臣,诸侯不得友。故养志者
忘形,养形者忘利,致道者忘心矣。(《让王》)

曾子在卫国居住,真是穷困到了极点。你看他,穿着麻絮袍子,却没有面子;
脸面胕肿,手脚生茧;三天都不做一次饭,十年都没做过衣服;帽子倒是戴得
挺正,可是上面的缨子却脱落了;衣着破到那个程度,只要拉一下大襟,胳膊
肘子便露到了外面,顺手提一下鞋子,脚后跟便露到了外面。不过他全然不
把这些放在心上,拖着破鞋还在那里唱歌呢。在他唱那《商颂》的时候,歌
喉之高昂,响彻天地,像是那金钟石鼓发出的声音。那个自负的样子,绝然
不会做天子的臣下、诸侯的朋友。

这是为什么? 庄子做了评价:那是因为他体悟了大道。

庄子将脱离世俗的人分成了三个等次:第一个等次是"养形者",他们
重视自己的身体;为了保养自己的身体,可以舍弃身外的利益。所以庄子说
"养形者忘利"。第二个等次是"养志者",他们重视自己的志向;为了达到
自己的志向,可以舍弃自己的身体。所以庄子说"养志者忘形"。第三个等
次是"致道者",他们重视体悟大道;一旦体悟了大道,就把天下的一切都忘
记了,不但忘记了外物,而且忘记了自己,不但忘记了自己的形体,而且忘记
了自己的心灵,忘记了自己在想什么。

在庄子看来,当把一切都忘记的时候,自然也就忘记了什么是富贵和什
么是贫穷,忘记了什么是顺利和什么是艰难。到了这种境界,自然也就不知
道什么是忧愁了。故事中的曾子就是致道者,所以他在极端穷困的时候并
不感到艰难和忧愁,还在那里唱歌呢。

在庄子看来,当把一切都忘记的时候,一方面心中没有了一切,另一方
面,又将天地万物都包容在了心中。说心中没有了一切,是说一切事物的特
点、属性、形象和功能在人的心中全都消失了,一切事物之间的界限在人的
心中全都泯灭了;说将天地万物都包容在了心中,是说将一切事物都视为一
样的,不管是贵贱、高低、长短、黑白,都不加区别,兼容并蓄。故事中的曾子
就是"致道者",所以他不以天子为尊,不做天子的臣下,不以诸侯为亲,不
做诸侯的朋友,胸中怀有整个宇宙,唱起歌来声音能响彻天地。

四、乐中含悲

虽然至乐是那样的潇洒,那样的自在,可是并不为世人所接受。他们没有那样的修养、那样的素质,体验不到其中的美妙、其中的安适,经受不住外物的诱惑、名利的腐蚀,所以都去追求财富,追求荣名,追求高位,追求福寿,并以追求到手为欢乐。可也正因为如此,所以他们总也摆脱不了忧愁、悲哀和痛苦。之所以会这样,那是因为他们陷入到了以得为乐的俗人之见中。而人的得失总是相伴而行的,有得就有失,在享受得获的喜悦之时,必然也要尝到所失之苦。

《徐无鬼》中对此道理做了论述。其文曰:

> 知士无思虑之变则不乐,辩士无谈说之序则不乐,察士无凌谇之事则不乐,皆囿于物者也。

> 招世之士兴朝,中民之士荣官,筋力之士矜难,勇敢之士奋患,兵革之士乐战,枯槁之士宿名,法律之士广治,礼教之士敬容,仁义之士贵际。农夫无草莱之事则不比,商贾无市井之事则不比。庶人有旦暮之业则劝,百工有器械之巧则壮。钱财不积则贪者忧,权势不尤则夸者悲。势物之徒乐变,遭时有所用,不能无为也。此皆顺比于岁,不物于易者也,驰其形性,潜之万物,终身不反,悲夫!

其意是说:有知之士,失去了思想的推演就失去了快乐;论辩之士,失去了谈论的条理就失去了快乐;善察之士,失去了剖析的问题就失去了快乐。之所以如此,那是因为他们的快乐都受到了具体事物的限制。

炫耀自己的人立足于朝廷就振奋,中等级层的人登上官位就庆幸,身体强壮的人搬动重物显神威,勇武果敢的人遇到患难逞英雄;军队战士遇到战斗就快乐,山林隐士求得名声就意足,重法之士推广法治就高兴,礼教之士讲起仪容就精神,仁义之士结朋交友就心甜;农夫没有草锄就不安,商人没有买卖就神乱,百姓做些小事都自勉,工匠整修器械显才干;钱财积累不起来则贪心的人忧愁,权势握不到手则揽权的人悲苦,物变事迁是投机钻营者的企盼,他们睁大眼睛,利用时机,没有一刻歇息。这种情况就像是一年中的四季更替一样是不可改变的。这些人完全陷在了具体的事物之中,被具体事物牵着鼻子东奔西忙,不能自拔,不得自由,真是可悲呀!

世俗之人各有其乐,然而也各有其不乐。之所以如此,那就是因为他们的快乐都局限在某一具体的领域,都受到具体事物的牵制,不能超越于具体事物而随物而乐。比如:具有智能的人,以不断思虑、不断在思虑之中得到新的知识为快乐;善于辩论的人,以不断论辩、在论辩之中不断用逻辑推理驳倒别人为快乐。然而,前者正因为以不断思虑、不断在思虑之中得到新的知识为快乐,所以也就受到了思虑的限制,一旦中断了思虑,或者思虑失去敏捷,得不到了新的知识,他的快乐也就消失了,而伴随着快乐的消失,相继而来的就只能是忧愁;后者正因为以不断论辩、在论辩之中不断用逻辑推理驳倒别人为快乐,所以也就受到了论辩的限制,一旦论辩停止了,或者是在论辩中难以用逻辑推理驳倒别人,反而让别人驳倒了自己,他的快乐也就消失了,而伴随着快乐的消失,相继而来的就只能是忧愁。具有智能的人、善于论辩的人如此,其他的世俗之人也如此。而具体事物的存在总是受到时空限制的,事过境迁,原先所具有的事物必将成为过去,留给世俗之人的也就只能是遗憾和悲叹了。

要想避开这种结局,只有一个办法,那就是超越于物,脱离具体事物的牵系,不以处在某种具体事物的环境中为快乐,不以得到了某种具体的事物为快乐,而去修养那种无乐之乐。

庄子的忧乐之辨集中展示了他的苦乐观。

每一种苦乐观都产生于与之相应的人生价值理论,庄子的苦乐观也不例外,与他的人生价值理论密切联系在一起。

庄子以与大道融为一体、不分你我彼此、不分贵贱高低、一切都顺其自然为人的本性,认为顺其本性而不使遗失就是人生的最大价值;人生的最大价值实现了,人也就达到了最大的快乐。

不过这种快乐与世人所说的快乐迥然不同,主要区别有两点:

其一,它不是世人自觉到人生价值实现之时的一种喜悦,而是自然实现人生价值之后的一种心态。这种心态的主要特征是平静。

其二,它没有世人快乐时的愉悦感受,同时也没有与世人愉悦感受相伴的痛楚感受。

由此可以看出,庄子的苦乐观与世人的苦乐观处在了两种境界。他所说的苦,不仅包括世人所说的苦,而且也包括世人所说的乐;他所说的乐,不仅不包括世人所说的苦,而且也不包括世人所说的乐。由此我们给它起个名字,叫做超世主义苦乐观。

要对超世主义苦乐观作出评价,还得回到人世中来,因为人总是生活在人世之中的,衡量人世之中的事物还需用人世的价值标准。

在人世之中,"苦"和"乐",是人对生活环境的两种感受:痛楚感受谓之"苦",愉悦感受谓之"乐"。

而不管是苦是乐,都是三种因素集合的产物:其一是环境对人生需求满足的程度;其二是人对环境的适应程度;其三是人自身需求的广度、深度和高度。前者为客观的因素,后两者是主观的因素。当这三个因素协调的时候,人就感到乐;当这三个因素不协调的时候,人就感到苦。

不过人是一种理智的动物,可以通过理智来调整感受,所以在三种因素之中,主观的因素站着主导地位,对人的苦乐感受起着决定作用。不同素质的人在相同的生活环境之中会有不同的感受,同等素质的人在不同的生活环境之中可能会有相同的感受。正因为如此,所以便有各种不同的苦乐观产生出来。

苦乐观与苦乐不同。苦乐是人的感受,苦乐观是人对苦乐感受的理智认识及建立在这种理智认识之上的处世态度。

在没有建立苦乐观之前,人在苦乐感受面前是被动的;苦乐感受是自发的,是人生中的一种统治力量,它在人的社会生活、家庭生活、个人生活中起着震激身心、活跃气氛、添加意味的作用,像魔术师一样,支配着人的灵魂。在有了苦乐观之后,人在苦乐感受面前由被动转化为主动;苦乐感受成了一种可以被调节、被控制和被驾驭的东西,人们可以将它作为人生价值实现过程中的催化剂。因此我们说,苦乐观在社会生活中具有导向的功能,不同的苦乐观会对社会产生不同的影响。

对苦乐感受的理智认识,从来就受到历史时代和社会条件的限制,所以,并不是所有的苦乐观都是有价值的,即使是有价值的苦乐观也会存在某些方面的缺陷。从这样一种观点来分析,古代出现的苦乐观虽然大部分有长有短,但都还没有达到较为完备的科学程度。

科学的苦乐观是一个尚待探索的境界。从人类的利益出发,一般说来,它应该包括三个方面:一是有利于社会发展;二是有利于人的身心健康;三是能给人带来比较稳定的快乐。

立足于此,最有价值的应该是以为社会奉献为乐、以为社会遗害为苦的苦乐观。

这种苦乐观对社会发展的促进作用是不言自明的,在适度掌握劳逸结合的前提下,对人们的身心健康也无害处,而且相对于其他苦乐观而言,最易于保持比较稳定的愉悦感受。

之所以说它最易于保持比较稳定的愉悦感受,那是因为一般的人都有自尊,受到尊敬就愉悦,受到轻蔑就苦恼,而向社会作出奉献是维护自尊的最为深厚的基础。

人生在世,谁都不愿意将自己与动物划为同列,这是因为每个人都有一种明觉,知道自己与动物有着本质的区别。这种明觉在人的心灵里打下了深深的烙印,这就是"自尊"。正由于此,所以当他受到尊重时,就会产生感奋之情。这种感奋虽然不同于溢于言表的欢乐,但却是一种深沉的慰藉。当他受到轻蔑时,就会产生一种悲愤之情。这种悲愤虽然不同于遗失财物的懊恼,但却深深印在心中,久难平息。

人的自尊得以维护,要靠两种相互关联的力量:一是内力;一是外力。所谓内力,是指自己对自身存在价值的认识;所谓外力,是指社会对自己存在价值的承认。这两种力量的源泉,都来自自己对社会的奉献。

一个人对社会的奉献越大,社会对其存在的价值的评价便越高,自己对自身的价值的认识便越清,其自尊的慰藉也便越深。一个人对社会无所奉献,存在价值便得不到社会承认,自己便会感到无聊和空虚,便会产生难以言语的内心苦闷。一个人危害社会,也许会得到表面的、一时的欲望满足,然而却同时损害了自己的自尊心。他的行为等同于禽兽,自尊心又不愿承认,于是乎便产生了内心交战,永无宁息。加上危害社会的负罪感、将受社会惩罚的恐惧感,他的心里会永久承受着沉重的压力。

为多奉献而骄傲,为无奉献而忧悲。正常的人基本如此。

快乐是人生追求得到满足的报酬。为社会作出奉献之所以给人愉悦,也正是追求到了人生价值之后的结果。

用这样的标准来衡量,庄子的超世主义苦乐观存在着明显的不足。这主要表现在两个方面:

其一是,它不讲究追求,不主张主动为社会做贡献,而是主张在自然而然的生活中保持内心的平静,因此也就谈不上对社会发展有多大的益处。

其二是,它不能使人体会到常人应该体会到的快乐,在这种苦乐观的指导下生活,虽然活着,却犹如槁木,失去了生机和活力,也失去了常人应有的感情生活。

虽然如此,但却不得不承认,它还具有对人生有益的方面,并且内蕴着通常苦乐观所不曾具有的智慧。

之所以这样说,那是因为:它揭示了人们苦乐感受发生和变化的一些规律,使人们对自己的苦乐感受有了进一步的认识;建立在这种认识的基础上,人们可以调节自己的情感,从痛苦之中解脱出来。

人世是复杂多变的,有史以来便存在着治世和乱世之分;人生是风云莫测的,有生以来就存在着顺境和逆境之别。

人生在世,固然在任何境遇中都可以为社会作出奉献,而且很可能越是乱世越能显出英雄本色。然而,乱世中的英雄毕竟不多,那只是一些出类拔萃者,更多的人则会觉得无能为力,而且依照常人的苦乐感受,长久陷于痛苦之中,寡有欢乐。

人生在世,前进的道路是崎岖坎坷的,并不是说,一个人尽了自己的最大力量,花费了平生的精力,就一定能创造出成果来,就一定能得到社会的认可。也许偏偏会有相反的情况出现,那就是,出力最大、奉献最多的人受到的打击最多。在这种情况下,按照常人的苦乐感受,就会苦不堪言,甚至会由此引出更大的悲剧来。

庄子的超世主义苦乐观,引导人们适应人生的各种境遇,在剧烈的人世变故中保持内心的平静。这对生活在乱世或逆境中的人们来说,不啻是一股暑中清风,对保持人的身体健康、维持人的生活安宁,起着一般苦乐观难以起到的作用。

就人们苦乐感受发生和变化的规律而言,庄子的苦乐之辨包含着特别重要的两点:一点是,人们的苦乐感受是相伴而行的。有苦就有乐,有乐就有苦。世上从来没有过无苦之乐和无乐之苦。另一点是,任何的苦乐都不会凭空而生,都是由客观的事物引发的,而且这些客观的事物都与感受者的利益和志向密切联系在一起。

以上两点是相互关联的。第二点正是苦乐相伴而行的原因,因为苦与乐恰是同一个客观事物向不同方向演化给感受者造成的相反感受。比如同一件事情,成功了则乐,失败了则苦。

认识以上两点,对人们调节自己的苦乐感受有着重要的意义。比如一件事情失败了,非常痛苦,在这个时候要有意识地将引起痛苦的失败与引起快乐的成功联系起来,将失败视为成功之母,这时将会大大减轻失败造成的沮丧,由此引发出一种悲壮的感受。而悲壮已经不再是纯粹的痛苦了,它是在逆境之中产生的一种豪气和自负,是一种审美享受。

化苦为不苦,化苦为乐,这恰是庄子苦乐观的社会功能。这一功能使庄子的苦乐观,在那清淡的水中映现出了珠光璧辉。

第六章　智愚之辨

151

　　人与动物有根本区别。在诸种区别之中,极为突出的一点是人有智能而动物没有。正因为人有智能,所以才能在口无利齿、手无利爪、体无大力、身无皮毛的情况下,战胜诸种动物,成为天下之独秀。

　　不过智能带给人类和社会的,并非总是益处。它一方面使人从自然界中分化出来,创造了地球上的文明,可另一方面却又使人盲目自满,将自己抬高到超越自然的地位,用自己的主观臆想破坏自然。这大概还不算是最可恶的。最可恶的是它造就了一些人的私心,造就了一些人的虚伪,造就了一些人的奸诈,造就了一些人投机取巧的技能和手段。一些人的技巧和手段可以说是很厉害的,不仅能够将别人的东西霸为己有,而且还能给自己披上慈善的外衣,给自己戴上仁义的桂冠。

这是生活在春秋战国时期的老子和庄子共有的感受。于是他们便站了出来,为让人们认识智能的弊端而大声呼号。老子唱而在先,庄子和而在后,并提出了一个响亮的口号:绝圣弃智。

一、绝圣弃知

在老子看来,天地万物中,有形有象、无生无命者是不会违背自然本性的,石存于山则在山,存于川则在川;有生有命、植而不动者是不会违背自然本性的,树植于北则立于北,植于南则立于南;有生能动、无知无识者是不会违背自然本性的,虎饥则食,渴则饮,寒则处阳,暑则处阴。唯独有生有命、有智有识者最有可能违背自然本性,这便是人。

人有目可观看,有耳可闻听,有口可品味,有鼻可嗅别,有手可感触。这都是自然本能而无可非议,最可怕的是有心而可以思索。有心就有可能有欲,使目欲观美色,使耳欲闻清声,使口欲品甘味,使鼻欲嗅香气,使手欲触柔软。不过这也还是生存的需要,没有什么不好。可怕的是心中产生超越生存需要、超越自身可能的欲求。贫而欲富,贪得妄求,于是行盗;贱而欲贵,无法至贵,于是行诈;臣下欲尊,无路可行,于是弑君;人而欲神,无缘成仙,于是服金。如此种种违背本性之举,皆由人的心智产生。

老子沿着他的思路思索,把春秋末期人相欺诈、国相争伐、子杀其父、臣弑其君的原因归之于智慧发达,而且认为智慧越发达,人的欲求便愈高,人的计谋便愈巧,人间争斗便愈烈,人离本性便愈远,天下灾难便愈多。为了消除灾难,恢复本性,于是他提出了绝圣弃智的主张,说:"绝圣弃智,民利百倍"(《老子》第十九章)。后人在引述这一绝句时,有的用"知"代"智",称"绝圣弃知";古代汉语,"智"、"知"通用。

(一)世之圣知 大盗之源

庄子继承了老子的思想,而且又有发挥。他把圣智与仁义挂起钩来,认为圣智是仁义的渊源,仁义产生于圣智,没有圣智是不会造作出仁义的;他把圣智、仁义与大盗挂起钩来,认为圣智、仁义是大盗的渊源,大盗产生于圣智和仁义,没有圣智和仁义,大盗是不会出现的。

《胠箧》篇论述了这一观点。文章说:

> 将为胠箧探囊发匮之盗而为守备,则必摄缄縢,固扃鐍,此世俗之所谓知也。然而巨盗至,则负匮揭箧担囊而趋,唯恐缄縢扃鐍之不固也。然则乡之所谓知者,不乃为大盗积者也?

其意是说:人们为了防止盗贼开箱窃物,就想方设法用锁链将箱子锁起来。以为这一下就牢固了。世俗一般都认为这是人的智慧。然而谁又能想到,那些大盗来后,会连箱子一起背负起来逃之夭夭,而且还唯恐那绳索不牢呢。这样看来,世俗所谓的智慧,难道不是在为大盗帮忙吗?

下面,庄子以具体的事实做进一步的论证。他说:

> 尝试论之,世俗之所谓至知者,有不为大盗积者乎?所谓至圣者,有不为大盗守者乎?何以知其然邪? ……昔者龙逢斩,比干剖,苌弘胣,子胥靡,故四子之贤而身不免乎戮。故跖之徒问于跖曰:"盗亦有道乎?"跖曰:"何适而无有道邪!夫妄意室中之藏,圣也;入先,勇也;后出,义也;知可否,知也;分均,仁也。五者不备而能成大盗者,天下未之有也。"由是观之,善人不得圣人之道不立,跖不得圣人之道不行。天下之善人少而不善人多,则圣人之利天下也少而害天下也多。(《胠箧》)

在庄子看来,世人所谓的最大智慧,都是在为盗贼创造方便条件;世人所谓最高的圣人,都在为盗贼看守财物。为什么这样说呢?庄子做了两方面的说明:其一是历史上的圣贤都为窃世大盗献了身;其二是圣人所遵行的仁义恰恰为培育盗贼提供了章法。

从历史上看,龙逢最后不是被斩首了吗?比干最后不是被剜心了吗?苌弘最后不是被剖腹了吗?子胥最后不是溺水了吗?这四人都是当时的圣贤,他们都为了那些暴虐之君丧了命。他们的仁义之行不过是助纣为虐而已。

然而强盗又怎么样呢?一次盗跖的徒卒问盗跖:"做强盗也有一定的章法吗?"盗跖说:"做什么没有章法呢?揣摩室内藏着什么东西,这就是所谓的圣智;在别人的前面潜入室内,这就是所谓的勇敢;在别人的后面退到室外,这就是所谓的义气;懂得当盗不当盗,这就是所谓的智慧;盗得财物分配均匀,这就是所谓的仁爱。这五种素质如果不齐备而想做大盗,这是天下从来没有过的事情。"由此庄子得出结论说:可见,善人得不到圣人的章法是不能成为善人的,盗跖得不到圣人的章法是做不得大盗的。可是天下毕竟是善人少而恶人多,所以仁义对于社会来说,害大于利。

从以上的证据出发,庄子认为,为世造乱的总根源在于人的智能。由智能而造出了仁义的章法和行仁行义的圣人,而仁义的章法和圣人又造出了盗贼。由此天下才混乱了起来。

为了说明智能给人世造成的危害,庄子又采取了古今对比的方法进行论证。他说:

> 子独不知至德之世乎? 昔者容成氏、大庭氏、伯皇氏、中央氏、栗陆氏、骊畜氏、轩辕氏、赫胥氏、尊卢氏、祝融氏、伏牺氏、神农氏,当是时也,民结绳而用之,甘其食,美其服,乐其俗,安其居,邻国相望,鸡狗之音相闻,民至老死而不相往来。若此之时,则至治已。今遂至使民延颈举踵曰,"某所有贤者",赢粮而趋之,则内弃其亲而外去其主之事,足迹接乎诸侯之境,车轨结乎千里之外。则是上好知之过也。(《胠箧》)

其意是说:在上古时代,人们无知,过着淳朴的生活。那是天下最为安定的时代了。而后来就不行了。在上的统治者推崇智慧和圣贤,引导人们学圣学贤,以至达到离乡背井、弃亲弃业的地步。这是非常有害的。

害处在什么地方? 庄子接着说:

> 上诚好知而无道,则天下大乱矣。何以知其然邪? 夫弓弩毕弋机辟之知多,则鸟乱于上矣;钩饵罔罟罾笱之知多,则鱼乱于水矣;削格罗落罝罘之知多,则兽乱于泽矣;知诈渐毒颉滑坚白解垢同异之变多,则俗惑于辩矣。故天下每每大乱,罪在于好知。故天下皆知求其所不知而莫知求其所已知者,皆知非其所不善而莫知非其所已善者,是以大乱。故上悖日月之明,下烁山川之精,中堕四时之施;惴耎之虫,肖翘之物,莫不失其性。甚矣夫好知之乱天下也! 自三代以下者是已,舍夫种种之民而悦夫役役之佞,释夫恬淡无为而悦夫啍啍之意,啍啍已乱天下矣。(同上)

庄子认为,推崇智能的危害在于要引起天下大乱。

怎么知道是这样呢？事实就是这样的：

制造弓箭弩机的智慧多了，天上的飞鸟就乱了套；制造钩饵渔网的智慧多了，水中的游鱼就乱了套；制造网罟陷阱的智慧多了，山林的野兽就乱了套；机巧诈伪越来越厉害、口才辩术越来越巧妙、坚白同异越辩越多变，老百姓也就越来越迷惑。所以，天下每每大乱，罪过就在于人们好知。正因为如此，所以我们说，天下的人们都知道追求未知的东西而不知道研讨已知的东西，都知道否定自己认为不好的东西而不知道否定自己认为好的东西，因此天下大乱：在上背逆日月的光明，在下散失山川的精华，在中中断四时的交替；从软体的蛆虫到坚硬的鳞甲，没有一种不失去本性的。

好知造成的天下混乱那是太厉害了！从三代以来都是这样：舍弃淳厚朴实的众民而喜欢奸巧狡黠的无赖，放弃恬淡无为的举止而喜欢喊喊喳喳的说教。喊喊喳喳的说教正是扰乱天下的根源呀！

（二）绝圣弃知　大盗乃止

有鉴于此，所以庄子将圣智和仁义比做是锋利的武器。按照老子的说法，锋利的武器是不能给人看的，否则的话，就会被人窃取而危害国家。想要维护天下的安宁，就要平息大盗；而要平息大盗，就要杜绝圣智和仁义。于是庄子说："绝圣弃知，大盗乃止"。

他的原话是这样说的：

故曰："鱼不可脱于渊，国之利器不可以示人。"彼圣人者，天下之利器也，非所以明天下也。故绝圣弃知，大盗乃止；摘玉毁珠，小盗不起；焚符破玺，而民朴鄙；掊斗折衡，而民不争；殚残天下之圣法，而民始可与论议。擢乱六律，铄绝竽瑟，塞师旷之耳，而天下始人含其聪矣；灭文章，散五采，胶离朱之目，而天下始人含其明矣；毁绝钩绳而弃规矩，攦工倕之指，而天下始人含其巧矣。故曰："大巧若拙。"削曾史之行，钳杨墨之口，攘弃仁义，而天下之德始玄同矣。彼人含其明，则天下不铄矣；人含其聪，则天下不累矣；人含其知，则天下不惑矣；人含其德，则天下不僻矣。彼曾、史、杨、墨、师旷、工倕、离朱，皆外立其德而以爚乱天下者也，法之所无用也。（《胠箧》）

"鱼不可脱于渊,国之利器不可以示人",是老子语,出于《老子》第三十六章。是说,事物都不能脱离开自己的自然本性,离开了就不能存在,就像鱼儿不能离开水一样,离开了水就会死亡;国家的锋利武器是不能拿给别人看的,拿给别人看就会引起人的贪心,引起人的窃行,而一旦被贼人盗窃而去,它就会失去原本的功能,不是被用来为百姓造福,而是被用来谋私害人。

这段话的大意是说:"鱼是不能脱离开水的,国家的利器是不能给人看的。"所谓的圣人,是天下的利器,而不是用来给天下照明的呀。所以说:只有杜绝了圣人、舍弃了智慧,大盗才能平息;只有碾碎了宝珠、毁坏了美玉,小盗才不兴起;只有焚烧了符契、砸碎了印玺,众民才能纯朴;只有剖裂了斗斛、折断了量衡,人民才能不争;只有撕毁了圣人的章法,才有可能与百姓讨论问题。打乱音律,摔碎琴瑟,堵塞师旷的耳朵,天下的人们才能得到他们原本应该具有的耳聪;泯灭纹彩,散乱五色,粘贴离朱的眼睛,天下的人们才能得到他们原本就应该具有的眼明;毁坏钩绳,抛弃规矩,截断工倕的手指,天下的人们才能得到他们原本就应该具有的技巧。所以说"大巧像是笨拙"。消除曾参和史鱼的圣贤之行,封住杨朱、墨翟的诡辩之口,抛弃所谓的仁义说教,天下的原本德性才能统一起来呀。人们将自己的精明包含于内,天下就不会缭乱了;人们将自己的聪敏包含于内,天下就不会喧嚣了;人们将自己的智慧包含于内,天下就不会迷惑了;人们将自己的本性包含于内,天下就不会邪僻了。那些曾参、史鱼、杨朱、墨翟、师旷、工倕、离朱一类人,都是以外在的技能来扰乱天下的人呀,学习他们是没有什么用的。

曾参、史鱼为行仁仗义而奔波不息,杨朱、墨翟为宣传己说而喋喋不休,师旷之耳能闻千里之声,离朱之目能观百步之针,工倕之手巧夺天工而以技艺闻名天下,他们都是人世之中高智大能之人。可庄子却认为,正是他们扰乱了人世的自然秩序,扰乱了人们的自然本性。因为他们不但自己超出了人类的自然本能,而且引导人们纷纷效法之,于是人间有了好坏的对比,有了高下的较量,有了谋人之意,有了害人之心,从而破坏了人世的自然和谐和人性的自然顺应,就好像是有了弓箭而扰乱了天上的飞鸟、有了网钩而扰乱了深渊的游鱼一样。所以说,智能是天下大乱的罪魁祸首,它不但造成了混乱的局面,而且造就了乱世的人杰。而只有杜绝了圣人之思、辩者之口,裁截了聪明之才、技者之手,天下才能平静,人心才能安宁,本性才能回归,真情才能沟通。反过来说,人们都回归了本性,沟通了真情,怪僻邪盗也才能从根本上铲除干净。

在这里需要弄清一个名称的用法,那就是"圣人"。

在老子和庄子的学说中,"圣人"这个名称有正反两种意义:正面的意义是指道家推崇的真人、至人、神人、大人一类。在老子和庄子学说中,他们是得道、体道、具有真知、与道一体的人。反面的意义是指儒家推崇的贤、圣一类。在老子和庄子的学说中,他们是宣传仁义、遵循礼教、表面博学而虚伪无知的人。老庄所说的"绝圣",是说要杜绝反面意义上的那种圣人。

这里还需要弄清楚一个概念的用法,这就是"知"。在老子和庄子的学说中,"知"具有正反两方面的意义:正面意义的"知"又称为"真知",是指顺从自然、不分物我、不别东西、混物为一的一种无主观意识的心理状态。反面意义的"知"又称"知故",是指用主观意识达到的对事物形象、性能、运动、变化的认识,它在人的心里形成的是事物之间的界限和区别。正因为如此,所以这两种"知"恰是相反的两种心境,真知是混然一体的,知故是界限分明的。

庄子认为造害于人世、必须消除的是主观智能所造成的知,亦即知故,这种知造就了儒家所说的那种圣人,而这种圣人又用这种知造乱于世。之所以会发生这种情况,根本的原因在于主观智能本身就是人类脱离自然状态的产物,而它的功能一旦发挥出来,就会托载着人类更加远离自然,打乱自然的秩序,造成混乱。人的知故对自然界的作用是这样的,对人世的作用也是这样的。

正因为如此,所以庄子提倡真知。因为真知不分物我彼此,一切都顺应自然,不但顺随着自然界的自然变化,而且也保持着人的自然本性,使整个环宇得以自然和谐。

在庄子看来,达到了真知,也就是失去了知故,所以说"知者不知";在这种语境下,前面的一个"知"是真知的意思,后面的一个"知"是知故的意思。换句话说,只有失去了知故,才能达到真知,所以说"不知为知";在这种语境下,前面的一个"知"是知故的意思,后面的一个"知"是真知的意思。

在庄子看来,陷入到知故之中而不可自拔,就不能达到真知,所以说"知者不知";在这种语境下,前面的一个"知"是知故的意思,后面的一个

"知"是真知的意思。换句话说,失去了真知也就陷入到了知故之中,所以说"不知为知";在这种语境下,前面的一个"知"是真知的意思,后面的一个"知"是知故的意思。

在庄子看来,达到了真知也就达到了圣人的境界,而达到了圣人的境界也就有了真知,所以庄子又把知者视为圣人,把圣人视为知者。在这里,"知"是指真知,而"圣人"是指道家推崇的圣人,亦即真人。换句话说,只有抛掉知故才能成为圣人,而圣人是没有知故的,所以庄子又认为不知为圣,圣人不知。在这里,"知"是指知故,而"圣人"是指道家推崇的圣人,亦即真人。

在庄子看来,世人把那些明察秋毫、知识渊博的人称为圣人,认为圣人就一定善察人事而知识渊博,所以他在表述世人观点的时候也称知者为圣人,说圣人有知。在这个时候,他所说的"知"是指知故,而他所说的圣人是指儒家推崇而道家贬斥的圣人。换句话说,世人把那些失去本性,没有真知的人视为圣人,这样的圣人不懂得什么是真知,所以,庄子在描述这种情况的时候,也说不知为圣,圣人不知。在这种情况下,他所说的"知"是指真知,而他所说的"圣人"是指儒家推崇而道家贬斥的圣人。

因此,在研究庄子智愚之辨的时候,要看语境,要分析语言所指对象,不能仅就字面来判断,不然的话,就会越辨越糊涂。

二、圣人无知

什么是圣人?第三章中我们引述过一个"长梧子论圣人"的故事。长梧子所说的圣人,就是庄子认可的圣人。

按照长梧子的描述,圣人的样子是常人难以想象的。他们倚靠着日月,挟持着宇宙,把它们吻合为一体;摆脱琐事纷扰,把贵贱视为同一。众人忙忙碌碌,圣人无知昏愚,糅合万年的变化,把它团弄成一个没有差别的一。万物都是这样,你中有我,我中有你,相互包涵,融为一体。

实际上,这样的人也就是与道融为一体、从道的视角看待事物的人。正因为如此,所以长梧子说他们倚靠着日月,挟持着宇宙,把它们吻合为一体。

　　既然在圣人心中,万物都融成了一体,万年的变化都成了一个没有差别的一,那么事物与事物之间的差别也就不存在了;既然没有了事物与事物之间的差别,那么也就没有了对事物的认识,因为所谓对事物的认识,是建立在对事物差别认识的基础之上的。

　　在庄子看来,圣人不但没有对事物的认识,而且也没有对道的认识。这是因为,这里所说的认识是指运用主观意识,采用认识一般事物的方法来认识道,而道是不能够用这种方法认识的。

　　有鉴于此,所以庄子说圣人是无知的。也就是说,圣人没有通过主观意识取得的对事物的认识,也没有通过主观意识取得的对道的认识。

(一)为道日损　以至无为

　　在庄子看来,道是混然为一、无所分别的东西,所以要想使自己与道融为一体,成为圣人,那就不能再去追求世人所谓的知识了。这是因为,世人所谓的知识,都是对事物自身的形象、属性、功能、数量的认识,而这些认识都是建立在事物与事物之间相互区别的基础之上的,没有事物与事物之间的区别,也就说不上某种事物自身的形象、属性、功能和数量,也就更说不上对事物自身形象、属性、功能和数量的认识。比如没有牛与羊之间的区别,也就说不上牛、羊各自的形象、属性、性能和数量,也就说不上对牛羊的认识。

　　也就是说,越是追求世人所说的知识,越是追求对事物的认识,也就越注重事物与事物之间的界限,也就离道越远;越是想要体道、得道、与道融为一体,就越是要减少对事物的认识,越是要减少世人所谓的知识,一旦减少到什么知识也没有,甚至达到连自己怎么行动都不知道的程度,也就差不多达到了道。庄子把这样的观点概括成一句话,那就是"为道者日损,损之又损之,以至于无为"。

　　《知北游》中讲了一个"知求道"的故事,其中包含着这样的思想。故事说:

　　有一个叫做知的人到北方去游览,游到了黑水之域,登上了隐分之山,正好碰见了无为谓。知知道无为谓是一个有道之士,所以上前去请教。他问道:"无为谓先生,我想请教你一个问题:如何思考,如何谋虑,才能知晓道？如何接待，如何服侍，才能留住道？从何方向，走何道路，才能达到道？"

连问了三次，无为谓都没有回答。

知没有得到答案，又返回到白水之域，登上了狐阕之山，看见狂屈在那里。知知道狂屈是一个有知之士，所以前去请教，把问无为谓的问题又重复了一遍。

狂屈说："唉！这个问题我知道。不过在我想要告诉你的时候突然忘了要说什么。"

知没有得到答案，就到帝宫去请教黄帝。

黄帝给他做了解答，并对无为谓不回答问题而狂屈欲答而不能答出问题的原因做了解释：

> 黄帝曰："无思无虑始知道，无处无服始安道，无从无道始得道。"

> 知问黄帝曰："我与若知之，彼与彼不知也，其孰是邪？"

> 黄帝曰："彼无为谓真是也，狂屈似之，我与汝终不近也。夫知者不言，言者不知，故圣人行不言之教。道不可致，德不可至。仁可为也，义可亏也，礼相伪也。故曰：'失道而后德，失德而后仁，失仁而后义，失义而后礼。礼者，道之华而乱之首也。'故曰：'为道者日损，损之又损之，以至于无为，无为而无不为也。'今已为物也，欲复归根，不亦难乎！其易也，其唯大人乎！"

> ……

> 知谓黄帝曰："吾问无为谓，无为谓不应我；非不应我，不知应我也。吾问狂屈，狂屈中欲告我而不我告；非不我告，中欲告而忘之也。今予问乎若，若知之，奚故不近？"

> 黄帝曰："彼其真是也，以其不知也；此其似之也，以其忘之也；予与若终不近也，以其知之也。"

其大意是说：

黄帝说："不要思考，不要谋虑，才能知晓道；不要接待，不要服侍，才能留住道；不要出门，不要上路，才能达到道。"

知问黄帝："我和你现在都知道了道，而无为谓和狂屈都不知道道。那么究竟谁的认识正确呢？"

黄帝说："无为谓是真正地体悟到了道，狂屈是近似地体悟到了道，而我与你说到底还没有靠近道的边际。常言说，知者不言，言者不知，所以圣人从事于无言语的教化。道是不可以招至的，德是不可以达到的，仁是可以实施的，义是可以打折扣的，礼是一种虚伪呀。所以说'遗失了道而后才有了德，遗失了德而后才有了仁，遗失了仁而后才有了义，遗失了义而后才有了礼。礼是对道的装饰，是造乱的祸首'。因此说'修道者的知识一天比一天少，减少了再减少，一直到无所作为。达到了无所作为，也就无所不为了'。现在我们已经化为一种物体了，想要再回归于原先的本根，那不是很难吗？要说容易，大概也只有那些大人才能做到……"

知对黄帝说："我问无为谓，无为谓不回答我，并不是他有意不回答我，而是不懂得回答我。我问狂屈，狂屈本想回答我而最终还是没有回答我，并不是他中途变了卦，而是他忘了如何回答我。现在我问你，你说你知道，可是为什么在回答了我的问题之后又说你所说的这一套还没有靠近道的边际呢？"

黄帝说："说无为谓真正体悟到了道，那是因为他不知道；说狂屈近似于体悟到了道，那是因为他忘记了道；说我和你还没有靠近道的边际，那是因为我们认为自己知晓了道。"

黄帝回答了知的问题，说明了如何才能达到道。从表面来看，他是知道道的，否则的话怎么能够说出达到道的方法呢。然而黄帝自己却不这样看。他认为，情况正好与人们想象的相反：正因为他不知道道，所以才讲出了达到道的方法；也正因为他讲出了达到道的方法，才说明他不知道道。

为什么？一是因为道本身是不能被认识的；二是因为道是不能用言语表述的。

就道本身而言，既没有形象，又没有声色，既没有空间的分野，又没有时间的限制，不可能被人的感官感知，不可能被人的心智所接受。正因为如此，所以庄子说"道不可致"。

就言语而言，它是用来表达人对事物的认识的。人对事物有了一定的认识，把这种认识化为言语，用言语表达出来，以便相互交流。这就是言语的功能。

不过,实现言语的功能是一个多层次、有条件的过程。将这一过程简化一下,可以这样说:从层次上讲,首先是人要对事物有所认识,之后是人要用与认识相配伍的语词将其描述出来;从条件上讲,在认识的时候,既需要认识者有认识的能力,又需要认识对象能被认识;在描述认识的时候,首先需要认识者要有认识,其次需要有与认识相配伍的语词。

由此看来,想要把道用言语表述出来,那是不可能的。因为它不具备被认识的条件,更不可能被表述出来。

道不可知,因此所谓知道者实际上并不知道;道不可言,所以用言语说道者,所说的道实际上并非真道。

反过来说,不知道且不言道者是真得到了道,知道而不言道者是近于道。这是因为,那些不知道、不言道者,恰恰是将自己融化在了天地万物之中,与不可知、不可言的道合为了一体;这是因为,那些知道不言道者,虽然强用心思考不能用心思思考的道,因而与道有所分离,但还没有与道完全脱离开来,还没有强用不可用以描述道的言语来描述道。

有鉴于此,所以黄帝说不知道且不言道的无为谓是真体悟到了道,知道而忘言道的狂屈是近似于体悟到了道,而自己和听了自己的话后以为自己知道的知是没有靠近道的边际。

有鉴于此,所以黄帝说知者不言,言者不知。

道是混然为一、不可认识的。所以对事物划分得越清,认识的事物越多,就离道越远;而越是不分彼此,不别东西,糊里糊涂,就离道越近。儒家所说的仁、义、礼,都是人为制定的,都是分割天下之事的结果,都是各有界定的,所以是可以认识的。然而也正因为如此,所以它们离道很远,是道的虚幻外表形式,残缺不全,虚而不实,特别是其中的礼,更是对大道的一种毁坏。所以,有关这方面的知识越多,就离道越远,而有关这方面的知识越少,就离道越近,当这方面的知识少到完全没有的时候,也就达到了什么也不知道,连自己如何行动都不知道的地步,也就达到了道。由此,庄子引述了老子的一句话,那就是"为道者日损,损之又损之,以至于无为,无为而无不为也"。

(二)混沌之术　何以识之

圣人无知,所以行动起来也就无所用意。所谓无所用意,也就是既不有意做什么,也不有意不做什么,做与不做都听自然的安排。要按世人的眼光来看,这分明是一个傻子。而庄子并不否认这一点,他认为,圣人的确是糊里糊涂的人。他给这样的人起了一个名字,叫做"浑沌"(即混沌),意谓什么也不知道、什么也不认识、什么也不区分、什么也不追求的人。

庄子在《应帝王》中讲了一个"凿破浑沌"的故事,用以说明宇宙的原本状态和人的原本状态。故事说:

> 南海之帝为倏,北海之帝为忽,中央之帝为浑沌。倏与忽时相与遇于浑沌之地,浑沌待之甚善。倏与忽谋报浑沌之德,曰:"人皆有七窍以视听食息,此独无有,尝试凿之。"日凿一窍,七日而浑沌死。

倏与忽本来出于好心,想按照世人的样子塑造混沌。世人都有眼睛可以视物,都有耳朵可以听声,都有口鼻可以吃食、呼吸,而混沌却没有,那是何等憋闷。可是等到为他凿好七窍的时候,他却死了。为什么,因为破坏了他的原本状态。他的原本状态是什么? 就是无分无界、无知无识。也正因为如此,所以庄子才称其为"浑沌"。

故事中的混沌代表的是道,代表的是宇宙的原本,代表的是人类之初,代表的是人生之始。凿开七窍而混沌死,意思是说,大道本来是混然一体、无所分界的,宇宙本来是混混沌沌、无有南北的,人类本来是懵懵懂懂、无知无识的,婴儿本来是迷迷昏昏、无心无欲的,可是由于天地的开辟,破坏了大道的同一,由于万物的滋生,破坏了宇宙的混蒙,由于人类的开化,破坏了原始的敦厚,由于智能的开发,破坏了孩提的童真。从此大道的同一隐没了,宇宙的混沌消散了,人类的纯朴泯灭了,婴儿的童真遗失了。说得简单一些,也就是说,凿死了混沌才出现了天地,凿死了混沌才出现了世人。

宇宙的原本状态就是人的原本状态,因为在庄子看来,人与宇宙原本是融为一体的;人的原本状态也就是人们应该修养的状态,也就是圣人的状态,因为在庄子看来,那是人的本性完备的状态,也是人的最高境界。

可是从人类进入文明之后,混沌被破坏了,人的智能越来越高,人的手艺越来越巧,人们都陷入到了小聪明之中而远离了大道。这样一来,不但破坏了自然环境,而且破坏了人自身的淳朴之性,勾心斗角,弱肉强食,天下大乱。由此庄子主张消除知故,修养浑沌之术。

如何才能达到混沌状态？达到混沌状态是种什么样子？庄子认为，要达到混沌状态，不仅要修养内心，而且还要修养外形；一旦达到了混沌状态，不但自己什么也不知道、什么也不区别了，而且别人也很难识别他。

《天地》篇中讲了一个"羞用机心"的故事，就是在表述这种思想。故事说：

> 子贡南游于楚，反于晋，过汉阴，见一丈人方将为圃畦，凿隧而入井，抱瓮而出灌，搰搰然用力甚多而见功寡。子贡曰："有械于此，一日浸百畦，用力甚寡而见功多，夫子不欲乎？"
>
> 为圃者仰而视之曰："奈何？"
>
> 曰："凿木为机，后重前轻，挈水若抽，数如泆汤，其名为槔。"
>
> 为圃者忿然作色而笑曰："吾闻之吾师，有机械者必有机事，有机事者必有机心。机心存于胸中，则纯白不备；纯白不备，则神生不定；神生不定者，道之所不载也。吾非不知，羞而不为也。"
>
> 子贡瞒然惭，俯而不对。
>
> 有间，为圃者曰："子奚为者邪？"
>
> 曰："孔丘之徒也。"
>
> 为圃者曰："子非夫博学以拟圣，於于以盖众，独弦哀歌以卖名声于天下者乎？汝方将忘汝神气，堕汝形骸，而庶几乎！而身之不能治，而何暇治天下乎！子往矣，无乏吾事！"
>
> 子贡卑陬失色，顼顼然不自得，行三十里而后愈。
>
> 其弟子曰："向之人何为者邪？夫子何故见之变容失色，终日不自反邪？"
>
> 曰："始吾以为天下一人耳，不知复有夫人也。吾闻之夫子，事求可，功求成。用力少，见功多者，圣人之道也。今徒不然。执道者德全，德全者形全，形全者神全。神全者，圣人之道也。托生与民并行而不知其所之，汒乎淳备哉！功利机巧必忘夫人之心。若夫人者，非其志不之，非其心不为。虽以天下誉之，得其所谓，謷然不顾；以天下非之，失其所谓，傥然不受。天下之非誉，无益损焉，是谓全德之人哉！我之谓风波之民。"
>
> 反于鲁，以告孔子。孔子曰："彼假修浑沌氏之术者也；识其

一,不知其二;治其内,而不治其外。夫明白入素,无为复朴,体性
抱神,以游世俗之间者,汝将固惊邪?且浑沌氏之术,予与汝何足
以识之哉!"

天下有机械而不用,宁肯抱着瓦罐从井里一次又一次地运水来灌畦。这是
为什么?灌畦的老丈讲了一套道理。在他看来,机械是人们动用心智创造
的东西,使用机械也要使用心智,而这样一来,原本平静自然的心境就会产
生机巧,就会失去人的自然本性,使精神混乱,脱离大道。所以他说他并不
是不知道使用机械省力,而是因为羞于使用机巧之心。他认为像子贡那样,
使用机巧之心,自以为博学而模仿圣人,人唱自和而追求超众,自卖自夸而
卖名于天下,不但不能治理天下,而且连自己的身体都要保不住了。

　　子贡听了灌畦老丈的一席话,很有感触,认为此人超过了孔子。在他看
来,孔子教人使用心智,以求功果,并不是做圣人的道理,而是做俗人的道
理。而灌畦老丈,鄙弃机巧之心,追求精神圆满,才是做圣人的道理。他认
为:像这样的人,虽然托生在人世上,与众人一同走着人生的道路,但却不知
道自己往哪里去,混混茫茫,淳厚质朴,本性完备无损,从来不会有功利机巧
之心。像这样的人,不是自己愿意去的地方是决对不会去的,不是自己愿意
做的事情是决对不会做的。说到夸奖,如果夸奖得符合他的情趣,即使是天
下的人都夸奖他,他也会像没有人夸奖他一样,不理不睬;说到批评,如果批
评得不合他的情趣,即使是天下的人都批评他,他也会像没有人批评他一
样,不纳不受。像他这样,不因天下的夸奖而自负,不因天下的批评而自卑,
可以说是本性齐备的人了。与这样的人相比,子贡觉得自己只不过是随风
摆动而没有定性的人罢了,所以感到很羞愧。

　　不过孔子却不这样看。他认为,老丈虽然在努力修养混沌之术,但却没
有修养到家。在他看来,如果真正修养到家,那就不但内心与万物融为一
体,而且外形也与万物融为一体。所谓内心与万物融为一体,就是把天下看
成一片白雪,把万物视为一块素绢,无分无界,无人无我。所谓外形与万物
融为一体,就是无为自然、就物随俗。而所谓无为自然、就物随俗,也就是不
追求、不背逆,去之不留而来之不拒。按照这种标准来衡量,老丈只是一个
致力于修养大道,致力于修养混沌之术的人,但却没有真正得到大道,没有
真正修成混沌之术。因为他虽然努力于维护自然,注意内心上的修养,但在

外形上却与物相背,不能就物随俗,顺应自然。世界上已经有了省力而效高的机械,社会的发展已经到了使用机械的时候,而他不但拒绝使用,而且以用为耻。所以孔子说他只知其一而不知其二,只知内心融于混沌而不知外形也要融于混沌。

在孔子看来,内心与外形都融入混沌的人,不但自己一无所知,内没有自己的主观意念,外没有自己的有意行动,而且身形完全融入了人群之中,该做什么就自然而然地做什么,一点也没有特殊的痕迹,谁也不会知道自己是圣人。

故事中的孔子是庄子为了表达自己的观点而编造的。真实的孔子是儒家的代表,与道家持有大不相同的学术观点,在这里我们不去讨论。需要说明的是,庄子编造这样的故事是在表述自己的一种学术观点。在他看来,宇宙原本是混沌的,与现实的世界大不一样。要从根本上把握世界,就要站在宇宙原本的角度,用宇宙混一的观点来观察,将自己的心境与宇宙融为一体;要将自己造就成圣人,还要用宇宙混一的观点指导自己的行动,使自己的形体与万物融为一体。将自己的心境与宇宙融为一体,这是内心的修养;使自己的形体与万物融为一体,这是外形修养。内心修养取得最终成果的标志是心境白素,无所分别;外形修养取得最终成果的标志是自然无为,就物随俗。内外双成也就达到了庄子所说的混沌之境。而达到了混沌之境也就成了圣人;达到了混沌之境,自己也就一无所知了,内无意识,外无主见,一切都顺着自然界和人世的变化而变化。

三、知有所困

庄子认为圣人无知,其中包含着两层含义:其一是说,圣人所要体悟的是道,而道是不能用人的智能来认识的,所以对道无所认识;其二是说,圣人从道的视角看待天地万物,无分彼此,不别东西,所以也没有对天地万物的认识。

那么人们不禁要问,圣人不是与世人一样,都生活在天地万物的包围之中,都要穿衣吃饭,都要生儿育女,都要与具体的事物相接触吗?既然如此,那么他们就脱离不了对具体事物的认识。比如,不认识衣服就无法穿在身上,不认识食物就难以吃到嘴里。怎么能说他们无知呢?

庄子认为,圣人虽然也接触具体事物,也使用具体东西,但是并不等于对事物有了真正的认识。在他看来,所谓真正的认识,只能是永久的、不变的、完备的、绝对的认识。而对具体事物的那种划分和认识却不是这样,它在不断变换,而且随着人的素质的不同、视角的不同而呈现出不同的样子。正因为如此,所以说它不是真知,而是知故。之所以称其为"知故",正是因为它自身带着人为的造作和主观的色彩。

考察一下对具体事物的认识就会发现,它之所以达不到真知,原因在两个方面:其一在于,这种认识凭借着人的主观智能,然而人的主观认识能力是有止境的,不可能认识到事物的不变的、永恒的、绝对的真谛;其二在于,所认识的具体事物虽然就表面来看是有界限的,而实际上却是无止境的,它们之间的联系是无穷的,它们自身的变化是无穷的。庄子将这两方面的意思归纳在一起,称之为"知有所困",即人的认识具有一定局限性,难以达到理想的境界。

167

(一)生也有涯　知也无涯

说人的认识能力是有止境的,而所认识的事物是无止境的,首先在于,作为认识主体的每个人都会死亡,而所要认识的事物却无边无际,没有穷尽。在庄子看来,只要没有穷尽对所有事物的认识,也就不能说达到了真知,因为真知应该是完备的知识。

《养生主》中直接表述了这种思想。其文曰:

> 吾生也有涯,而知也无涯。以有涯随无涯,殆已;已而为知者,殆而已矣。

其意是说:一个人的生命是有限的,而所要认识的事物却是无限的。拿有限的东西去追求那无限的东西,可就太危险了。明知有危险还要去求知,那可真要完了。之所以不能去追求无限的认知对象,那是因为无限的东西是无法度量、无法认知的。

具体一点说,无限的东西分为两种:一种是道,这种东西既是没有时空局限的,又是没有形象、没有数量的;另一种东西是具体的事物,这种东西虽从个体上看是有限的,但从总体上看却是无限的,虽从表面上看是有形象、有数量的,然而实际上却非如此,它们的形象和数量是表面的、虚幻的。之所以这么说,那是因为事物与事物之间的界限是不固定的,事物与事物之间的联系也是不固定的。所谓的认知是什么? 无非是用人的智能去把握对象的样子、色彩、数量和性质等等可以感受、可以把握的东西。可具体事物那可以感受、可以把握的东西都是表面的、虚幻的,不是实在和真实的,而道作为一种实在的和真实的东西却又没有什么样子可言,没有什么色彩可观,没有任何数量可数,没有任何性质可据。所以认知的结果往往是,所知者不真而真者不可知。

《秋水》篇河伯与北海若的一段对话从一个方面论及了这个问题:

河伯曰:"然则吾大天地而小豪末,可乎?"

北海若曰:"否。夫物,量无穷,时无止,分无常,终始无故。是故大知观于远近,故小而不寡,大而不多,知量无穷;证曏今故,故遥而不闷,掇而不跂,知时无止;察乎盈虚,故得而不喜,失而不忧,知分之无常也;明乎坦途,故生而不说,殆而不祸,知终始之不可故也。计人之所知,不若其所不知;其生之时,不若未生之时;以其至小求穷其至大之域,是故迷乱而不能自得也。由此观之,又何以知豪末之足以定至细之倪!又何以知天地之足以穷至大之域!"

这里涉及如何判定具体事物的大小问题。判定大小的问题也就是从一个方面确认事物的属性问题。如果可以判定的话,事物的一个方面也就可以被认知了。

河伯从判定天地与毫末的大小提出问题,问自己判定天地为大、毫末为小是不是可以。

北海若认为那是不行的,并讲了一大套道理。大意是说:

环宇之内的事物,数量没有穷尽,时间没有终止,得失没有常规,终始没有缘故。所以大智大慧的人既能看到远又能看到近,因此,见到小的不以为小,见到大的也不以为大,因为他知道事物的大小是没有穷尽的,大上还有大,小下还有小;既能理解古又能理解今,因此,长寿也不厌烦,短寿也不强求,因为他知道时间是没有止境的,时前还有前,时后还有后;既能体察盈又能体察亏,因此得获之时不欢喜,损失之时不忧悲,因为他知道得失是没有常规的,得也可能就是失,失也可能就是得;能明晓人生平坦的大道是什么,因此获生而不以为是福,死亡而不以为是祸,因为他知道终始是没有缘故的,祸也可能就是福,福也可能就是祸。照此看来,人们所谓知,还不如不知;人们出生之时,还不如未生之时。人们都在用最小的东西衡量最大的东西,因此越求越迷乱,甚至连自己也弄不清楚是怎么回事了。这样看来,怎么能知道毫末就是那最小的东西,天地就是那最大的东西呢?

大的上面还有大的,小的下面还有小的,事物的大小之别是没有固定界限的;时间之前还有时间,时间之后还有时间,事物的老少之别是没有固定界限的;得也可能就是失,失也可能就是得,得失之间的界限是难以确定的;福也可能就是祸,祸也可能就是福,祸福之间的界限是难以确定的。

既然事物之间的界限是不稳定的,那么事物的属性也就难以确定;既然事物的属性难以确定,那么所谓对事物的认识也就难说了。

用人的有限的认知能力去辨别事物之间无限变幻的界限,用人的有限的认知能力去确定那变动不定的事物属性,就是把人累死,也难有结果。所以庄子说,明知不能知而偏要去求知,是很危险的。事物本来是不固定的,可非要对它们做一个定论,说天地为大、毫末为小,彭祖为寿、婴儿为夭,即使是自认为有了知识,那也是虚假的。与其将虚假的知识当成真实的知识,那还不如没有知识。所以庄子说,人们所谓知,还不如不知;人们出生之时,还不如未生之时。因为以假知为真知会给人带来迷乱。

河伯与北海若的另外一段对话又从另外一个方面论及这一问题:

河伯曰:"世之议者皆曰:'至精无形,至大不可围。'是信情乎?"

北海若曰:"夫自细视大者不尽,自大视细者不明。夫精,小之微也;垺,大之殷也;故异便。此势之有也。夫精粗者,期于有形者也;无形者,数之所不能分也;不可围者,数之所不能穷也。可以言论者,物之粗也;可以意致者,物之精也;言之所不能论,意之所不能察致者,不期精粗焉。"(《秋水》)

这里将认识的对象分为两个层次:一是有形者,即具体的事物,包括天地万物;一是无形者,亦即道。

又是由河伯提出问题,说:"世上的人们都在议论说:'最精细的东西没有形象,最大的东西不可围量。'这个话可信吗?"

这个问题的核心是说,精细的东西与最大的东西都是不可认识的,因为前者没有形象而后者无法度量。但在归类上出了毛病,那就是将精细的东西划到了无形无象的范畴之中了。而在庄子看来,精细者虽小,但既称其为精细,那就还属有形有象的一类,而只有说不上精细也说不上硕大的东西才是无形无象的。

下面北海若从两个方面做解答:一是将精细和硕大的东西划归一类,说它们都是有形者,而将无形者划归另一类;二是论述有形者和无形者都是不可确认的。大意是说:

精细的东西和硕大的东西是有形之物中的两种不同的东西。它们虽然不同,但都是有形的,不是无形的。有形的东西是可以认识的,粗大的东西可以看见,可以论说,而精细的东西虽然用眼睛看不见,但还是可以想象的。不过这种认识却是不稳定的、不确切的,因为人们站在不同的角度观察它们,就会得出不同的结果来,甚至于难以辨识。比如说从细的角度观察大的东西,那是没有穷尽的,从大的角度观察小的东西,那是不得分明的。

至于无形的东西,那就更谈不上认识了。因为它无形无象,既不能用数量来分别,又不能用皮尺来测量,所以既不能用言语谈论它,又不能用意念想象它。

《外物》篇讲了一个"神龟不神"的故事,形象地表述了知有所困的思想。故事说:

宋元君夜半而梦人被发窥阿门,曰:"予自宰路之渊,予为清江使河伯之所,渔者余且得予。"

元君觉,使人占之,曰:"此神龟也。"

君曰:"渔者有余且乎?"

左右曰:"有。"

君曰:"令余且会朝。"

明日,余且朝。君曰:"渔何得?"

对曰:"且之网得白龟焉,其圆五尺。"

君曰:"献若之龟。"

龟至,君再欲杀之,再欲活之,心疑,卜之,曰:"杀龟以卜吉。"乃刳龟,七十二钻而无遗策。

仲尼曰:"神龟能见梦于元君,而不能避余且之网;知能七十二钻而无遗策,不能避刳肠之患。如是,则知有所困,神有所不及也。虽有至知,万人谋之。鱼不畏网而畏鹈鹕。去小知而大知明,去善而自善矣。婴儿生无石师而能言,与能言者处也。"

故事的大意是说:

宋元君半夜做了一个梦。梦见有一个人披散着头发从侧门往屋里偷看。把他召进来问话,他说:"我来自宰路的深渊,作为清江的使者要到河伯那里去办事,打鱼的余且捉住了我。"

宋元君醒了,觉得很奇怪,所以让算卦的来算卦,想要了解此梦的缘由。算卦的说:"托梦的是一只神龟。看来它是被一位叫做余且的渔夫捕获了,想要求救于您。"

宋元君问左右的人:"打鱼的有叫余且的吗?"

左右说:"有。"

宋元君说:"让余且来朝廷见我。"

第二天,余且来见宋元君。宋元君问:"你最近打鱼有什么特别的收获吗?"

余且说:"我网住了一只大白龟,有五尺见圆。"

宋元君说:"把你的白龟献上来。"

余且献上白龟后,宋元君一会想杀了它,一会又想放了它。心中犹豫不决,于是又让算卦。算卦的结果表明:"杀了龟用来算卦则吉。"于是宋元君便让人把神龟给杀了。后来用这一神龟的龟甲来算卦,算过七十二卦,每卦都很灵验。

孔子听说此事后很有感触,说:"神龟能托梦给宋元君,却不能逃避余且的渔网;能用来算卦,而且算了七十二卦,没有一卦不灵验,却不能逃脱被杀的祸患。这样看来,智能是有一定限度的,神灵是有达不到的地方的。纵然有最高的智慧,也需要有众人来一起谋划。鱼儿不怕渔网而怕水鸟。只有去掉小聪明,才会显出大智慧;只有不有意去行善,才能自然而然地做好事。婴儿生下来并没有老师教他说话就学会了说话,那是因为他与会说话

171

的人在一起的缘故。"

神龟虽能测事,却不能自测,虽能告人以吉凶,却不能知己之吉凶。为什么?庄子通过孔子的口做了说明,那就是:任何智慧都有限,神灵也难至周全。

孔子最后的几句话是从前面的答案中引申出来的:既然最大的智慧都有达不到的地方,那么与其卖弄自己的小聪明,倒不如顺其自然;顺其自然则会水到渠成。这是更深的一层意思了。

(二)天下无正　何能知辩

在庄子看来,具体的事物有形有象,可以看见,可以听到,可以触及,可以分别,应该说是可以认识的。但这种认识却是表面的、虚幻的、不真实的。究其原因,除了上面已经讲到的以外,还因为世间没有一个判定事物的标准。庄子称判定事物的标准为"正",认为天下的事物都是乱糟糟的,看待事物的眼光也是各行其是,没有其正,所以无法对事物作出正确的判断。这是不能从根本上认识事物的原因之一。

《齐物论》中有一段啮缺与王倪的对话,其中讲到了这个问题:

啮缺问乎王倪曰:"子知物之所同是乎?"

曰:"吾恶乎知之!"

"子知子之所不知邪?"

曰:"吾恶乎知之!"

"然则物无知邪?"

曰:"吾恶乎知之!虽然,尝试言之。庸讵知吾所谓知之非不知邪?庸讵知吾所谓不知之非知邪?且吾尝试问乎女:民湿寝则腰疾偏死,鳅然乎哉?木处则惴栗恂惧,猿猴然乎哉?三者孰知正处?民食刍豢,麋鹿食荐,蝍蛆甘带,鸱鸦耆鼠,四者孰知正味?猿猵狙以为雌,麋与鹿交,鳅与鱼游。毛嫱、丽姬,人之所美也;鱼见之深入,鸟见之高飞,麋鹿见之决骤。四者孰知天下之正色哉?自我观之,仁义之端,是非之途,樊然淆乱,吾恶能知其辩?"

啮缺曰:"子不知利害,则至人固不知利害乎?"

王倪曰:"至人神矣!大泽焚而不能热,河汉沍而不能寒,疾

雷破山飘风振海而不能惊。若然者,乘云气,骑日月,而游乎四海
之外。死生无变于己,而况利害之端乎!"

王倪是啮缺的老师。啮缺求问事物共同的是非标准是什么,王倪不知道,但
他却不是直接陈述出来,而使用了反问形式,说"我怎么能够知道"。其意
是说,不仅是不知道,而且根本就不可能知道。正因为不可能知道,所以三
问三不知。

之所以不能够知道,那是因为天下根本就没有一个判别事物的标准。
其中的道理就是王倪试着做的解说。其意是说:

人睡到潮湿的地方就要腰痛、偏瘫,难道泥鳅也是这样吗? 人到了树枝
上就感到惴惴不安,难道猕猴也是这样吗? 这三种东西,究竟是谁知道最好
的住处呢? 人以粮食为食物,鹿以茂草为食物,蜈蚣以蛇为食物,猫头鹰以
田鼠为食物,这四种东西究竟是谁知道最好的食物呢? 公猿以母猴为配偶,
麋鹿与麋鹿交朋友,泥鳅与鱼结伴游;毛嫱与丽姬是人所称颂的美人,可是
鱼儿见了她们会吓得潜入水底,鸟儿见了她们会吓得飞上高空,麋鹿见了她
们会吓得飞快逃跑。这四种东西究竟是谁知道天下最美的美色呢?

王倪将最好的住处称为"正处",将最好的食物称为"正味",将最美的
美色称为"正色"。意思是说,一旦确立了它们,就有了一个判定其他事物
的标杆。可是天下却没有这种标杆,因为天下之物千奇百怪,每种事物都有
自己的生存习性,都有自己的生存要求,而它们各自的习性和要求都是自然
而然产生的,都是天然固有的,谁也无法改变,谁都不能够将它们统一起来。

正因为天下没有一个判定事物的标准,一切一切都是混乱的,所以人们
就不可能对事物有正确的、毫无疑问的认识。由此王倪说"樊然淆乱,吾恶
以知其辩"。

不但世人这样,至人也是这样。不同的是至人根本就不去追求这种知
识,不去辨别事物,自然而然就将一切事物视为一样的。大泽焚,河汉冱,是
死是生,是利是害,对他们来说都是一样的,无所分别。

既然事物都在按照自己的天然本性生存,那么事物的天然本性不就是
判定事物的标准吗?

庄子认为,事物都在按照自己的天然本性生存,这是自然而然的,谁也
没有要它们这样,谁也无法不要它们这样,所以放任它们各自自然,不以人

的主观意愿干扰它们,这是可以做到的。但是想要动用人的智能去认识它们各自的天然本性,那却是办不到的。既然不能认识事物各自的天然本性,当然也就不可能用其作为判定事物的标准了。

庄子在《大宗师》中对此做了理论性的说明。其文曰:

> 知天之所为,知人之所为者,至矣。知天之所为者,天而生也;知人之所为者,以其知之所知以养其知之所不知,终其天年而不中道夭者,是知之盛也。

> 虽然,有患。夫知有所待而后当,其所待者特未定也。庸讵知吾所谓天之非人乎? 所谓人之非天乎?

其意是说:知道天然是怎么一回事,知道人为是怎么一回事,这就达到智慧的顶点了。知道天然是怎么一回事的人,顺着天然而行,所以就会受到天然的护佑;知道人为是怎么一回事的人,根据已经知道的事物去认识还不知道的事物,顺着事物的法则行事,使自己能够活到寿终而不中途夭折,这是最有知识的了。

虽然如此,这里仍然有漏洞。漏洞在于知识只有在有了固定的认知对象之后才谈得上得当,然而认知的对象却从来不是固定的。怎么知道我所谓的天然不是人为呢? 又怎么知道我所谓的人为不是天然呢?

事物是变动不居的,其本身就不存在一成不变的本性,因此既不可能得出一个某物是这样而不是那样的结论来,也找不到一个判定事物应是这样而不应是那样的标准来。

有鉴于此,所以在庄子看来,那些最有智慧、最有知识的人也没有达到真知。

四、无知者知

既然庄子说达到了智慧的顶点都算不上有真知,那么是否他否认世界上有真知? 并非如此。

庄子认为,世界上并不是没有真知,而是世人所谓的真知非真知。为什么? 因为真知与世人所说的真知是根本相反的两种精神状态:前者是对道的认识,而后者是对天地万物的认识。

对道的认识与对天地万物的认识有什么区别? 其主要有三点:

其一,对道的认识是一种整体的、笼统的认识,对天地万物的认识是一种分割的、明晰的认识。这是因为道是一个没有分界的、混一不分的东西,而天地万物却是在与其他事物划分界限的前提下才得以存在的。

其二,对道的认识不能用人的感官和心思,而对天地万物的认识则必须用人的感官和心思。这是因为道是无形无象、不可感知、不可理喻的,而天地万物是有形有象、可以感知、可以理喻的。

其三,基于前两点,对道的认识过程与对天地万物的认识过程是反向而行的。认识道就要将天地万物的形象声色全部从人的心里消除掉,就要将天地万物之间的界限从人的心里泯灭掉,消除得越是干净,泯灭得越是彻底,就离道越近,消除和泯灭到连自己的存在都不知道、连自己在消除外物的心理活动都不知道的时候,也就认识到了道。认识到了道,也就是达到了第二章中所说的心斋、坐忘、悬解和见独。而认识天地万物则要感受天地万物,辨别天地万物的形象声色,感受得越多,辨别得越清楚,就越是有世人所说的知识,与此同时也就离道越远。

正因为如此,所以老庄都说,为学日益,为道日损。"为学"就是求取世人所说的知识,"日益"就是天地万物的形象声色及天地万物之间的界限在人的心里一天多于一天,世人所说的知识一天多于一天;"为道",就是致力于对道的认识,"日损"就是天地万物的形象声色及天地万物之间的界限在人的心里一天少于一天,世人所说的知识在人的心里一天少于一天。

在庄子看来,人的心中完全没有了天地万物,完全没有了世人所说的知识,也就成了无知者、愚人,而此时也恰恰是达到了道,达到了真知。所以说无知为大知,大智若愚。

正因为如此,所以《知北游》中黄帝对"知道者"做评价时说,什么也不知、连回答问题都不知的无为谓才是真知。

正因为如此,所以《齐物论》中描述的对啮缺的问题一问三不知的王倪是以真知者的形象出现的。

《应帝王》中对此又有结论性的表述。文中说:

啮缺问于王倪,四问而不知。啮缺因跃而大喜,行以告蒲衣子。蒲衣子曰："而乃今知之乎？有虞氏不及泰氏。有虞氏，其犹藏仁以要人；亦得人矣，而未始出于非人。泰氏，其卧徐徐，其觉于于；一以己为马，一以己为牛；其知情信，其德甚真，而未始入于非人。"

"有虞氏"，即虞舜。虞舜讲究以仁待人，实行仁德教化，由此获得人们的爱戴。所以说他"犹藏仁以要人"，"亦得人矣"。

"泰氏"，即太昊氏，世称伏戏。伏戏为人世初始时期的帝王，没有实行道德教化，一切都遵从自然，什么也不放在心上，什么也不加区别，你我彼此，都无所谓。所以睡觉的时候，内心宽宽松松，醒来的时候，内心坦坦然然，称我为马也可以，称我为牛也可以。这就是文中所说的"其卧徐徐，其觉于于；一以己为马，一以己为牛"。

"非人"，指划分彼此，以己为是、以人为非的人。

"未始出于非人"，是说未有脱离彼此之分、以己为是以人为非的心态。有虞氏实行仁德教化，要求以仁待人，其前提就是要划分人我和彼此。否则的话就谈不上如何待人的问题。一旦划分了人我和彼此，就会陷入以我为是、以人为非的心态之中。所以说他"未始出于非人"。

"未始入于非人"，是说未有陷入彼此之分、以己为是以人为非的心态。泰氏不分彼此，不分人我，一切都顺其自然，所以也就不知道何者为人、何者为我、什么是是、什么是非，所以说他"未始入于非人"。

这一段的大意是说：啮缺问王倪事物共同的是非标准是什么，王倪说不能够知道；他不但不能知道事物共同的是非标准，而且连自己知道与不知道也不知道。由此啮缺体悟到了真知，所以高兴地跳跃起来。

所谓真知是什么？就是王倪进入的什么也不知道，连自己在想什么也不知道的精神状态。对此蒲衣子做了解释，那就是泰氏所达到的那种样子，不分彼此，不分人我。这种无知就是真知，所以他说泰氏"其知情信，其德甚真"。意思是说，这种知是实在的、没有任何虚假的知；这种时候的人性极为纯朴，毫无杂染。

以无知为知，庄子还有多处论及。如《徐无鬼》中说：

尽有天，循有照，冥有枢，始有彼。则其解之也似不解之者，其知之也似不知之也，不知而后知之。

"天",是自然而然的意思;"照",是明亮的意思;"枢",是关键的意思;"彼",指自然而然,亦即道之本性。

这段话的意思是说:人们的行为有达到尽善尽美的时候,这就是顺随自然而行;只要遵循着自然的变化而变化,就会心境明觉;如果能够默默地这样去做而不使用人的小聪明,就能抓住天地万物的关键;天地万物有它们的根源,有它们的开始,这个根源和开始不是别的,就是道,就是自然。一旦处于这种境界,那就觉醒了,然而觉醒了也好像没有觉醒;一旦达到了这种境界,也就得到了真知,然而得到了真知也好像是不知,只有达到了不知,而后才可以说是真知。

也就是说,一切都顺从自然,不要分别你我彼此,这就是天地万物的关键,这就是天地万物的根本。达到了这一点,也就达到了道。而达到了道,也就达到了明觉和真知。然而这种明觉和真知也就是不知,因为有关天地万物的知识全都在心境中消失了;而也正因为将天地万物的知识从心境中全部排除干净,做到了不知,所以才达到了真知。

《知北游》中有一个"泰清问道"的故事,也是在表述无知为真知的思想。其文曰:

> 于是泰清问乎无穷曰:"子知道乎?"
>
> 无穷曰:"吾不知。"
>
> 又问乎无为。无为曰:"吾知道。"
>
> 曰:"子之知道,亦有数乎?"
>
> 曰:"有。"
>
> 曰:"其数若何。"
>
> 无为曰:"吾知道之可以贵,可以贱,可以约,可以散。此吾所以知道之数也。"
>
> 泰清以之言也问乎无始曰:"若是,则无穷之弗知与无为之知,孰是而孰非乎?"
>
> 无始曰:"不知深矣,知之浅矣;弗知内矣,知之外矣。"
>
> 于是泰清中而叹曰:"弗知乃知乎! 知乃不知乎! 孰知不知之知?"
>
> 无始曰:"道不可闻,闻而非也;道不可见,见而非也;道不可

177

言,言而非也。知形形之不形乎! 道不当名。"

无始曰:"有问道而应之者,不知道也。虽问道者,亦未闻道。道无问,问无应。无问问之,是问穷也;无应应之,是无内也。以无内待问穷,若是者,外不观乎宇宙,内不知乎大初,是以不过乎昆仑,不游乎太虚。"

在无始看来,无穷说自己不知道道,那是真知道道,而无为说自己知道道,而且对道的描绘基本上合乎庄子所说的道,但是因为他说了出来,所以是不知道道。为什么? 因为道本身是不可知的,道本身是不可言的。

道本来不可知、不可言,而无为说自己知,而且说了出来,所以实际上他并不知道道。所以说"知乃不知"。

自己本来不知,却自认为知,所以就不可能进入道的境界,不可能达到真知。由此说,这样的人"外不观乎宇宙,内不知乎大初",不能越过昆仑之山,不能游乎太虚"。因为宇宙、太初、太虚都是指的道,而昆仑山在传说中是修道的地方。

道不可知,无穷如实地说他不知道道,这正说明了他知道道是不可知的,这也正说明了他知道道。所以说"弗知乃知"。

不过需要明确的一点是,这里说不知道道恰是真知道道,使用了"知道"一词,而"知道"一般说来都是指认识的结果,用它来表述得到了道是不确切的,因为道是不可知、不可认识的。这也正是无始所说的"道不可闻"、"道不可见"、"道不可言"。

明知不确切却又使用了它,那是为了好懂而已。把它用确切的词表述出来,应该说"体道"。

"体道"是体悟道的结果,是体悟到了道的意思。说知道了道不是真知,不知道道而体悟到了道才是真知,就可以避免言语上的混乱。

体悟与认识有什么区别? 其主要有三点:

其一,就主体而言,体悟是人的全部身心的整体投入,而认识则是人的各种感官或心思的分别运用或联合运用。

其二,就对客体的把握而言,体悟是对客体的整体观照,它的特征是具有笼统性,而认识则是对客体不同方面、不同层次、不同部位、不同性质的分别感受以及在这些分别感受的基础上加以分析、综合而得出的理解,它的特点是具有明晰性。

其三,就过程而言,体悟尽管有其不断的感受积累的过程,但是说到领悟,却是霎时之事,而认识却是一个不断积累和不断上升的过程。

由此可见,混一不分的道恰恰适宜于体悟,而天地万物则更多的方面是适宜于认识。

正因为如此,所以庄子在不少地方将"知道"说成是"体道"。如在《知北游》中说:"夫体道者,天下之君子所系焉。今于道,秋毫之端万分未得处一焉,而犹知藏其狂言而死,又况夫体道者乎!"

如何才能达到无知之真知? 在第二章有关坐忘、心斋、悬解和见独的分析中已经涉及,达到坐忘、心斋、悬解和见独的方法也就是达到无知之真知的方法。不过在那些地方更侧重于谈心境修养,而较少做理性上的分析。应该说这是符合庄学主旨的,因为庄学特别重视的是心境修养,而做理性分析仅仅是引导人们达到心境修养的一种手段。

在此,我们特地就庄子关于通过理性分析达到道、达到无知之真知的方法做一解剖。

遵循着庄子的学说,要想得到道,要想达到无知之真知,就必须完全超出常人的思路。如果遵循着常人的思路去理解,那就会如坠云雾,理不出头绪来。越出常人思路的关键是不要分辨事物是什么或不是什么,把天地万物、彼此人我都从相互差别和相互对立的境况中提炼出来,透过那些表面上不一样的虚影而捕捉住其中那同一的实质。而要从理性上达到这一点,需要从两个角度调整自己的思维:一是从事物永无止息的变化上去看;二是从事物最初的本根上去看。这两个角度与常人就眼前看眼前的事物截然不同。

(一)神奇臭腐　化而为一

庄子认为,要体悟到那不可认识的道,达到那无知的真知,就要将天地万物及其相互差别从自己的心里排除干净。不过想要排除干净也不是一件容易的事情,因为天地万物看上去是实实在在地存在的,天地万物的形象声色深深地印在了人的心田之中。要想把它们从心中扫除出去,就必须对自己做说服工作,必须晓之以理,使自己确实认识到天地万物的存在是虚幻的、不真实的,天地万物从本质上说是混然不分的道。否则的话,将天地万物从心境中扫除出去就将成为一句自欺欺人的假话。

如何才能达到这个目的呢?办法之一就是用不断转化的观点来看待天地万物。也就是说,需要认识到天地万物都处在永无止息的转化过程中。既然天地万物都是转化不定的,一时是这个样子,一时又是那个样子,一时是腐臭,一时又是神奇,自然也就难说有哪个事物是确定的了。既然世界上根本没有确定无疑的事物存在,那也就证明天地万物都是虚幻的。既然天地万物都是虚幻的,都在相互转化,它们之间根本就没有固定不变的界限,所以,说到根本上,都是一样的,都是混然一体的。

前文我们引过"知求道"的故事,黄帝在向知传授如何达道、如何得到真知的方法时曾说过:"无思无虑始知道,无处无服始安道,无从无道始得道。"在讲了一通道理后得出了这样的结论,说:"故曰:'为道者日损,损之又损之,以至于无为,无为而无不为也。'今已为物也,欲复归根,不亦难乎!其易也,其唯大人乎!"也就是说,要达到道,要得到那无知的真知,是很难的,只有大人才有可能。至于大人怎么才能达到道,我们的引文省略了,下面续引如下:

> 生也死之徒,死也生之始,孰知其纪!人之生,气之聚也;聚则
> 为生,散则为死。若死生为徒,吾又何患!故万物一也;是其所美
> 者为神奇,其所恶者为臭腐;臭腐复化为神奇,神奇复化为臭腐。
> 故曰"通天下一气耳"。圣人故贵一。(《知北游》)

其意是说:出生和死亡是一类东西,死亡也就是再生的开始,有谁能弄清楚它们之间的次序呢?人出生了,那是气聚在了一起;聚则为生,散则为死。如果死亡与出生是一类东西,在生死面前我又有什么可忧愁的呢?因此说万物是一体。而所谓的神奇也不过是人们主观上的一种欣赏而已,所谓的臭腐也不过是人们主观上的一种厌恶而已;臭腐的可以转化为神奇,神奇的可以转化成臭腐。所以说"通天下只是一气而已"。所以圣人特别珍惜"一"。

这段话好像是在论说生死问题,实际上是通过生死问题而谈论体认道,谈论体认那无知的真知。

人们在探索真知的时候,所用的工具是人的感官和心思,所要达到的目

的是判定某一种东西是什么或不是什么,认为通过感官和心思判定了一种东西的数量和性质,得到了它是什么或不是什么的准确答案,也就是达到了真知。

可是庄子却认为,这样的知识是靠不住的。因为任何事物的数量和性质都在不断地变化着,就像是出生和死亡一样,循回往复,永无止息,谁也弄不清楚它们的前后和次序。

而要想弄清它们的真谛,要想得到道,首先就要改变自己的观念。所谓改变观念,一是不要想通过感观和心思去认识,二是不要想确定认识对象的数量和性质,不要想确定认识对象是什么或不是什么。也就是说,不要用一般人所谓的认识去认识,而是要把一切东西都看成是一样的,就像将生死视为一体一样。

有了这种体会,把一切都视之为一体,看见任何东西都是一样的,那就是体认到了"一"。体认到了"一",也就是体悟到了天地万物的本根,深入到了宇宙的底蕴,也就是得到了道,达到了真知。

之所以这样说,并不是随意乱说,而是因为宇宙的底蕴、事物的真谛就是这样的。就像那气聚气散都是气、生与死都是一气的变化一样。事物原本就是混然一体的,之所以分割开来,成了各种各样的东西,从一个方面来说,是道在那里演化,是道自然而然地用各种虚幻的形式在展示自己;从另一方面说,是有知的人看到了道的各种虚幻形式后,对道做了主观上的区分,就像人们将人生视为神奇、将人死视为腐臭一样。

说人生是神奇而实际上无所谓神奇,说人死是腐臭而实际上无所谓腐臭。人生、人死都是一样的,都是气,神奇与腐臭不过是人们主观意识的产物,是人智的创造。

圣人对那所谓的生、所谓的死则视而不见,他所体悟到的只是那什么区别也没有的"一";大人对那所谓的天地、所谓的万物视而不见,他所体悟到的只是那什么区别也没有的"道"。

"一"就是"道","道"就是"一",它们的名称虽然不同,但都是指那天地万物的本根、天地万物的真谛;之所以称之为"一",是为了表明它混然一体、无别而同一,之所以称之为"道",是为了表明它供物往来,是天地万物之祖、天地万物之根。

圣人就是大人，大人就是圣人，他们的名称虽然不同，但都是指那洞彻宇宙源头、体悟万物本根、没有世间知识、心境融入混一的得道之士；之所以称之为圣人，是为了表明他们博大深邃，之所以称之为大人，是为了表明他们超越世人。

圣人正因为以转化的眼光看待天地万物，所以泯灭了天地万物之间的界限，将天地万物化作了彼此不分的一。因而要得道，要达到那无知的真知，也就要像圣人那样以转化不定的眼光去理解事物。

（二）未始有物　至矣尽矣

在庄子那里，想要将天地万物及其之间的区别从心境中排除出去，以达到道，达到无知之真知，还有另一个方法，那就是从事物的根本上去理解事物。

从事物的根本上去理解事物包括两个方面：其一是从事物的源头上看待事物，体认千差万别的事物就源头而言是同一无别的，变动和转化的最后结局还是要回归于同一无别的源头；其二是从事物的本质上看待事物，体认千差万别的事物就本质而言是同一无别的，人们眼前的差别不过是同一无别的本质表现出来的现象。由此而领会天地万物存在的虚幻性，体认那永恒存在的、潜隐于差别深层的混一。

《齐物论》中有过两段非常深奥而又非常精彩的文字，分别从以上两个方面将人们的观念引向那无知的真知。

先从天地万物的源头讲，其文曰：

> 古之人，其知有所至矣！恶乎至？有以为未始有物者，至矣，尽矣，不可以加矣。其次以为有物矣，而未始有封也。其次以为有封焉，而未始有是非也。是非之彰也，道之所以亏也。道之所以亏，爱之所以成。果且有成与亏乎？果且无成与亏乎？有成与亏，故昭氏之鼓琴也；无成与亏，故昭氏之不鼓琴也。昭文之鼓琴也，师旷之枝策也，惠子之据梧也，三子之知几乎，皆其盛者也，故载之末年。唯其好之也，以异于彼，其好之也，欲以明之。彼非所明而明之，故以坚白之昧终。而其子以文之纶终，终身无成。若是可谓成乎？虽我亦成也。若是而不可谓成乎？物与我无成也。是故滑

疑之耀,圣人之所图也。为是不用而寓诸庸,此之谓以明。

其大意是说:古代的人,他们的智慧可以说达到了顶点了呀。怎么说是达到顶点了呢? 首先,有一种人认为世界上从来没有存在过什么物。这种认识真是到了顶点了、到了尽头了,再也没有什么好说的了。其次有一种人认为,世界上有物,但这种物没有界限可分,没有边际可寻。再次有一种人认为,这种物有界限可分,有边际可寻,但是却没有什么是与非的界定。而一旦有了明显的是非界定,大道也就因此而亏损了。

道由此而亏损了,而爱却由此形成了。

到底真的存在亏损与形成呢,还是不存在亏损和形成呢?

说存在亏损与形成的,以善于弹琴的昭文为例来说明:昭文善于弹琴,可是却不能同时弹出全部的声调来。当他弹商音的时候便把宫音给丢掉了,当他弹宫音的时候便商音给丢掉了。所以说,昭文之所以善于弹琴,就是因为他有所失而有所得,有所亏而有所成。

说不存在亏损与形成的,以昭文不弹琴为例来说明:人们说昭文善于弹琴,实际上他弹琴不如不弹琴。在他不弹琴的时候,虽然什么声音也没有弹出来,可是由此也什么声音都没有丢掉;虽然什么声音也没有形成,可是由此也什么声音都没有亏损。

昭文善于弹琴,师旷善于音律,惠施善于倚在茶几上高谈阔论。这三个人的才能可以说几乎到了尽头,都是最为高超的,所以久负盛名一直到死。正因为他们过分爱好他们的技巧了,所以与别的人有所不同;正因为他们爱好他们的技巧,所以总想把他们的技巧表白清楚。然而,他们所要表白的本来就是不能表白清楚的,所以最后也就只好像公孙龙一样,在表白不清楚一块石头的坚硬与白色是不是可以分离的理论之后,以不了了之而告终。而昭文的儿子继承了父亲的事业,干了一辈子,最后也没有什么成就。

如果像他们那样的也可以算是有所成就,那么像我这样没有成就的人也可以说是有成就的了。如果像他们那样的算不上有成就,那么我和其他人也就都没有什么成就了。所以,那些表面上靡乱的光彩,正是圣人所鄙弃的。因此只有将无意于使用自己的才能包含于自然使用自己的才能之中,才称得上是明白。

下面又从天地万物的本质讲:

物无非彼,物无非是。自彼则不见,自知则知之。故曰彼出于
是,是亦因彼。彼是方生之说也。虽然,方生方死,方死方生;方可
方不可,方不可方可;因是因非,因非因是。是以圣人不由,而照之
于天。亦因是也。是亦彼也,彼亦是也。彼亦一是非,此亦一是
非。果且有彼是乎哉?果且无彼是乎哉?彼是莫得其偶,谓之道
枢。枢始得其环中,以应无穷。是亦一无穷,非亦一无穷也。故曰
莫若以明。(《齐物论》)

其大意是说:世界上的事物,没有一种不被另一种事物称为彼的;所谓
"彼",也就是他人的那一方面。世界上的事物,没有一种事物不将自己视
为此的;所谓"此",也就是自己的这一方面。如果自己将自己这一方面视
之为"彼",这也就是没有了"此";因为没有了"此",所以也就看不见所谓
的"彼"了。只有知道自己这一方面是"此",才能够知道有"彼"的存在。
所以说:"彼"是由"此"的存在而存在的;反过来说,"此"也是依靠着"彼"
的存在而存在着的。这就是"彼"、"此"相互依赖而同时产生的一种说法。

　　既然两者是相互依赖而同时产生的,那么也就相互依赖而同时消亡;既
然两者相互依赖同时消亡,那么也就相互依赖而同时产生。将这样的道理
推广开来,任何两个相互对立的方面都是相互依赖而同时产生,相互依赖而
同时消亡的。可以与不可以是相互依赖而同时产生,相互依赖而同时消亡
的;是与非也是相互依赖而同时产生,相互依赖而同时消亡的。正因为如
此,所以圣人也就不去考察一个东西是这样而不是那样、是那样而不是这样
了,统统以天然和自然的角度去看待它们。

　　既然它们都是天然和自然的,也就不分什么彼此和是非了。此也就是
彼,彼也就是此;彼有彼的是非,此有此的是非。

　　难道真的存在着彼与此的区别吗?难道真的不存在彼与此的区别吗?
彼和此都失去了自己的对立面,这就是人们所追求的大道的枢纽。

　　得到了这个枢纽,就像是处在了一个圆圈的中心,能够与任何的事物相
照应,永远也没有穷尽。所谓是的方面是没有穷尽的,所谓非的方面也是没
有穷尽的。与其陷在那无穷无尽的是是非非之中不能自拔,倒不如用那无
是无非的道观照它们来得明白。

　　两段都说到了"以明"。"以明",就是达到明白。就是泯灭了世人所说

的"知识"，成了无知的愚痴；也就是达到了真知，得到了道。

昭文是中国古代有名的琴师，世人都说他善于弹琴。可是庄子却指出了他的致命缺陷，而这种缺陷与他所谓的善于弹琴恰恰有难以分割的联系。这就是他在弹琴的时候只弹出了一种声音而将其他的声音都丢掉了。因此，如果说他在弹琴上有成就的话，那么同时也就是在说他在弹琴上有亏欠。说他有成就而同时又说他有亏欠，那么他的成就也就没有成为真正的成就，说他有成就也就没有真正的意义了。因为真正的成就应该是完满的、无亏的。将这种情况归结成一句话，也就是说，说有成就也就是无成就。反过来说，只有当昭文不弹琴的时候，那才真正体现出了他的完满和无亏，因为此时他虽然一种声音也没有弹出，但也正因为一种声音也没有弹出，所以一种声音也没有丢掉。将这种情况也归结为一句话，也就是说，说无成就却是有成就。昭文、师旷、惠施的例子都说明了这一点。

说有成就也就是无成就，说无成就却是有成就，这样一来，有成就与无成就也就说不清楚了。

之所以说不清楚，并不在于人们弄不清楚，而在于事物原本就无所谓成就不成就，它们不过都是自然而然地以自己的性能在那里客观地存在而已。

就它们都在那里自然而然地存在而言，它们都是一样的，没有什么成与亏、彼与此、是与非的区别。因此，真正的智慧是不去区别它们，而统统将它们视之为天然和自然。所以说"圣人也就不去考察一个东西是这样而不是那样、是那样而不是这样了，统统从天然和自然的角度去看待它们"。

达到了这种境地，人也就达到了道，达到了明白，得到了真知。

达到了道，达到了明白，得到了真知，实际上也就是抛弃了常人划分彼此、判定是非、确定成亏的要求和方法，从彼此、是非和成亏这种没有结果的辨析中跳了出来，回归到了没有这种分界的宇宙的原本境界。

宇宙的原本境界没有什么界限，没有什么边际，是一片混沌，不存在后人所说的有形有象的"物"。只有体验到了无物，才可以说是真正认识了宇宙的原本，才可以说真正认识了天地万物的实质。所以说"古代的人，他们的智慧可以说达到了顶点了呀。怎么说是达到顶点了呢？有一种人认为世界上从来没有存在过什么物。这种认识真是到了顶点了，到了尽头了，再也没有什么好说的了。"

宇宙原本就没有什么彼此、是非、成亏的分别，没有可以相互区别、相互对立的具体的"物"。具体的"物"是宇宙逐渐演化而来的，是大道破损的结果。可是一些人却看不透这一点，只把自己的眼光停留在事物的表面，只把自己的眼光停留在事物与事物的区别和对立上，极力去分辨它们，极力去判定它们，而且以自己有分辨和判定能力而自豪，以此来炫耀自己的高超，因此就像昭文、师旷和惠施一样，陷入到了无知之中。而圣人、大人、真人跳出了物与物的差别，跳出了彼此、是非、成亏的辨析，与道融为一体，就像坐在了圆圈的中间，与圆的任何一点都能沟通，都能照应，无一遗漏，所以是对整个宇宙的完满把握，是对宇宙的真知。

由此，庄子通过对天地万物本原的论辨，将世人对事物的认识贬到了无须存在的地步，为人们摒弃知识、回归真知扫除了思想障碍。同时，就方法而言，做了一次引人消知入道、导人回归真知的示范。

说到这里，我们可以对庄子的智愚之辨做一评价了。

总的说来，庄子所谓的真知与常人所说的真知不是一回事。

常人所说的真知，是人对一个事物、一类事物或事物整体的数量、性质或有关情况作出的如实的判断，最后的表达方式是"是什么"或"不是什么"。庄子所说的真知是人在应合事物时对事物总体状态的一种体验，最后的表达方式是"怎么样"或"不怎么样"。如果将常人所说的真知说成是对客观事物存在的数量、性质和有关情况的如实感受和如实理解的话，可以把庄子所说的真知说成是对客观事物整体状态的超越感受和超越理解的直观体验。

应该说，感受、理解与直观体验是人对客观世界认知的两种方式。

运用前种方式，人的认识会遵循着从具体到抽象、从感性到理性的轨道不断深入和提高，最后达到对客观事物实在情况及本质属性的理解，它的结果往往以事物的形象、声色及其相互之间的逻辑秩序显示在人的脑海里。

运用后种方式，人的心理会在客观事物的刺激和影响下，引发出以往对客观事物的总体印象和综合性体验来，或许会在以往种种体验的基础上激发出新的体验。这种体验往往既不归于感性又不归于理性，是一种蒙眬的、笼统的下意识，它的结果往往以认识主体的灵感和本能反映出来。

运用前种方式达到的认知,主要是人的主观对客观事物的反映。这种反映的真实度和深度虽然受到人的主观素质的影响,但所反映的内容却是客观事物具有的。比如一个人看见水从高处往下流,产生了水从高处向下流的认识。这种认识的内容不是这个人的主观创造出来的,而是客观的水的流动在这个人的主观上的反映。

运用后种方式达到的体验,主要是人的主观对自身素质的反映。这种反映虽然受到当时刺激人的客观事物的影响,但所反映的内容却是人的主观对以往储存在自己心内的种种感触的加工和再创造。比如,一个人看见水往下流,体验到一种由上而下的气势,这种气势磅礴而宏大,犹如银河落九天,使他受到震撼。这种体验的内容不是外界所具有的,而是认识者主观创造的,是认识者原有主观素质的激发和再现。

这两种体认方式适用的范围不一样,产生的结果不一样,但却不是完全对立的。不但不是完全对立的,而且从运用的结果上说是相互补充、相互推动的。致力于前者,会增加有关客观世界的知识,致力于后者,会提高自己的心境。有关客观世界的知识越多,自己的心境便会越开阔,越机敏;自己的心境越开阔,越机敏,对客观世界的认识就越是可能更深刻。比如说,一个人怎么会有"犹如银河落九天"的体验呢?那或者是因为以往在对客观世界的观察中有过类似的见识,或者是在其他见识的基础上经过大脑的加工而创造出来的。不管是什么原因,可以肯定的一点是,如果这个人连一点有关客观世界的知识都没有,那是绝对不会有这种体验的。反过来说,如果人只会像镜子一样反映外界而没有一点个人的体验和灵感,那么他对外界的认识就不会深化。

如果我们的这种分析能够成立,那么可以说,庄子以其所说的真知否定人们对事物的如实感受和如实理解为真知是荒唐的。之所以说他荒唐,那是因为他违反了约定俗成的有关真知的界定。

按照人们约定俗成的界定,所谓"真知",是指人的头脑对客观事物的如实反映。既然如此,庄子将排除外物作为达到真知的前提,自然是一种奇谈怪论,因为按照这种思路去认识一种事物,就会离所要认识的事物越来越远,按照这种认识的结果办事,就将一事无成。比如人们要造一种车,可是却不去考察车的结构、车的原理、制车的材料,而是反其道而行之,认为离这些东西越远越好,结果将永远也造不出车来。

虽然如此,庄子有关真知的学说对人类智慧的发展仍有重要意义。这主要表现在如下三个方面:

其一是,它确立了一个人类认知世界的新途径,这就是体悟。

人们要达到真知,是不能脱离开对事物的接触、感受、分析、综合和理解的。可是这种认知的方式却不能穷尽世界上的一切事物。

世界上存在着这样一种情况,那就是不能理喻,越是理喻就越是发生错误。

比如现实生活中有这样一件事:一个过去曾在俄国住过一段时期的中国人,回到中国几十年几乎不再使用俄语讲话。一次,他的儿子从俄国回来,他不得不用俄语与之对话。但一语出口后连自己都不知道说的对不对。唯恐说错,于是马上再思索是不是合于语法,按照语法的要求慢慢地做些解释。可是他的儿子告诉他,不用解释,说的是对的,但所做的解释倒越听越糊涂。也就是说,按照他的本能说出来的是对的,按照他的理智说出来的却是错的。

庄子曾讲过类似的故事。说一位工匠善于造车,他削的楔子,不大不小,插在卯眼里不紧不松,正正好,得心应手已经到了出神入化的境地。这样的技巧可以说是很高超了,然而他自己却说不出其中的道理来,既不能传给自己的儿子,自己的儿子也学不到手。所以一直到七十多岁了还在亲自动手做车子。

这些情况都说明了一个问题,就是说,有的时候人们对一个事物并没有感性的认识或理性的认识,但却凭借着自身所有的自然应合能力与外界事物相契合。这种契合既难用一般的感性知识去达到,也难用一般的理性知识去达到,而且越是使用感性知识和理性知识,越是从事物的数量、性质和逻辑方面去考虑,就越是与想要达到的目的相龃龉。与之相反,越是坦然自若,越是放弃那些感性和理性的自觉努力,就越是与之相吻合。土话称这种情况为"寸劲"。

这种"寸劲"虽然通过磨炼可以实现,但却很少有人能从理论上讲清楚。人们都说这是经验的结晶,又说这是灵感的效应。实际上这两种说法都没有道出任何有助于人们思考的东西来。

　　令人惊叹的是,一般人难以解答的这个问题在道家的学说中却有系统的答案。而在这一系统的答案中,庄子起到了上承老子、下开后河的作用。

　　在道家看来,客观世界是一个有机的整体。如果把它分解开来,似乎条分缕析,可以对它的各个部件和纹理有一个清晰的认识和理解,因此人们往往觉得这便是对客观世界的深入认识。可是人们却忘记了一个最基本的事实,这就是,这种认识恰恰是对客观世界的割裂和肢解,因为原本的世界是一个相互联系的整体,而现在认识到的却是被拆散的互无联系的零件。整体不是零件,零件不是整体,就好像被解剖之后的麻雀只是麻雀的躯体和内脏而不再是活的、有生命的麻雀一样。立足于此,所以大哲学家庄子说,大道是一个没有分界的整体,无此无彼,无是无非,一旦有了彼此和是非的分别,大道也就亏损了。

　　要想对世界的本来面貌有个真实的领悟,就不能采取分析的方法、解剖的方法,而要采取整体摄取的方法。大哲学家老子把这个方法叫做“涤除玄览”。所谓“涤除”,就是打扫、清理,其意是要人们把自己的心境打扫得干干净净;所谓“玄览”,就是奇妙地观看,更确切一些说,就是奇妙地观照,把外界对象一下子整个地搬到自己的心中。现代人把老子的这种方法翻译成“直观体悟”。所谓“直观”,就是直接地、整体地、无有剖割、无有扭曲地观照;所谓“体悟”,就是用自己的全部身心去领悟。在道家看来,通过这种方法可以把外界对象直接地、整体地搬到自己的心中,而也可以说通过这种方法把自己融化到外界对象之中。这就是人与外界事物的吻合、契合。这就是人顺随万物之自然。这就是人们事业的成功之路。这也就是庄子讲的“真知”。这种所谓的“真知”不是一般意义上的真知,说到底,它是与事物整体的自然应合。它与一般真知的区别在于:一般真知是理性的产物,是在理解事物法则的基础上去遵循法则,而它是悟性的产物,是在整体上领悟事物的同时与事物达到吻合。

　　理性与悟性是人在接受外界事物时所持有的两种不同的心理机能。理性是解析性的心理机能,它像一把解剖刀,见到事物后,首先将事物解剖开来,之后进入其中了解事物的结构,了解事物各个组成部分之间的相互联系,在此基础上,再把事物的各个部件组装起来,由此达到对事物的整体理解。悟性是混沌性的心理机能,它不需要解剖事物,而是通过人的整个身心去直接感受事物,经过一定的磨合过程,将自己的身心与事物的整体自然地吻合在一起。

应该说,理性与悟性这两种心理机能,在人们的生活实践中各有所用,各有所长。

通过理性得到的认识是一种精确的认识、稳定的认识、能够复制的认识。比如我们经过理性的研究,认识到一个受精的鸡蛋在一定的温度下经过一定的时间就可变成小鸡,如果这个认识是全面的、正确的,那么只要按照相应的条件去操作,一个受精的鸡蛋肯定会变成小鸡。从这个角度看,理性的认识对人类智慧的积累和文明的发展有着开拓道路的功用。不过,每个事物在世界上都不是孤立存在的,它与周围事物有着千丝万缕的联系。这些联系不是人们的理性能够完全无漏地认识到的,一旦出现了重大的遗漏,操作的结果就会越出人们的预期设计。比如一个鸡蛋接触过放射性物质而人们不知道,以此鸡蛋孵小鸡则会事与愿违。除此而外,理性也有达不到的领域,比如北京百货大楼曾有一个糖果售货员,无论顾客要买一斤二斤,还是三两五两,他顺手抓去,拿到秤上一称,不相上下。这种功夫是用理性难以解释、难以达到的。

通过悟性得到的领悟是一种模糊的感受,它不具有恒久的稳定性。用这种感受去从事事务,有可能成功,但也不好说一定能够成功。这是悟性的局限性,由此人们给它一个不十分贴切的评价,说它没有科学性。然而悟性却能进入理性难以进入的领域,比如前面说的工匠造车,那就是靠不断磨炼,用身心体悟出来的。

客观世界是纷繁复杂的,事物之间的联系是多种多样的,事物的运变形式是不拘一格的。正因为如此,所以人和事物之间的应合关系就不可能只是一种样式。粗略考察起来,有合于事物条理的应合,有纯无规则的应合,有概率的应合,有大体相符的应合等等。

合于事物之理的应合就是我们上面谈到的用理性达到的应合;因为按照事物之理去做则必然成功,所以我们可以称之为必然性应合。

大体相符的应合就是我们上面谈到的用悟性达到的应合;因为按照悟性去做大体上是成功的,这种功果与预期目标之间的差距难以精确说出,所以我们称之为模糊性应合。

　　纯无规则的应合及合于概率的应合在此没有详述的必要,因为我们在这里只是要说明:用理性达到人与客观事物的应合,不是获取成功的唯一途径;用悟性达到人与客观事物的应合,不是无稽之谈;它们是人与外界事物和谐一致的两种方式,而且在人们的生活实践中是不可相互替代、而须互相补充的两种方式。

　　我们可以说,理性不是万能的,悟性不是可缺的。值得指出的是,发现悟性的存在,肯定悟性的功用,强调悟性在人们生活实践中的独特作用,并对悟性作出理论性解说,是道家在中国古代文化领域打开的一个奇妙世界,也是道家对中国古代思维发展的一大贡献。这一贡献的肇始者是老子,而庄子则将它扩展开来,做了描述性的说明和理论性的论述,使之成了一种自成体系的学说。

　　其二是,它揭示了体悟事物与感知事物的同时相逆性。

　　庄子有关真知的学说认为,人要达到真知,就必须把外物从自己的主观意识中排除干净。如果他所说的真知是建立在感知基础上的对事物的如实理解,那么,这一观点便是再荒唐也不过的了。如果我们认识到他所说的真知是指与事物整体的自然应合,就会感到,这一观点不但不荒唐,而且倒是一个非常有价值的发现。

　　做一下考察就会发现,一个人对外界事物的体悟能力并不是天生就有的,说到底,还是人与外物长期接触、长期磨合产生的。不过这个接触和磨合过程在人身上产生的内在能力,主要不是通过感性认识及理性认识的方式凝聚起来的,而是通过悟性凝聚起来的。因此在激发它的时候,也就不能通过感性和理性的方式来实现,而且越是要在感性上或理性上弄弄清楚,就越是弄不清楚。不但弄不清楚,而且会干扰已有的应合能力,使之难以正常发挥。那位被迫用俄语对话的人想用语法关系调整自己说出的俄语,结果不但不成,反而制造了混乱,就是一个很好的说明。因此说,越是在运用自己的应合能力的时候,就越要清除掉内心的事物形象,就越要避免对事物进行理性的思考。庄子要人们将外物从心内排除干净的观点正是具有这种意义。它告诉人们,在运用悟性体悟事物的时候不能同时使用感性和理性,在运用感性和理性认识事物的时候不能同时使用悟性。二者具有同时相逆性。这是对人类悟性特点的重要发现。

其三是,它揭示了对客观事物认识的相对真实性。

在不少人的头脑里存在着一种机械的、僵化的观念,总认为对一个事物认识了就是认识了,对一个事物不认识就是不认识。所以人们经常说"知之为知之,不知为不知",认为这才是真知。

这种观念没有大错,但却不准确,或者说是不全面,因为知与不知之间还存在着颇为微妙的关系。比如说在一个平面上,两点相连就形成一条直线,这好像是一条无可怀疑的真理。可是实际上这既是真理又不是真理,因为它只有在以地球为参照物时才能够成立,而一旦将范围扩展到宇宙,那就成了另一种情况,不仅两点相连成不了一条直线,而且根本就不存在所谓的平面。也就是说,人们有关这一认识的真实性并不是绝对的,它受着时空条件的影响。又如一个人出生于 1995 年 4 月 1 日零点零分零秒,他的周岁应该是 1996 年 4 月 1 日零点零分零秒之前的那一霎。然而,这仅仅是理论上的一种认定。在实践中,尽管这个时间是存在的,但是谁也捕捉不住它,因为时间在不断地流逝,时间的单位可以无限地分割。正因为如此,人们说这个孩子一周岁了,那也就只是一个大概。换句话说,因为世界在时间和空间上是无限的,事物在结构和属性上是无穷的,一个具体的存在物在存在形态上是无休止地变动的,所以人们对它们的认识也只能达到近似的真实,而不可能达到完全的真实。庄子有关真知的学说,由事物的无限性和瞬变性得出了事物存在的虚幻性,由事物的虚幻性得出了人对事物认识的虚假性,这个结论是错误的,但在论证这一问题时采用了相对的手法,揭示出了人们认识的相对性,使人们领悟到一个道理,那就是在人们所谓的真知中包含着错误与荒谬。这对人类克服认知领域中的绝对观念和僵化的思维方式有着重大意义。

第七章　材用之辨

　　天生我材必有用,这是民间流传的一句谚语。其意是说,既然一个人来到了人世,那就自然会有他的生存价值,虽然在有的时候体现不出来,那也只是因为客观的条件还不具备,一旦具备了适应于自己性能的条件,那就会如鱼得水,显示出来。由此激励那些身处逆境的人苦心磨砺,等待时机。

　　《庄子》书中也涉及材用的问题。之所以要讨论这样的问题,原因有两点:

　　其一是,材用问题与人生价值问题紧密相连,既然庄子将人生价值问题作为一个重要的论题做了多方面的论述,就不能不涉及材用问题。什么样的材有用? 什么样的材无用? 什么样的材有小用? 什么样的材有大用? 什么样的材表面有用而实际无用? 什么样的材表面无用而实际有用? 什么样的材无有小用而有大用？什么样的材无有大用而只有小用？这些问题辨证清楚了，才能将人生价值问题彻底弄清楚。

其二是，庄学自身的价值面临着考察，因为它主张超越人世，到那一无所有的境界去遨游，而且说了一大堆空话大话奇话怪话，对于人世有没有价值、有没有用处也就成了问题。对此庄子必须作出回答。

在这个问题上，庄子的观点与对其他问题的观点一脉相承，用一种超世的态度对待之。

在他看来，他的学说对一般的世人是无用的，因为它不能帮助世人争权夺利、求名求荣；不过正因为对一般的世人无用，所以也才有大用。所谓大用不是别的，一是有利于人的身体健康，二是有利于人的心境修养。

至于一般的材用关系，他有一整套的看法，那就是：小材只有小用，大材才有大用；有小用者显得有用，无小用者显得无用；显得有用实则无用，显得无用反有大用；有小用者不必卖弄，卖弄小用引火烧身；无小用者悠悠自得，无用之用其乐融融；有用招祸无用捐生，随时流转，逍遥坦然。要想探得其中之妙，则须跳出人世，立于大道。

一、大用无用

世上有这样一些东西，它们很大，大到了没有样子的程度，因而失去了使用价值。可是庄子却不以为然。在他看来，任何东西都有它的使用价值，小有小的使用价值，大有大的使用价值。那些大而无当的东西，不是没有使用价值，而是常人认识不到它的使用价值。之所以认识不到，那是因为它的价值太大了，大到了常人之智难以达到的程度。

当庄子的学说遭到无用的非议时，庄子以这样的观点来辩护。在他看来，不是他的学说无用，而是世人的智慧没有达到理解它和使用它的高度。

（一）大瓢无用　可浮江湖

庄子与惠施是好朋友，不过二人经常辩论，也正因如此，所以才达到了难分难舍的程度。惠施死后，视生死为一体的庄子竟然极为感慨，说："自夫子之死也,吾无以为质矣,吾无与言之矣!"(《徐无鬼》)意思是说,自从惠施死后,再也没有我的搭档了,再也没有与我说话的人了!

在惠施看来,庄子的学说虽然很恢弘,庄子的言语虽然很华美,但却大而无当,所以经常编造一些故事来讽刺他,从而引发了庄子关于材用的论辨。

《逍遥游》就记述过这样的故事。故事说:

> 惠子谓庄子曰:"魏王贻我大瓠之种,我树之成而实五石,以盛水浆,其坚不能自举也。剖之以为瓢,则瓠落无所容。非不呺然大也,吾为其无用而掊之。"

> 庄子曰:"夫子固拙于用大矣。宋人有善为不龟手之药者,世世以洴澼絖为事。客闻之,请买其方百金。聚族而谋曰:'我世世为洴澼絖,不过数金;今一朝而鬻技百金,请与之。'客得之,以说吴王。越有难,吴王使之将,冬与越人水战,大败越人,裂地而封之。能不龟手,一也;或以封,或不免于洴澼絖,则所用之异也。今子有五石之瓠,何不虑以为大樽而浮乎江湖,而忧其瓠落无所容?则夫子犹有蓬之心也夫!"

"蓬之心",卷曲繁杂、短小浅薄的心境;意指惠施的目光短浅、智慧不足。

文意大概是这样的:惠施对庄子说:"魏王送给了我一个大葫芦种子,我把它种了下去,没想到培育出来的葫芦太大了,竟然能在里面存放五石粮食。我想用它来存水,可是它的皮太脆,没有力量承受;我把它剖开当瓢用,可是它太大,没有水缸能够容纳它。它太大,大到了无所适用的地步,所以我一生气,就把它给砸碎了。"

庄子笑笑说:"以我之见,不是瓢大而无用,而是先生不懂得如何使用大的东西。您没有听说过吗,过去宋国有一个人,善于配制不皲手的药,正因为有这种技能,所以他家世世代代都在从事漂洗纱絮的工作。有一位南方的客人听说这件事后想花百方金子买他家的药方,这个家族聚在一起商量了起来。大家都说:'我们家世世代代从事于漂洗纱絮,一年下来顶多不过挣几方金子。现在只是出卖不皲手的药方就能得到百方金子,这么好的事情哪有不做的道理呢?'于是便把药方卖给了人家。那位客人将这个方子献给了吴国的国王。后来吴国与越国进行水战,用这个方子制成药,涂在手上防冻裂,而越国将士却经不起水洒风吹,个个皮裂指肿,难以使用兵器,被吴军打得大败而逃,最后只好向吴国献地求降。同样是这一种药方,作为一种不裂手的技术,并没有发生变化,可是一种人用它只能漂洗纱絮,而另一种人却能用它扩展疆域。这是在使用方法上的区别呀!现在先生有一个可放五石粮食的葫芦,为什么不把它剖开做成小舟漂浮于江湖之上,而却在那里为其没有用处而犯愁呢? 由此可见,先生还有不达事理的地方呀!"

在先秦诸子百家争鸣过程中,老庄之学独树一帜,以宏大坦荡、不拘细微、扫视环宇、逍遥无为而闻名于世。正因为如此,所以不为拘于人事、谨小慎微的人们所理解。老子已经感受到了这一点,所以曾经说过"吾言甚易知甚易行,而天下莫能知莫能行"。庄子在老子思想的基础上更向无所拘束的方向发展了一步,并以许多神秘离奇的寓言故事表述其意,更为一般人所不解,因此有大而无当之嫌。这个故事以惠施与庄子对话为线索,对大而无当的问题进行了辨析。

惠施虽然对庄子的学说很有看法,认为它大而无当,但却没有当面点破这个问题,而是用喻比的方式,将庄子学说比喻为大而无用的葫芦。说庄子的学说徒有大形,而无所用,它的前途只能是毁而弃之。

庄子的回答很巧妙,不但为那大而空乏的葫芦找到了用途,而且找到的是一般物件难以具有的妙用。你看那浮于江湖、无所事事的情景是何等的悠闲自在,难道不比那用于沽名钓誉的仁义、束人手脚的礼仪更为潇洒吗?

庄子的回答很巧妙,不但为惠施本以为绝对无用的葫芦找到了用途,而且也为自己反唇相讥提供了可乘之机。本来很有妙用的葫芦,惠施不但看不出它的用处,而且给砸了,岂不愚钝! 所以庄子说他目光短浅,智慧不足。

(二)无用之木 可供逍遥

惠施并没有被庄子的辩驳所折服,只是觉得自己所做的比喻有漏洞,叫庄子钻了空子,所以又做了一个比喻,并直接道出了这个比喻的本意:这是说庄子的学说大而无当。由此庄子做了第二次答辩。

下面是记述的原文:

惠子谓庄子曰:"吾有大树,人谓之樗。其大本拥肿而不中绳墨,其小枝卷曲而不中规矩,立之途,匠者不顾。今子之言,大而无用,众所同去也。"

　　庄子曰:"子独不见狸狌乎? 卑身而伏,以候敖者;东西跳梁,不辟高下;中于机辟,死于罔罟。今夫斄牛,其大若垂天之云。此能为大矣,而不能执鼠。今子有大树,患其无用,何不树之于无何有之乡,广莫之野,彷徨乎无为其侧,逍遥乎寝卧其下。不夭斤斧,物无害者,无所可用,安所困苦哉!"(《逍遥游》)

其文意大概是这样的:

　　惠施又说:"我有一棵大树,人们称之为樗。说它大,也大得太没有样子了。它的根部臃肿无度,难用绳墨打出直线;它的小枝卷曲盘转,难用规矩量出方圆。因为它什么用处也没有,所以立在大路旁边,没有一个木匠看它一眼。我看先生的言论也与这棵大树不相上下,大而无用,所以人们都把它抛在一边。"

　　庄子说:"先生没有见过山里的野猫吗? 它低低地伏着身子,等待着那满不在乎的猎物,一旦时机到来,便嗖地一声窜出,东跳西扑,不辟高下。这可以说是很有技巧了吧? 可是不小心就中了那猎人的机关,死在捕获野兽的网罟之中。而你看那旄牛,大若遮天之云,能负重致远,却不能捉鼠。这就是有大用者不能有小用的例子。先生既然有大树,并为它无用而犯愁,为什么不把它植于无何有之乡,立于无人烟之野,在它旁边徘徊散步,在它下面逍遥寝卧? 这是何等的快乐啊! 像这样的大树,不受刀斧之祸,不受它物宰割,即使说它无所可用,那又有什么值得忧愁的呢?"

　　惠施这次以樗树来比喻庄子的学说,说它根无用,枝无用,木匠连看都不看它一眼,可见它已经到了无用之极。可是他忽视了一点,只把自己的眼光局限在了樗树木材的使用方面,而没有想到除了木材的使用之外,大树还有其他的用处,比如用以乘凉。

　　庄子予以反驳的突破口首先就选在了思路上,他跳出了惠施的眼界,认为宇宙是广阔的,事物的用途是多方面的,从这方面看上去好似无用,而从那方面看又是有用的,站在人世的角度看是无用的,站在宇宙原本的角度,站在大道的角度看却是有用的。

　　庄子认为,惠施说自己的学说无用,那是因为他没有跳出世人的眼界;一旦跳出世人的眼界,进入大道的境界,进入那无何有之乡,进入方外,就能

197

感到自己学说给人们带来的凉爽和惬意,就像那樗树之荫给人们带来的凉爽和惬意一样,怎么能说无用呢? 要说无用也可以,不过那是指无世人之用,而这种无用恰恰是有大用,这就是供人逍遥,引人入道。

退一步说,它的无用还有保护自己不受伤害的功用。除了带人进入那悠悠自得的大道之外,没有比这再大的功用了。这也是无用而有大用的一个证据。

二、无用养生

引人进入大道,这样的大用可能一时还难以让更多的人理解,那么保护自己、使自己享尽天年,这样的用处不仅道家至为重视,而且世人也很看重,所以庄子又讲了一些无用而能保身的故事,以此说明无用之有大用。

(一)求无所用 以保长生

大概是由于惠施曾以大树比喻庄子学说的无用,所以庄子也以大树为喻,以此说明大而无用的东西最起码的用处是可以保命,可以长生。

《人间世》有一个故事说:

> 匠石之齐,至于曲辕,见栎社树。其大蔽数千牛,絜之百围,其高临山十仞而后有枝,其可以为舟者旁十数。观者如市,匠伯不顾,遂行不辍。
>
> 弟子厌观之,走及匠石,曰:"自吾执斧斤以随夫子,未尝见材如此其美也。先生不肯视,行不辍,何邪?"
>
> 曰:"已矣,勿言之矣! 散木也,以为舟则沉,以为棺椁则速腐,以为器则速毁,以为门户则液㨮,以为柱则蠹。是不材之木也,无所可用,故能若是之寿。"
>
> 匠石归,栎社见梦曰:"女将恶乎比予哉? 若将比予于文木邪? 夫柤梨橘柚,果蓏之属,实熟则剥,剥则辱;大枝折,小枝泄。此以其能苦其生者也,故不终其天年而中道夭,自掊击于世俗者也。物莫不若是。且予求无所可用久矣,几死,乃今得之,为予大

用。使予也而有用,且得有此大也邪? 且也若与予也皆物也,奈何
哉其相物也? 而几死之散人,又恶知散木!"

匠石觉而诊其梦。弟子曰:"趣取无用,则为社何邪?"

曰:"密! 若无言! 彼亦直寄焉,以为不知己者诟厉也。不为
社者,且几有翦乎! 且也彼其所保与众异,而以义喻之,不亦
远乎!"

故事的大意是说:

有一位姓石的木匠要去齐国,走到曲辕的时候见土神庙旁有一棵栎树。
它很大很大,下面可蔽数千头牛,树干周长百十来围,高过山顶数十丈才伸
出枝杈,枝杈之粗可以做十数个木舟。观看的人们像是赶集一样,可是石木
匠见之却头也不偏一下,脚步不停,继续赶他的路。

木匠的徒弟走到树的跟前美美地观赏了一番,之后赶上他的师傅说:
"师傅,师傅! 自从徒弟跟从师傅学习木匠手艺以来,根本没有见过这么美
的木材,可是师傅连一眼都不看,只管走自己的路,这是为什么?"

木匠说:"快走吧,不要说它了! 那不过是一个散木而已。"

徒弟问:"什么是散木?"

木匠说:"闲散无用之木谓之散木。用它做舟,它会沉到水底;用它做
棺,它会很快腐烂;用它做器,它会很快碎散;用它做门,它会渗出液汗;用它
做柱,它会受到虫蠹。这是一个不能用作材料的木头啊! 正因为是一个不
材之木,所以才可能活这么长的年代。"

木匠回到家后做了一个梦。梦见那棵栎树前来责问他说:"你拿什么
东西和我相比呀! 你是不是拿那些有纹路的树木和我相比? 要知道,那些
果树、梨树、橘树、柚树,都是能生果实的树木,一旦果实熟了,人们就要上到
它们身上采摘。上到它们身上,不但压它、蹬它,使它受到欺侮,而且时不时
地折断它的大枝,扯下它的小枝,使它受到摧残。这些都是用自己的才能折
磨自己生命的树木啊! 正因为这样,所以它们往往活不到应该活到的寿命
就中间夭折了。之所以夭折,都是因为局限于世俗的眼光而自己遭害自己
的缘故啊! 一般的东西都逃不出这样的命运,而我却与它们不一样。我走
的是一条无有才能而力求保命的道路。即使这样,也还有几次险些丧命呢!
不过现在我终于找到了这样的道路,这是我的大才啊! 假如我有一般树木

的才能,难道还能得到现在的大才吗? 再说你和我都是物类呀,为什么这样挖苦我呢? 你这个快要死的闲散之人,哪里能理解闲散之木呢?"

木匠醒后,与弟子一起分析这梦。弟子说:"既然它追求无用,那何必要立于土神庙旁,去做土神庙的树呢?"

木匠说:"小点声! 快别说了! 它这也只是一种借助而已,它知道不理解它的人会为此骂它。假如它不借助于土神庙,那不就有被人剪断的危险吗? 况且像它这样的东西,所要保存的与其他的东西不一样,只要达到保存生命的目的也就行了,其他的事情对它来说无关紧要。而你却以常人的道德衡量它,这不就差得太远了吗?"

栎树正因为无用,所以才保存了自己的生命,以至于能活得长久,长得高大。这就是所谓的无用之用。用是多方面的:有功利之用,比如能用来做器物,能用来当工具;有消遣之用,比如能用来观赏,能用来娱乐;有为他之用,比如能供他人饮食,能为他人服务;有为己之用,比如能用来防身,能用来长寿,等等。木匠说栎树无用,那是因为他的目光狭小,只看到了事物用途的一个部分;栎树说自己所追求的恰是无用,因为无用有无用之用,这无用之用是那有用之用远远不能相比的。之所以得出了相反的结论,那是因为它超出了木匠所说的功用范围,以存身保命为用。

这个故事不仅是说世界上的事物是纷繁多样的,事物的功能是无穷无尽的,不能以一己之见衡量天下之物,不能以一种之能局限天下之能,而且是说小用不能囊括大用,没有小用恰是因为有大用。

在这个故事里,庄子以养身保命为大用,表述了道家学说的一种基本观点。道家讲究自然无为,既不追求长生,也不回避早死。不过它认为,只要顺物自然,就能享尽天年。只要享尽天年,也就是所谓的长生了。从这种观点出发,道家学说带有一种重身贵生的色彩。不过这已经不是本章所要述说的内容了。

《人间世》还讲了一个类似的故事。故事说:

> 南伯子綦游乎商之丘,见大木焉有异,结驷千乘,隐将芘其所藾。子綦曰:"此何木也哉? 此必有异材夫!"仰而视其细枝,则拳曲而不可以为栋梁;俯而视其大根,则轴解而不可以为棺椁;舐其叶,则口烂而为伤;嗅之,则使人狂酲,三日而不已。

　　子綦曰:"此果不材之木也,以至于此其大也。磋乎神人,以
此不材!

故事的大意是说:南伯子綦到商丘游览,看见一棵非常奇异的大树,在它的
树荫下能停放千乘马车。子綦惊叹说:"这是一棵什么树哟,一定是一个有
特殊用途的材料!"他抬头细看那树枝,只见卷卷曲曲,没有一根能做栋梁
的;低头观察那树根,只见疙疙瘩瘩,没有一处能做棺材的;张口舔舔那树
叶,觉得艰涩苦辣,把口角和舌头都沾烂了;用鼻嗅嗅那气味,觉得迷糊不
清,三天都缓不过劲来。这时候南伯子綦才省悟道:"这果然是一棵不成材
的树木呀! 正因为如此,所以才能长这么大。那些神人之所以成为神人,正
是借助于这种不成材的才气呀!"

　　这个故事不但讲无用可以保身,而且在此基础又引申了一步,将无用而
有大用引申到了修神。认为神人就是通过无用才进入大道的。什么是无
用? 不是别的,正是庄子那游于无何有之乡而无用于世事的学说。不过这
里没有直接点明而已。

(二)支离其形　足以养身

　　在庄子看来,不仅大树,其他的事物也是一样,奇形怪状,不堪入目的丑
东西,从表面来看毫无用处,而实际上却另有妙用。不说别的,就其能够使
自己平安度日、享尽天年这一点而言,其他东西就比不过它。

　　庄子讲了一个"支离疏终天年"的故事,其意就在于此。故事说:

　　支离疏者,颐隐于脐,肩高于顶,会撮指天,五管在上,两髀为
胁。挫针治繲,足以糊口;鼓荚播精,足以食十人。上征武士,则支
离攘臂而游于其间;上有大役,则支离以有常疾不受功;上与病者
粟,则受三钟与十束薪。夫支离其形者,犹足以养其身,终其天年,
又况支离其德者乎!(《人间世》)

"支离",形畸体残之意。故事的大意是:

　　有一个叫做支离疏的人,脸面被包在了肚脐之下,双肩竖在了头顶之
上,两腿挟胁而臀部为足,发髻上指而五官朝天。即使如此,以缝补为业而
足以糊口,以筛谷为务而足以养家。国家征兵,他可以大摇大摆在征兵场所
走来走去;国有徭役,他因体残而免于征集;国家扶贫,他因失去劳力而获得

三钟粟和十捆柴的救济。破碎身体的人尚且可以保存自己的身体,享尽天年,何况破碎志向的人呢?

残体畸形,对于当兵打仗来说那是没有用处了,可是对于维护自己的生命来说却能起到常人所难以起到的作用。庄子以此推论说,志向破碎、无所用心,那将给人带来更大的好处。因为志向破碎比形体残畸更深入了一层,不仅不使用形体,连心思也不使用了。无所用心,无思无虑,也就会将自己完全融入自然之中,融入大道之中,顺水而流,随风起舞,那还有什么祸患可言呢?

庄子又举例说:

> 宋有荆氏者,宜楸柏桑。其拱把而上者,求狙猴之杙者斩之;三围四围,求高名之丽者斩之;七围八围,贵人富商之家求樿傍者斩之。故未终其天年,而中道之夭于斧斤,此材之患也。故解之以牛之白颡者与豚之亢鼻者,与人有痔病者不可以适河。此皆巫祝以知之矣,所以为不祥也。此乃神人之所以为大祥也。(《人间世》)

其大意是说:宋国有一个地方,叫荆氏。这里的气候适宜于种植楸树、柏树和桑树,可是没有一种树能够享尽天年的。长成一把粗的,那些养猴的砍去做了供猴攀援的架子;长成三围四围的,那些盖高屋的砍去做了支撑屋顶的栋梁;长成七围八围的,那些富贵人家砍去做了四面独板的棺材。它们之所以没有到老就被人们用刀斧砍断了,祸根在于它们有用呀。古代祭祀河神,不使用白额之牛、翘鼻之猪和有痔之人。之所以这样,在巫人看来,那是因为它们不吉祥呀。可是正是这些不吉祥,在神看来是最大的吉祥,因为它们可以借此免于损伤性命。

那些有用的树没有一棵能活到老的,原因就在于它们有用。人争用之,所以将它们一棵一棵地砍掉了。那些白额之牛、翘鼻之猪和有痔之人却能保住自己的性命,原因就在于形体变异、失去功用,巫祝恶之。这和上面讲到的道理是一样的。

世人以形体变异为不祥,而神人却以形体变异为吉祥,因为变异使人脱离了世人的灾难,进入无忧自得的境地。此处乃是在暗喻庄学怪诞,为庸人所笑而为真人所喜。

三、材用伤身

神人求无用,世人求成材,理在其中。因为这两种人的精神境界不一样。神人追求的是生活安定、心境坦然,而世人追求的是荣华富贵、名利爵禄。虽然说人生在世各有其趣,但是两种追求带来的却是两种截然不同的结果。前者平平淡淡,逍遥恬适;后者大起大落,宠辱皆惊。平淡恬适者颐养天年,宠辱皆惊者劳心伤身。这是庄子对世人的忠告。

(一)虚己游世　孰能害之

庄子辨材用,与其对人生价值的理解有密切关系。在他看来,人生在世本来就是自然而然的事情,既不是人追求所能得到的结果,也不是人逃避所能逃脱的事情;人在世上的境遇也是自然而然的事情,无论是世人所谓的荣华富贵,还是世人所说的穷贱寒酸,都不是人的主观意志所能求得或避免的。做一个纯朴的人,既不要追求什么,也不要逃避什么,一切都要顺从自然,既来之则安之。只有这样才能活得安闲自在,无忧无虑。不过世人都看不透这一点,往往把那些身外之物当成自己的宝贝,当成对自己最有价值、最有用的东西,也当成自己才能的象征,抱在怀里,藏在柜中,唯恐有失。孰不知,这样一来,这些所谓的财宝不但不能给自己带来什么幸福,反而成了一块心病,背着沉重,丢了心疼。而且自己认为有用、可贵的东西,也正是他人窥伺欲夺的东西,弄得不好,为此还可能丧了命。由此看来,这些所谓的有用之物不但对人无用而且还极为有害。

庄子讲了一个"宜僚除君忧"的故事,就是站在这样的高度看待材用问题的。故事说:

> 市南宜僚见鲁侯,鲁侯有忧色。市南子曰:"君有忧色,何也?"
>
> 鲁侯曰:"吾学先王之道,修先君之业;吾敬鬼尊贤,亲而行之,无须臾离居;然不免于患,吾是以忧。"
>
> 市南子曰:"君之除患之术浅矣!夫丰狐文豹,栖于山林,伏

203

于岩穴,静也;夜行昼居,戒也;虽饥渴隐约,犹旦胥疏于江湖之上而求食焉,定也;然且不免于罔罗机辟之患。是何罪之有哉? 其皮为之灾也。今鲁国独非君之皮邪? 吾愿君刳形去皮,洒心去欲,而游于无人之野。南越有邑焉,名为建德之中。其民愚而朴,少私而寡欲;知作而不知藏,与而不求其报;不知义之所适,不知礼之所将;猖狂妄行,乃蹈乎大方;其生可乐,其死可葬。吾愿君去国损俗,与道相辅而行。”

君曰:“彼其道远而险,又有江山,我无舟车,奈何?”

市南子曰:“君无形倨,无留居,以为君车。”

君曰:“彼其道幽远而无人,吾谁与为邻? 吾无粮,我无食,安得而至焉?”

市南子曰:“少君之费,寡君之欲,虽无粮而乃足。君其涉于江而浮于海,望之而不见其崖,愈往而不知其所穷。送君者皆自崖而反,君自此远矣! 故有人者累,见有于人者忧。故尧非有人,非见有于人也。吾愿去君之累,除君之忧,而独与道游于大莫之国。方舟而济于河,有虚船来触舟,虽有偏心之人不怒;有一人在其上,则呼张歙之;一呼而不闻,再呼而不闻,于是三呼邪,则必以恶声随之。向也不怒而今也怒,向也虚而今也实。人能虚己以游世,其孰能害之!”(《山木》)

故事的大意是说:居住在市南的熊宜僚来拜访鲁国的君王,看见鲁君面带忧色,因而问道:“我看君王面有忧色,为什么呢?”

鲁君说:“我学习先王治国的方略,建立先君所要创建的事业,敬重鬼神而尊敬圣贤,不敢有一丝一毫的改变,可是仍然难以避免祸患。我正在为此而犯愁呢!”

宜僚说:“君王之所以难以避免祸患,原因在于没有找到根本的方法。君王没有听说过丰满的狐狸和文身的豹子吗? 它们住在山林之中,伏于岩穴之内,可以说是很沉静的了;晚上出来行走,白天留在洞里,可以说是很警戒的了;虽然饥渴难忍,也很少到江湖之上去觅食,可以说是很坚定的了。然而却免不了掉在猎人的网罗之中,中猎人的机关埋伏,以至于丧失性命。这是为什么呢? 是因为它们没有从根本上消除自己的危险。这个危险并不在于它们有什么罪过,而在于它们身上的珍贵皮毛。是它们身上那珍贵的皮毛给它们带来了灾祸。君王您之所以不能免于祸患,不是由于别的原因,也是因为您的身上有珍贵的皮毛,这个皮毛就是鲁国的君位。要想从根本上摆脱危险,就须脱去这张人人都想得到的皮,消除世俗之人所有的欲,进入那什么东西也不追求、一无所有的境地。您没有听说过越国之南的建德之国吗?在那个国度里,人们愚钝而纯朴,少私而寡欲,只知劳作而不知收藏,只知给予而不知求报,不知道怎么做才合乎义,不知道怎么做才合于礼,想要怎么做就怎么做,想要怎么行就怎么行,把自己的身心完全融化到了大自然之中,出生了他们也很快乐,死亡了埋葬之后就算了事。到了这样的境界还有什么祸患可言呢?所以我劝君王您快快离开您的国家,抛弃世俗的追求,伴随着大道去漫游吧!"

鲁君说:"您说的那条大道又远又险,还有大江和高山,我没有渡河的舟楫,也没有行路的车骑,怎么上路呢?"

宜僚说:"只要您放下君王的架子,抛掉虚荣的追求,这就是您的舟楫,这就是您的车骑。"

鲁君说:"您说的那条大道幽静而无人,谁与我为邻?我既无粮食又无盘缠,怎能走到终点?"

宜僚说:"只要减少君王的费用,清除君王的欲望,即使没有粮食,也会感到充足。到那时候,您渡过江河而漂于大海,向前望去,无边无际,越往前走越是没有尽头。送您的人送到岸边上都掉头而归了,只剩下您一个人越走越远,眼前是茫茫一片,不知其边。您可曾听说过?身体拥有人的人感到很累,而被人拥有的人感到忧愁。所以尧帝既不拥有人,也不被人拥有。我现在想要为君王消除劳累,解除忧愁,而让君王顺着大道游历到什么也没有的国家去。您要知道,当您乘着小舟渡河的时候,如果有一只空船撞了您,虽然把您的小舟撞翻了,您也口无怨言。如果船上站着一个人,您就会呼喊他;呼一声他听不见,呼两声他还听不见,当您呼第三声的时候,就会出言不逊了。同样是被船撞了,为什么所表现出的态度不一样呢?那是因为前面说的是一只空船而后面说的是人驾的船。由此看来,虚空的东西是最不遭人怒斥的了。您如果能把自己前后左右的人、内外表里的物都排除干净,成为一个身心虚空而与道同游的人,那还有谁能危害您呢?您还有什么可忧愁的呢?"

鲁君之所以忧愁,是因为有祸患威胁着他。之所以有祸患在威胁他,是因为他背着沉重的包袱。这个包袱不是别的,恰恰是他不想放弃也难以放弃的人世欲望,是君位,是荣华,是权力地位,是物质享受。这些东西,就好像是丰满的狐狸之皮、珍贵的纹豹之毛,看上去美丽,着于身温暖,在一般人的眼中,是非常有用、人人追求的。也正因为如此,所以成了自身的祸根、生命的灾星。由此庄子将其视为使人受累、使人担忧的东西。舍弃这些有用的东西,放弃自己的追求,在一般人看来,这就成了一个无能之辈,而在庄子看来却是割掉了人生的累赘。舍弃人世物欲,自身归于空虚,就像是一条既不载人也不载物的无用空船一样。虽然无用,却不惹人之怒,却不受人之害,永远随水漂游,自由自在。这就是庄子所描绘的无小用而有大用的境界,这就是庄子所向往的一无所有、无所牵挂的神人境界。庄子认为,达到了这种虚无的境界也就无祸患可言了。

鲁君是个凡夫俗子,无论如何也理解不了宜僚所指出的大道,他用凡人的眼光看待顺道而行,以为走这条大道还需要物质载体,还需要粮食车马。也就是说,他仍脱离不了事物之间性能差别的观念,仍然脱离不了世人所谓事物功用的观念,而这恰恰是走上大道的障碍。因为顺道而行,正是要超越具体物质之间的区别,把一切事物都视为自然存在、自然生灭的东西;正是要抛开物质功用的不同,把一切功用都视为事物自身性能的自然而然的体现。也就是说,不分高下大小,不别轻重缓急,都将它们归为自然如此的一类;不分红黄蓝白,不别酸甜苦辣,对它们都采取顺其自然的一种态度。达到了这种境界,在自己的眼中也就没有事物之间的差别、有用与无用的界限了,在自己的心中也就没有什么需要和追求了。既然如此,哪里还会有忧愁和烦恼呢? 所以宜僚说:"只要您放下君王的架子,抛掉虚荣的追求,这就是您的舟楫,这就是您的车骑";"只要减少君王的费用,清除君王的欲望,即使没有粮食,也会感到充足"。

解剖开来,这个故事包含着三层意思:

其一是,人世所谓有用的东西是一种祸患,不但给人带来遭劫的危险,而且还可能像丰狐之皮、纹豹之毛一样,带来杀身之祸。

其二是,人从珍视外物开始,就在自己的心中留下了烦恼的酵母。无之眼红,有之心惊,从少到壮,从壮到老,所谓珍物对自己的用处没有别的,不过是无有休止的骚扰。

其三是,要想从患祸的危险和无止的烦恼中摆脱出来,唯一的办法是将外物从自己的心中排除干净。达到了无私无欲、无物无我之境,也就可以坦然平静、逍遥自在了。对自己来说,这就是最大的价值,最大的用处;而用世人的眼光来衡量,这恰恰没有了价值,没有了用处,一方面自己对外物没有什么用处,另一方面外物对自己也没有什么用处。在这种境界中,实际上也就无所谓自我和外物了,内外混然为一,同归混沌。

可以看出,庄子关于有用伤身、求无所用的思想,与他的方外之说是一脉相承的。

(二)伐巧恃便　自寻祸患

以用为用,以能为能,世人很难跳出这个框框。不过人与人还是有一定区别的。有些人藏能不用,这样的能还无甚大害;有些人量能而用,这样的能就有危险了,因为自己的能力有多大,在什么样的情况之下才能适用,这是很难确定的;再有一种人则炫耀己能,唯恐显不出自己,这样的能可就太危险了,它会给人带来灾祸,实在是人生之大戒。

为了使人有所借鉴,《徐无鬼》中讲述了一个"猕猴逞能身先死"的故事。故事说:

> 吴王浮于江,登乎狙之山。众狙见之,恂然弃而走,逃于深蓁。有一狙焉,委蛇攫搔,见巧乎王。王射之,敏给搏捷矢。王命相者趋射之,狙执死。
>
> 王顾谓其友颜不疑曰:"之狙也,伐其巧恃其便以敖予,以至此殛也! 戒之哉! 嗟乎,无以汝色骄人哉!"
>
> 颜不疑归而师董梧以助其色,去乐辞显,三年而国人称之。

"伐其巧恃其便以敖予",意谓炫耀它的灵巧,依仗它的便捷,在我的面前傲慢无礼。故事的大意是说:

吴王在长江上泛舟之后,又登上了猕猴山。猕猴们见有人来了,都纷纷逃避,躲到了草丛之中。有一只老猴却与众不同,不但不逃,反而在那里上下跳跃,抓耳挠腮,炫耀自己的敏捷。吴王拉弓搭箭要射它,它一点也不害怕,等那飞箭来到身边,轻轻地伸出前爪,灵巧地捉住了箭杆。吴王一看大怒,下令让众人一齐射它,把它射死了。

吴王对他的好友颜不疑说:"这个猴子,在我的面前卖弄它的技巧,以至于遭到这样的下场,而那些没有技巧的猴子们却得以活命。可见是技巧害得它丧了命。真是值得人们借鉴啊!一定要记住,千万不要在人的面前逞能持傲呀!"

颜不疑回去后拜董梧为师,学着消除自己身上的傲气。他一不弹琴奏乐,二不出头露面。三年过去了,全国的人民都赞扬他。

老猴之所以死了,一是因为它有技巧,二是因为它在人的面前卖弄技巧;其他猴子之所以没有死,一是因为没有技巧,二是即使有技巧也隐而不露。可见,有技巧不如无技巧,显露技巧不如不显露技巧;技巧只是小用而无技巧才是大用,有技巧只能攀援而无技巧却能活命。这是本故事所要说明的一个道理。

从表面来看,这个道理并不充分,可是将它纳入庄子的思想体系之中,就会显示出其合理性。

在庄子看来,任何事物都有它自身特有的属性和功能,不过它的属性和功能既是自然环境所造就的,也只有在与之相适应的自然环境中才能发挥功用。用一句话来表述,也就是说,任何事物都是自然而然的。这就是不同中的一致、特殊中的共同。从这个角度看问题,也就无所谓什么技巧和功用了,因为不管任何的技巧和功用都不过是自然而然的一种表现。从这个角度看问题,也就无所谓显示自己的技巧和功用了,因为它们都不过是自然而然的流露。因此,在庄子的思想体系中,所谓施展自己的技巧和功能、显示自己的技巧和功能并不是指一般的运用自己的技巧与功能,它们的区别就在于,前者脱离了自然而后者是顺其自然。所谓脱离了自然,也就是在与自己的技巧和功能不相适应的场合、不相适应的范围展示自己的本事;所谓顺其自然,也就是在与自然的技巧和功能相适应的场合、相适应的范围自然流露自己的本事。

由此看来,这个故事的蕴意也就很容易理解了。它是在说,一个人的本事再大,也要顺应自然,谦虚谨慎。不顺应自然,强逞其能,或者在人们面前炫耀自己,都会遭到报应。强逞其能遭报应是因为违背了自然的法则,人前炫耀遭报应是因为违背了人的心理特性。从自然法则来说,违背自然,强逞其能,超出了自己技能和功用的适用范围,就像是一日只能跑百里的马非要跑千里一样,那是没有不伤其身的;从人的心理来说,在人面前炫耀己能,往往会引起人的反感,促使那些喜欢较量的人对其发难,以至伤及其身,就像那只老猴卖弄技巧引起吴王之怒一样,会遭到杀身之祸。

从这类经验教训中庄子得出了一个结论,那就是,人生在世之所以招灾引祸,原因并不在外面,而在自己本身,是因为自己显示才能和功用引起的。要想避免这种灾祸,就要领会无用而有大用的道理,并且遵循这样的道理,藏迹匿志,韬光养晦,做一个平实而自然的人。

《人间世》表述了这样的思想。文中曰:

> 山木自寇也,膏火自煎也。桂可食,故伐之;漆可用,故割之。

人皆知有用之用,而莫知无用之用也。

其意是说:山林之所以被砍伐,并不是别人在伐它,而是它自己在砍伐自己;蜡烛之所以被燃烧,并不是别人在燃烧它,而是它自己在燃烧自己。桂皮因为可食,所以才被削剥;漆液因为有用,所以才被剖割。人们都知道有用的东西有用,而不知道无用的东西有用啊!

《山木》中又通过"不死之道"的故事表述这种思想。故事说:

> 孔子围于陈蔡之间,七日不火食。
>
> 大公任往吊之曰:"子几死乎?"
>
> 曰:"然。"
>
> "子恶死乎?"
>
> 曰:"然。"
>
> 任曰:"予尝言不死之道。东海有鸟焉,其名曰意怠。其为鸟也,翂翂翐翐,而似无能;引援而飞,迫胁而栖;进不敢为前,退不敢为后;食不敢先尝,必取其绪。是故其行列不斥,而外人卒不得害,是以免于患。直木先伐,甘井先竭。子其意者饰知以惊愚,修身以明汙,昭昭乎如揭日月而行,故不免也。昔吾闻之大成之人曰:'自伐者无功,功成者堕,名成者亏。'孰能去功与名而还与众人!道流而不明,居得行而不名处;纯纯常常,乃比于狂;削迹捐势,不为功名;是故无责于人,人亦无责焉。至人无闻,子何喜哉?"

孔子曰："善哉！"辞其交游，去其弟子，逃于大泽；衣裘褐，食杼栗；入兽不乱群，入鸟不乱行。鸟兽不恶，而况人乎！

孔子快要死了，大公任给他讲了一通不死的方法，那就是要像小鸟意怠一样。

那小鸟之所以称为"意怠"，原因在于它的意志处于惰性状态，从来不主动要做什么或不要做什么，总是不得已而为之，随着大流而动之。所以显得无能而懦弱：带着它它才飞，拉住它它才止；前进的时候它不敢在前面，后退的时候它不敢在后面；吃东西的时候它不敢先动口，总是按照次序，轮着它的时候才行动。可也正因为它无能而懦弱，所以才不遭人妒忌，才不遭人排斥，才免于受伤害。所以说，无能而懦弱是通往不死的道路，因此大公任称之为"不死之道"。

而孔子则不然，你看他：到处炫耀自己的智慧，用来吓唬那些无知的人；把自己修养得洁净无瑕，用以衬托别人的肮脏龌龊，就像是高举着日月走路一样，将自己周围的一切丑物都暴露于光天化日之下。那怎么能不遭憎恨呢？那怎么能不遭报复呢？智能显露于外，就不能不受害。这就是孔子之所以将要死的原因所在。

大公任将老子说成是"大成之人"，亦即修成大道的人，并用他的话总结世间的此类教训，说"自伐者无功，功成者堕，名成者亏"，意思是说，居功自傲的人会人毁功亏，有了大功的人会随之倒霉，成了大名的人要吃大亏，就像又高又直的树木先遭砍伐，又清又甜的井水先被汲干一样。

为了避免这样的结果，就要把那些世人最珍惜、世人认为最有用的东西，不管是名也好还是功也好，统统从自己身上扫除干净，与普普通通的百姓站在一起。因为大道流行是不显示自己的，所以得道之人便不要名声。纯纯朴朴，平平常常，而那些追求名利的人却以为精神不正常；消除主观造作的痕迹，抛掉为官为相的权势，不求世人追求的功绩，不要世人尊敬的名声。做到了这些，就能既不伤害他人，也不伤害自己。体道的人不求闻名，可是孔子却没有做到，他仍然陷在喜好名声的深渊里，所以大公任讲了这一番道理之后反问他："至人不闻，子何喜哉？"

故事以孔子接受大公任的指导、抛名去势为结尾，说明不求材用则与人无碍，与己无害，连禽兽都可以与之和平共处，人那就更不用说了。

四、不用寓庸

庄子的上述观点,是不是要人们将自己的所有能力都抛掉,将器物的所有功用都舍弃?

不是的。如果是那样的话,人也就不能生活了,因为嘴的功能是吃饭,鼻的功能是呼吸,食物的功能是养身,房子的功能是护体,将这些功能都舍弃,人还怎么活?

在庄子看来,所谓不使用功能,所谓修养无用,是说不要有意地去使用,而不是说不要自然地去使用。

有意使用与自然使用有着本质的不同:有意使用带有主观臆想的特点,是人心的一种追求,因此具有脱离事物自然需要、脱离事物自然本能的倾向;自然使用没有主观臆想的色彩,完全是顺着事物自然需要、自然本能行动,既不会超越事物能力的限度,也不会达不到事物能力的限度。

用这样的标准来衡量,禁止自然使用事物的功能不但不是庄子之意,恰恰陷入到了庄子所谓的有意使用功能之中,因为它是在用人的主观意志制约人对事物功能的使用。

按照庄子本意,人处在无用之境,就无意于使用事物的功能而自然地使用事物的功能,就将无意于使用融会到了自然使用之中。他将这种观点用一句话来概括,这就是"不用而寓诸庸"。

(一)与时俱化　无肯专为

庄子讲无用而有大用,这个大用就是引人入道,供人逍遥。他怕一般人对此难以接受,所以就退了一步,将大用降低到了保身养生上。可是他知道,一种学说必须在理论上是彻底的,如果不彻底,就会自相矛盾。因此,在做了退步之后他又来了一个补充说明,告诉大家,保身养生不是最后的归宿,而最后的归宿是入于大道。而一旦融入了大道,无用也就融会到了日常之用当中。无意于用而使万物各尽其用,才是真正达到了无用之境。

庄子是通过"杀不鸣之雁"的故事引发这一说明的。故事说:

211

庄子行于山中,见大木,枝叶盛茂,伐木者止其旁而不取也。问其故,曰:"无所可用。"

庄子曰:"此木以不材得终其天年。"

夫子出于山,舍于故人之家。故人喜,命竖子杀雁而烹之。竖子请曰:"其一能鸣,其一不能鸣,请奚杀?"

主人曰:"杀不能鸣者。"

明日,弟子问于庄子曰:"昨日山中之木,以不材得终其天年;今主人之雁,以不材死。先生将何处?"

庄子笑曰:"周将处乎材与不材之间。材与不材之间,似之而非也,故未免乎累。若夫乘道德而浮游则不然。无誉无訾,一龙一蛇,与时俱化,而无肯专为;一上一下,以和为量,浮游乎万物之祖;物物而不物于物,则胡可得而累邪!此神农、黄帝之法则也。若夫万物之情,人伦之传,则不然。合则离,成则毁;廉则挫,尊则议,有为则亏,贤则谋,不肖则欺,胡可得而必乎哉!悲夫!弟子志之,其唯道德之乡乎!"(《山木》)

"与时俱化,而无肯专为",是说随着时间的变化而变化,绝不做那一成不变的事情。"一上一下,以和为量",是说或上或下,以自然和谐作为行动标准。"物物而不物于物",字面意思是说,使物成为物的那个样子,而不受物的牵制;语意是说,驾驭事物的起伏和变化,而不受事物发展变化的左右。

故事的第一段是在重复退了一步的观点,即无用可以养生。其意是说:

庄子在山里游览,看见一棵大树,枝叶非常茂盛,可是砍伐木材的人却不伐它。庄子询问其中的原因,伐木的人们回答说:"其材没有可用之处。"庄子说:"怪不得它能长这么大,原来是因为它的木材没有用处。看来只有没有用处的东西才能享尽自然的寿命啊!"

可是矛盾马上就出现了,这就是有用的东西丧了命而无用的东西却保了身。这就是第二段的内涵。大意是说:

庄子出山后住在一位老朋友的家中。主人非常高兴,叫来厨房的大师傅,让他们给庄子烹雁吃。大师傅问:"现在家中有两只雁,一只会鸣叫,一只不会。杀哪只呢?"主人说:"这还用问,当然杀那只不能鸣叫的了!"于是大师傅便把那只不能鸣叫的大雁给杀了。

事情的结果与庄子关于无用可以保身的教导正好相反,所以弟子便不能不问清楚。

第二天弟子请教庄子说:"昨天在山中看见那棵树,因为没有用处而得以享尽自然的寿命;可主人家的那只雁,却因为没有用处而被烹食。看来有用也难以避免祸患,无用也难以避免祸患。先生究竟是做有用之人还是做无用之人呢?"

问题提得很尖锐,几乎成了二律背反。不过庄子回答得也很巧妙。

庄子笑笑说:"我将处在有用与无用之间。说处在有用与无用之间,与我所要处的境界好像很接近了,但还没有达到,因为这样做还会受到事物变化的牵累,还需要判断有用与无用,还需要考虑怎样才能处在其间。我所要处的境界是:乘着自然而然的大道自由自在地漫游,无所谓荣誉也无所谓耻辱,一会儿像是一条龙,一会儿像是一条蛇,随着时间的变化而变化,绝不做那一成不变的事情;一会儿向上,一会儿向下,以自然和谐为标准,飘飘悠悠,就像是来到万物的发源地一样,不分彼此,不分是非。这样一来,就能纵览事物的起伏和变化。纵览事物的起伏和变化,就能驾驭事物的起伏和变化,就不受事物发展变化的左右。做到了这一点,怎么还会有牵累呢?这是神农和黄帝遵循的法则呀!如果固执于万物各自的性情,固执于人伦传统的秩序,那就不是这样了:合在一起的东西走向分离,成功的东西走向毁败,刚正的东西受到挫折,尊贵的东西遭到非议;有为则有所不为,贤明则遭人谋算,无能则受人欺侮。如果这样,怎么能永远保持住自身呢?真是可悲呀!你们一定要牢牢记住,只有顺从自然而然的大道,才能在随着事物的变化而变化中保持自身的不变。"

庄子的这段话分了两层意思:第一层是在有用与无用之中进行选择;第二层是超越于有用与无用的选择,而在更高的境界上驾驭有用与无用的问题。

庄子首先回答选择有用还是选择无用的问题,因为这是问题的出发点,要想将弟子的境界引入大道,还须从此出发,循序渐进。不过他的答案已经比无用可保身的观点提高了一点,不再局限于无用了,而是说要处在有用与无用之间。从逻辑上说,处在有用与无用之间,既不属于有用,也不属于无用,那就可以既不受有用之害,也不受无用之害了。可是在实践上是不存在这样的境地的,因为有用与无用是非此即彼的一对矛盾境地。既然不存在这样的境地,庄子的回答岂不成了难以实施的空话? 不过庄子此话却另有用意,也不是绝对不能实行。要实行的话,只有一个办法,那就是在有用与无用两种境地之间转换,当有用会受害时,就离开有用境地而换到无用境地,当无用会受害时,再离开无用境地而转换到有用境地。所以,所谓处在有用与无用之间,也就是既不处在有用之境,又不处在无用之境,既处在有用之境,又处在无用之境。到底处在哪一边? 这要看情况,要随着事物的变化而变化。

这样一来,这第一层的答案虽然是从直接回答弟子问题入手的,虽然是从选择有用与无用入手的,但却采用动态的选择方法,超出了非此即彼的困境,一只脚已经进入了更高的境界,这个境界就是不分有用无用,随变而变,顺其自然。这就是大道的境界。

庄子虽然已经悄悄地将人们的思路引入了大道,但在用语上却还停留在有用与无用的选择上,还没有点明本意,还没有说明本意,所以他说:"说处在有用与无用之间,与我所要处的境界好像很接近了,但还没有达到"。他所要达到的最终境界是什么? 第二层答案做了回答。这就是融入大道,不分用否,不别是非,随机而变,随时而安,以自然和谐为准绳。这就是材用之辨的落脚点,也是庄子全部学说的落脚点。

(二)知通为一 不用寓庸

人的心境落脚于大道,并不等于人的形体离开了人世。该吃饭还得吃饭,该种地还得种地。要吃饭,要种地,就还得使用人的手脚,还得使用种地的农具。那么此时此境人的心境与行为之间的关系如何呢? 此时此境不用与用之间的关系如何呢?

庄子对此作出了描述。他说:

> 唯达者知通为一,为是不用而寓诸庸。庸也者,用也;用也者,通也;通也者,得也;适得而几矣。因是已。已而不知其然,谓之道。(《齐物论》)

这里所谓的"不用",指没有事物所应有的功能,同时又指人处在大道之中,无所用心,无意于使用事物的功能。这里所谓的"庸",就是用的意思。之所以用"庸"字,而不用"用"字,是为了有别于两种"用":其一是"无用之用";其二是世人所说的"用"。

一般说来,"无用之用"就是上面所说的"不用";而"庸"与"不用"不同,它所表述的是人间日常事物的功能和人对具体事物功能的使用,所以用了"平庸"一词之中的"庸"。

一般说来,世人所说的"用",除了指事物的功能外,还指人在主观意识支配下对事物功能的使用,其中往往含有主观造作、故意使用的色彩,所以往往不顾及事物功能的适用范围和度量,脱离事物的本性;而"庸"则不同,它在指人对事物功能的使用时,含有无意于使用、自然地使用的意思,是在事物自身功能限度的范围内的适当使用。

上面这段话的大意是说:只有通达于道的人才能知道天地万物都是贯通一体的。正因为天地万物都贯通一体,所以无用恰恰处在有用之中,不用恰恰处在使用当中。比如,大葫芦切开后不能当瓢用,却可以当小舟泛于江湖之上;不有意使用双脚走路,也就是在自然而然地使用双脚走路。由此可见,"有用"和"被使用"是一切东西的通性,在"有用"和"被使用"这一点上,一切东西都是相同的。懂得了一切东西在"有用"和"被使用"这一点上相同的道理,也就把握了不同东西中的同一;完全把握了不同中的同一,也就差不多能够体悟到事物中的道了。剩下的事情就是顺着这种同一行事了。顺着这种同一行事而却不知道自己是在做什么,达到这种境界也就与道融为一体了。

也就是说只有站在大道的高度才能看清有用与无用的关系。站在大道的高度观人世,什么东西都是同一的,什么东西都是贯通一体的。既然如此,有用与无用、用与不用也就没有什么区别了。既然没有什么区别,那就顺着事物的自然变化而变化好了。做到了这一点,无用的东西自然就会有自己的用途,因为世上是没有无用之物的;说某一事物无用,仅仅是说它在某个方面无用,而它在某个方面无用也恰恰是因为它在另一方面有用。做到了这一点,不有意使用某种东西则会自然地去使用某种东西,因为处在无意而自然的状态,在自然需要使用某种东西的时候,人是不会有意拒绝使用的。这就叫做"不用而寓诸庸"。

庄子在《齐物论》中还讲过类似的话。他说:

> 是故滑疑之耀,圣人之所图也。为是不用而寓诸庸,此之谓
> 以明。

本句引文的语境是在讲人的真知问题,其意是说:所以,那些表面上靡乱的光彩,正是圣人所鄙弃的。因此只有将无意于使用自己的才能包含于自然使用自己的才能之中,才称得上是明白。也就是说,将无意用才融会于自然用才之中,才是达到了真知,才是达到了道。

庄子要人们将无用包含在日常之用当中去,也就是要人们顺随事物的自然功用,事物自身有什么功能就让它发挥什么功能,不要人为地限制它们,也不要人为地强求它们,更不要让它们代替其他事物行使职能,否则的话就会造成混乱,功亏事败。

要对庄子的材用之辨有一个整体性把握,首先得弄清楚他所说的"用"的含义。

在庄子的学说中,"用"这个概念有四种含义:

第一种是指常人所说的一般使用价值,比如树木在制造器物中的功用、攀援能力在猴子生活中的功用。庄子有时将其称为"材",我们为了表述上的方便,称其为"小用"。

第二种是指庄子所说的非常使用价值,比如引人进入大道的功用,保人享尽天年的功用。在庄子看来,这种功用与第一种功用往往是不可并存的,有第一种功用的就不会有这种功用,有这种功用的就不会有第一种功用,所以有时称其为"不材",有时称其为"无用"或者"无用之用",我们根据庄子对它的评价称其为"大用"。

第三种是指人们在主观意识的支配下对事物功能的注重和使用,比如上面故事中拟人化的猕猴对自己机敏技巧的显示。这里所说的注重带有刻意追求的意蕴,这里所说的使用带有炫耀和逞能的意蕴。我们为了表述上的方便,称其为"有意之用"。

第四种指人们自然而然地对事物功能的使用,其中带有适时适地、与功用本身的适用范围及适用度量相符合的意蕴。虽然这种使用是自然的、非有意的,但也毕竟是对事物功用的使用,是人世间经常进行的活动,所以庄子称其为"庸";为了表述的方便,我们称其为"自然之用"。

划分清了"用"的四种含义,庄子关于材用之辨中的一些观点也就明析了,这些观点的意义也就明朗了。

总的说来,庄子的材用之辨以回归大道为主旨,是站在大道的角度观材用。

因为它以回归大道为主旨,所以也以回归大道为大用。认为能引导人们体悟大道的学说是最有用的学说,这样的学说虽然无助于人们处理人间小事,无小用,却有助于人们摆脱人间琐事,有大用,而且也正因为无小用,所以才能有大用;认为体悟大道是人生的最高境界,这样的境界无助于小事,所以不是材,而是不材,然而却可使人摆脱烦恼,达于至乐、自在、逍遥,所以是无用之用,是大用。

因为它站在大道的角度观材用,所以将世间之材视为小用,将世间不材视为大用,认为大用与小用是互斥的。站在大道的角度观材用,世间材用也就无所谓材用了,因为事物本身的存在都是虚幻的,事物之间的区别都是臆造的,它们的功能、它们对于他物的用处岂不更是子虚乌有。

不过这只是事物本质的一面,除此而外,事物还有表层的一面。就表层看,事物却有不同的功能,这些功能能够满足世人的物欲和追求,因此聊有小用。然而这些小用却遮蔽着人们的眼睛,引诱着人们去追逐那物与物之间的区别,有碍于人透视事物的本质,不但没有大用,而且对人有害。与此相反,世人眼中的那些不材却有助于开人心扉,让人体悟事物功能之虚无,引人体悟那无所材用的大道。所以不材才有大用。

由此看来,庄子的材用之辨是他整个学说体系的一个组成部分,引人体道。

除此而外,材用之辨还讲了两点:其一是退一步讲的,主张以无用养生而警戒小用伤身,表现了道家在诸种世间事物中的重生倾向。其二是讲心境入道之后如何处理世事,主张无为而自然,即无意于使用功能而自然地使用功能,道出了所谓体道的精髓。

庄子虽然否定小用而倡导大用,鄙薄世间小事而放眼无限宇宙,但在论述他的基本观点时,就材用的具体使用上,蕴涵着如下思想,为人们提供了一些借鉴。

其一,任何事物都有其用。

世界上的事物是纷繁多样的,它们的功能也是各具特色的,鱼儿会在水中游,鸟儿会在天上飞,骏马能在陆上奔跑,老虎可以称王于山林。一种东西在一种环境中没有用处,并不等于它没有用处;在一种环境中没有用处的东西,可能在另一种环境中会有用处。因此,看待事物的材用,不能用片面的观点,不能局限在某一方面,更不能用自己的才能去衡量他人的才能,以为他人没有自己的才能便是无能。功用可能有大有小,也可能有性质的不同,但什么功用都没有的东西是不存在的。有大才的看不起有小才的是无知,有小才的讥讽大才无才是可悲。故事中的惠施正是扮演了这种可悲角色。

其二,发挥功用要有环境。

虽说任何东西都有自己的功能,但是并不是任何功能在任何环境中都能发挥出来。一般的鱼儿放在陆上就不能游动,一般的鸟儿抛入海中就不能飞翔,骏马在林木之中就难以疾驰,老虎囚于笼中就难以逞雄。因此,能不能发挥自己的才能,怎样发挥自己的才能,那还要看条件和环境,要随着条件和环境的变化而变化;要有效地用人使物,那就要人尽其才而物尽其用,不要让鱼代鸟去飞,不要让人代马去跑,不要用人的主观臆想代替事物的实际功能。也就是说,不要用有意之用,而要用无意之用,要在庸中包含不用。

其三,含用于内,不可逞能。

虽说任何事物都有自己的功能,但任何事物的功能又都是有限的,除了性质和范围的局限,还有能力和数量的局限。超过了自己本身的限度,就要受损,以至毁灭。一匹千里马不过日跑千里而已,逼它跑万里,它就要累死;一只大象鼻卷千斤,让它捕鼠,它就无能。所以有能者不可称大,怀技者不可自夸。特别是在功能的使用上,往往存在能力的较量。谦虚,含蓄,量力而行,不但可免于自身受损,而且会使人敬重,引人谦让;称大,自夸,行过其能,不但有损身体,而且会引起人们的反感,以至发难,就像那只强逞其能的猴子一样,虽然身怀绝技,而却因技致死。

第八章　大小之辨

　　大小是人们经常挂在口头上的字眼,也是人们经常见到的形象,可是要问什么是大,什么是小,一百个人中要有一个人能说准确,那也就很不错了。之所以会是这样,那是因为,它的确是个深奥的问题,一个人如果没有接受过思维训练,没有经过切身体验,没有做过深刻研究,没有经过反复论辨,就很难对它有个正确认识。正因为这样,所以不少人在大小的问题上犯了错误,而这些犯错误的人还往往是大人物。《秋水》篇中的河伯就是其中的一个。

一、大者不大

　　河伯,黄河之神。据传,原名为冯夷,后入大川,天帝封其为河神,故名河伯。《大宗师》中曾言,冯夷得道,以游大川。就是说的这个典故。

古人有诗云,黄河之水天上来,可见其势之猛,其水之大。所以河伯很有资格自称为大。可是后来他发现自己错了。为什么?《秋水》篇做了这样的描述:

> 秋水时至,百川灌河,泾流之大,两涘渚崖之间,不辩牛马。于是焉河伯欣然自喜,以天下之美为尽在己。顺流而东行,至于北海,东面而视,不见水端,于是焉河伯始旋其面目,望洋向若而叹曰:"野语有之曰,'闻道百以为莫己若者',我之谓也。且夫我尝闻少仲尼之闻而轻伯夷之义者,始吾弗信;今我睹子之难穷也,吾非至于子之门则殆矣,吾长见笑于大方之家。"

其意是说:

秋天来了,这是个下雨的季节,大大小小的支流都灌到了黄河之中,把黄河灌得满满的。水势盛大,河床扩展,两岸相望,连放牧的牲畜是牛是马都分不清楚。看到这个景象,人称河伯的河神得意极了,在他看来,天下最美、天下最富,非己莫属。他顺着水势东流而去,一直来到了北海。再向东望,啊! 不得了了,那可真正是一望无际! 到这个时候他才醒悟过来,望洋兴叹,自愧不如。于是向北海之神若说:"俗话说:'听了一百次道理,就以为天下再没有聪明过自己的了。'这话正是在讽刺我这样的人呀! 过去听说有人自以为超过了孔子的学问,盖过了伯夷的德行,我不信。今天我信了,我就是如此狂妄的人。要不是来到你的门前、看到了你的广阔无边,我会一直以为我是天下第一,那就会永远贻笑于大方了。"

河伯醒悟了,认识到了自以为大的错误。之所以有了这样的认识,那是因为他有了亲身体验,看到了比自己更大的北海。

(一)天地之间　四海为小

河伯认识到了自以为大的错误,是不是就真正明白了什么是大? 那还差得远着呢! 还需要接受一番教诲。于是北海若给他讲了一番关于大的道理。

《秋水》篇做了这样的描述:

北海若曰:"井鼋不可以语于海者,拘于虚也;夏虫不可以语于冰者,笃于时也;曲士不可以语于道者,束于教也。今尔出于崖涘,观于大海,乃知尔丑,尔将可与语大理矣。天下之水,莫大于海,万川归之,不知何时止而不盈;尾闾泄之,不知何时已而不虚;春秋不变,水旱不知。此其过江河之流,不可为量数。而吾未尝以此自多者,自以比形于天地而受气于阴阳,吾在于天地之间,犹小石小木之在大山也,方存乎见少,又奚以自多!计四海之在天地之间也,不似垒空之在大泽乎?计中国之在海内,不似稊米之在大仓乎?号物之数谓之万,人处一焉;人卒九州,谷食之所生,舟车之所通,人处一焉;此其比万物也,不似豪(现为毫,作者注)末之在于马体乎?五帝之所连,三王之所争,仁人之所忧,任士之所劳,尽此矣。伯夷辞之以为名,仲尼语之以为博,此其自多也,不似尔之自多于水乎?"

北海若说:"对井底之蛙是无法描述海的博大的,这是因为它受到生活空间的局限;对夏天之虫是无法描述冰的寒冷的,这是因为它偏于生活时间的短暂;对偏见之士是无法讲述道的无穷的,这是因为他受到以往教养的浸染。现在你从峡谷之中走了出来,看到了大海,这才知道了自己的不足。也正因为你有了这样的经历,所以可以对你讲讲天下有关大的道理了。天下的水,没有再比海大的了。万条江河归大海,不知道什么时候才停止,可是它从来没有注满过;海底缝隙向下漏,不知道什么时候才止息,可是它从来没有空虚过。春秋四季不断变化,可是它却始终如一;天旱地涝无有止息,它却感到事不关己。由此可见,它超过江河的水量,那是不可量度的。即使这样,我从来都没有以此为大,而总是拿自己与天地相比,知道自己来于阴阳之气。我处在天地之间,那不就像是小石小木处在大山之中吗?只觉得自己很小很小,又有什么东西值得称大呢?即使把四海连在一起,在天地之间,也只不过像是蚁穴处在大泽之中;看那中国处在海内,不像是一颗米粒处在大仓之中吗?天地之间的事物以万为计,人不过是其中之一;人与九州相比,他只是生活在生长谷物、能通舟车的一个地方,如果与万物相比,不是像毫毛之末处在马体之中吗?五帝为之运筹、三王为之争夺、仁人为之担忧、志士为之操劳的,也不过就是这点东西而已。伯夷因为放弃它而得到贤士之名,孔子因为谈论它而得到博闻之称,人的这种自以为大不正像你刚才自以为大一样吗？"

河伯来到北海，长了见识，知道自己为小而北海为大，这是一个进步。但他的进步还只是停留在感性的认识上，停留在对具体事物的认识上，并没有体悟到大的道理。

大的道理是什么？是大者不大。

为什么？因为所谓大，是相对于小而言的；相对比自己小的东西而言，自己就是大，相对比自己大的东西而言，自己就是小。而世界上的东西是无穷的，小东西之下还有更小的东西，而大东西之上还有更大的东西，所以任何所谓大的东西都称不上是绝对的大，在比其更大的东西面前，它就是小。正像北海若所说的那样，与黄河相比，四海为大，而与天地相比，四海就为小。不仅四海如此，而且天地也如此，一切有形有象的东西都如此。

有鉴于此，所以北海若说，自己小得像山上的小木小石，四海小得像大泽中的蚁穴，中国小得像大仓中的粟粒，人类小得像马体上的毫毛。

（二）天地不大　毫末不小

北海若费了半天口舌，河伯只听懂了一半，知道了大小只有在对比之中才能显现出来，可是却不懂得世界上的东西是无穷的，往大看无穷，往小看也无穷。正因为这样，所以在他眼里，世界上还是有一个最大的东西，还是有一个最小的东西，认为最大的东西就是天地，而最小的东西就是毫毛之末。对此北海若不得不进一步作出解释。

《秋水》篇接着记述，其文曰：

> 河伯曰："然则吾大天地而小豪末，可乎？"
>
> 北海若曰："否。夫物，量无穷，时无止，分无常，终始无故。是故大知观于远近，故小而不寡，大而不多，知量无穷；证曏今故，故遥而不闷，掇而不跂，知时无止；察乎盈虚，故得而不喜，失而不忧，知分之无常也；明乎坦途，故生而不说，死而不祸，知终始之不可故也。计人之所知，不若其所不知；其生之时，不若未生之时；以其至小求穷其至大之域，是故迷乱而不能自得也。由此观之，又何以知豪末之足以定至细之倪！又何以知天地之足以穷至大之域。

河伯问是不是可以说天地为大而毫末为小。北海若知道这个问题的症结在

于不懂得世界无穷的道理,所以便从无穷入手来回答。大意是说:

环宇之内的事物,数量没有穷尽,时间没有终止,得失没有常规,终始没有缘故。所以大智大慧的人既能看到远又能看到近,因此,见到小的不以为小,见到大的也不以为大,因为他知道事物的大小是没有穷尽的,大上还有大,小下还有小;既能理解古又能理解今,因此,长寿也不厌烦,短寿也不强求,因为他知道时间是没有止境的,时前还有前,时后还有后;既能体察盈又能体察亏,因此得获之时不欢喜,损失之时不忧悲,因为他知道得失是没有常规的,得也可能就是失,失也可能就是得;能明晓人生平坦的大道是什么,因此获生而不以为是福,死亡而不以为是祸,因为他知道终始是没有缘故的,祸也可能就是福,福也可能就是祸。照此看来,人们所谓知,还不如不知;人们出生之时,还不如未生之时。人们都在用最小的东西衡量最大的东西,因此越求越迷乱,甚至连自己也弄不清楚是怎么回事了。这样看来,怎么能知道毫末就是那最小的东西,天地就是那最大的东西呢?

北海若讲了很多方面的无穷,有时间上的无穷,空间上的无穷,数量上的无穷,得失循环上的无穷,祸福循环上的无穷,盈亏转化上的无穷,等等。认为凡是无穷的东西就不好判定是这样或不是这样。而大小是用时间、空间和数量来判定的一种东西的属性,而用来判定大小的时间、空间和数量是无穷的,所以就不能说某种东西一定是大而不是小、某种东西一定小而不是大。说天地大而毫末小,是就其空间的形式而言的。可是从空间上说,天地虽然与毫末相比为大,但它的外围还环绕着更大的东西,相对那更大的东西而言,天地就不成其为大了,只能是小,所以不能笼统地以大来判定它;从空间上说,毫末虽然与天地相比为大,但它的内部还包含着更小的东西,相对更小的东西而言,毫末就不成其为小了,只能是大。这样看来,一切东西都说不上是大,也都说不上是小。因此北海若说:"又何以知豪末之足以定至细之倪!又何以知天地之足以穷至大之域。"

二、小者不小

关于小者不小,实际上在前面论证过程中已经谈到了,其中的毫末就是

223

一例。这个道理与大者不大是一样的。不同的仅仅是,说大者不大,是拿大者与比它更大的东西比,而说小者不小,是拿小者与比它更小的东西比。因为大小从时间、空间和数量的两端向外延伸都是无穷的,所以任何大者上面还有大,任何小者下面还有小。这就是说大者不大而小者不小的基本依据。

(一)蜗角之国　伏尸数万

《则阳》中讲了一个故事,说魏惠王因为齐威王失约而生气,想要派人去刺杀齐威王。有人劝他说,还是派兵去攻打好;有人不同意,说派兵攻打是制造混乱;有人说,主张派兵攻打的人是乱世之人,不主张攻打的人也是乱世之人,凡议论这种事的人都是乱世之人。说得魏惠王没了主意。这时惠施推荐戴晋人去见魏惠王。戴晋人不讲如何处理这件事,却给魏惠王讲了一个"蜗角之战"的故事。他说:

> 有国于蜗之左角者曰触氏,有国于蜗之右角者曰蛮氏,时相与争地而战,伏尸数万,逐北旬有五日而后反。

蜗牛是一个很小的动物,而蜗牛之角,那就更是小中之小了。可是妙就妙在,在这么小的地方居然还有国家。不但有国家,而且国家间还为争夺地盘打仗。那个战争还是很大的,死了的人就有数万;那个地方还是很大的,战胜的一方追逐败北的一方,一追就是15天才往回返。

连这么小的地方都如此之大,那还有什么小的地方可言呢?

当然,戴晋人讲这个故事的本意还不在于此,而在于说明国家与国家的争战没有意义。在蜗牛之角的触国和蛮国为了争夺地盘而死人数万,可它们所争的地盘有多大呢? 在它们看来也可能很大,但在一般人看来,充其量,不过蜗角之大。那么魏王与齐王所争的东西是什么呢? 说到根本上还是地盘。这个地盘有多大呢? 在一般的人看来也可能很大,但站在大道的角度看,也不过如蜗角一样。

遵循着这样的思路,《则阳》篇中的故事继续讲了下去。故事说:

> 君曰:"噫! 其虚言与?"
>
> 曰:"臣请为君实之。君以意在四方上下有穷乎?"
>
> 君曰:"无穷。"
>
> 曰:"知游心于无穷,而反在通达之国,若存若亡乎!"

君曰："然。"

曰："通达之中有魏,于魏中有梁,于梁中有王。王与蛮氏有辩乎?"

君曰："无辩。"

客出而君惝然若有亡也。

故事中的君,就是魏惠王;故事中的客就是戴晋人。

戴晋人关于蜗角之战的故事虽然是虚构的,但故事所蕴涵的道理却是真实的。所以当魏王说故事是虚言之后,戴晋人便将其中蕴涵的真实道理揭示了出来:

四方上下是无穷的,与这无穷的大宇宙相比,车马所能达到的地域岂不小到了似有似无的程度?而魏国恰恰处在了这小到了似有似无程度的地域中,岂非更加渺小?梁作为国都又处在了这更加渺小的魏国,岂非更更加渺小?魏王处在了这更更加渺小的梁都城中,岂不是更更更加渺小?从这样的角度来看,魏王之小与那居住在蜗角之上的蛮氏国王有什么两样呢?

魏王悟到了这一点,所以像是丢掉了什么东西似的。他悟后的心境确实是丢了东西,这就是争霸之心、扩疆之欲。之所以将这些丢掉了,那是因为所求之物太小了,小到了得也不多一毫、失也不少一丝的程度。

魏国像蜗角的蛮国一样小,而蜗角的蛮国却又能容兵数万,却又能追杀千里,疆域之大,并不亚于那中原大国。既然如此,宇内哪里还有大小之分呢?大小无分,这就是大者不大、小者不小这两个命题融合之后得出的结论。

(二)毫末为大　大山为小

对于大小无分的观点,庄子在许多地方做过理论论述。为了突出这样的观点,他还采取了极端的表述方式,提出了"天下莫大于秋毫之末,而大山为小"的命题。

如在《齐物论》中说:

天下莫大于秋豪之末,而大山为小;莫寿于殇子,而彭祖为夭。

天地与我并生,而万物与我为一。

天下什么东西都可以称大,因为总有比它小的东西。从这一点出发,天下之物皆为大。既然皆为大,秋毫也就不比别的东西小了。所以说"天下莫大于秋豪之末"。天下什么东西都可以称小,因为总有比它大的东西。从这一点出发,天下之物皆为小,大山也不例外,所以说"大山为小"。天下什么东西都可以称为寿,因为总有比它活得短的东西。从这一点出发,天下之物皆为寿。既然皆为寿,万物也就没有两样了,夭折的婴儿也不例外,也可以称为寿,所以说"莫寿于殇子"。天下什么东西都可以称为夭,因为总有比它活得长的东西。从这一点出发,天下之物皆为夭。天下之物皆为夭,活了八百年的彭祖也不例外,所以说"彭祖为夭"。

既然皆大皆小,皆寿皆夭,大小寿夭还有什么差别呢?没有什么差别,都是一样的。所以说"天地与我并生,而万物与我为一"。这就又回到了宇内混一的老话题。

正因为这样,所以我们在前面分析其贵贱之辨时曾引过一段话,说:"以差观之,因其所大而大之,则万物莫不大;因其所小而小之,则万物莫不小;知天地之为稊米也,知豪末之为丘山也,则差数睹矣"。(《秋水》)

这话出自北海若与河伯的对话。是在河伯问如何才能找到贵贱的分界、如何才能找到大小的分界时,北海若作答时讲的。其意是说,大小是没有绝对分界的,它们只不过是人在不同的角度观察事物所得出的不同结果,并不是事物本身所具有的属性。站在道的角度去看,也就无所谓大小了。

也就是说,北海若这句话是从道的角度着眼的。在此之前先说的是贵贱,说"以道观之,物无贵贱;以物观之,自贵而相贱;以俗观之贵贱不在己"。之后接下来说到了大小。大小无分也是以道观之的结果。正因为以道观之,贵贱无别,大小无分,所以,北海若在结束这段解说时说:"默默乎河伯!女恶知贵贱之门、大小之家。"认为河伯是弄不清贵贱的区别在哪里、大小的界限在何处的,最好的办法还是默默不言,不要再去区别它们了。

三、道为之公

庄子认为,大小只是人们主观上的区别,从道的角度来看,这些区别是没有意义的。之所以这么说,那是因为道是混然为一的,而天地万物展现出的种种形象和差别不过是道的外在的、虚幻的表现。道无分界，所以既无大也无小；道无差别，所以既可说大也可说小。说它大，是说它没有外围，没有边际；说它小，是说它没有内质，没有内核。而实际上道将所有的东西都包含在了自己之中，不但融万物为一体，而且融大小为一体。所以庄子说"道者为之公"。从道包容所有一切的角度而言，倒是可以称其为大。不过在这种意义上所说的"大"，与一般所说的"大"不一样。它是无所不包、无所不有、无边无际、无所终穷的意思。

（一）丘里虽大　不可称道

庄子认为，世间的东西总是处在事物与事物之间的相互对比之中。有对比，就可以说大说小了。不过，大与小，除了对比关系外，还有包容的关系。一般说来，大东西分割开来，可以称为小东西；而小东西组合起来，可以称为大东西。也就是说，大中包小，积小为大。需要注意的一点是，再大的东西也还是世间之物，不能说它是道。世间之物与道的根本区别在于，它们都是有形有象、可以度量的，而道则不是：道无形，不可度量；道无数，不可言说。

《则阳》篇用丘里之大进行说明。其文曰：

> 少知问于大公调曰："何谓丘里之言？"
>
> 大公调曰："丘里者，合十姓百名而以为风俗也，合异以为同，散同以为异。今指马之百体而不得马，而马系于前者，立其百体而谓之马也。是故丘山积卑而为高，江河合水而为大，大人合并而为公。是以自外入者，有主而不执；由中出者，有正而不距。四时殊气，天不赐，故岁成；五官殊职，君不私，故国治；文武，大人不赐，故德备；万物殊理，道不私，故无名。无名故无为，无为而无不为。时有终始，世有变化。祸福淳淳，至有所拂者而有宜；自殉殊面，有所正者有所差。比于大泽，百材皆度；观于大山，木石同坛。此之谓丘里之言。"

"丘里"，本来是指居民区域，中国古代的"丘"和"里"都是居民区域的单位，但在此却有大型居民区域的蕴意，因为丘还有"大"意。正因为如此，所以庄子才用丘里来比喻。

大公调将丘里解释成为一个具有统一民俗的居民区域。它是由不同姓氏的居民组织起来的，但已经不再是一个个居民的聚合体，而是一个统一的有机体整体。就像马一样。马虽然是由马头、马体、马腿、马蹄、马尾、马毛、马皮、马的脏器等等组成的，但将马的这一切东西都拿来，也不是马，而只有将马的这一切东西有机地合为一体，才是马。

丘里是由众多居民组成的，所以应该说是很大的，就像是由众多低坡叠加在一起形成的高山，众多的江河汇在了一起形成的大海，众多的清官合在了一起造成的公正的社会风气一样。

丘里不仅大，而且是一个有机整体，所以其中的每个成员都成了整体的一个分子，整体从外面灌输给个人的东西，个人虽然有自己的主见，但却不坚持；个人从内心表露出来的东西，整体虽然有规矩，也不排斥。一切一切都是和谐自然的，就像天不有意成就作物，作物会自然而然地顺着四季的变换而成熟，君不有意治理国家，国家会自然而然地随着官各司职而治理，大人不有意进行文教武备，文才武艺会自然而然地随着学文习武而具备一样。

这个和谐的整体就像是天地之间的万物那样，它们各自都有自己的条理，而大道则兼容着万物之理，不偏不向。不偏不向，既不属于彼，也不属于此，所以也就没有名号。没有名号，所以也就既不为彼服务，也不为此服务，既不约束彼，也不约束此，这就是无为。正因为道无为，所以万物才得以自然而然地发展变化、长育成就，这就是无不为。

丘里虽然自然和谐，但毕竟是人世间的东西。人世间的东西都是有形有象的。有形有象就有事物之间的分界和对立。就时间来说，有终有始；就世间来说，有变有化。祸福在不断地变更，有乖戾的时候，有适宜的时候；事物各有不同的追求，有的以此为中正，有的以此为偏差。世间就像是一个大泽，里面什么样的木材都有；就像是一个大山，里面既有木材也有岩石，兼容并蓄。

像这样融万物为大一，既自然和谐，又错落对立的情况，也就与人们所说的丘里是同样的意思了。

本段包含着三层意义：

其一是说，所谓丘里是由众多小东西熔铸成的一个大整体。

其二是说，这个大整体和谐共处，自然变化，没有谁在支配它。

其三是说,虽然积小为大,自然和谐,但其中的众物之间仍有界限,仍有对立。

前两点主要突出大且自然,后一点是前两点的转折,主要突出大中有小,和中有反。这三点共同埋下了一个伏笔,那就是世间虽大,但却不是大道。

这个伏笔在下面的对话中有了照应:

少知曰:"然则谓之道,足乎?"

大公调曰:"不然。今计物之数,不止于万,而期曰万物者,以数之多者号而读之也。是故天地者,形之大者也;阴阳者,气之大者也;道者为之公。因其大以号而读之则可也,已有之矣,乃将得比哉! 则若以斯辩,譬犹狗马,其不及远矣。"(《则阳》)

少知听了大公调的解释,觉得丘里如此之大,如此和谐,与大道似无差别,所以提出将丘里视之为道是否可以的问题。

大公调明确表了态,说这是不行的。那是因为丘里一类东西虽然大,但毕竟没有超越有形的世界。在有形的世界之中,"万"是数之极多的意思;"大"是形体极阔的意思。正因为如此,所以才将宇内之物统称为"万物",才将天地阴阳称之为大。而道却不是这样,它没有形象,无可计量,因此严格说来是不能称其为"大"的。但是由于它把万物、天地和阴阳全都囊括在了自身之中,合万物、天地和阴阳为一体,成了一切东西的公有者,因此老子勉强用"大"字来称呼它,说"吾不知其名,字之曰道,强为之名曰大"(《老子》第二十五章)。不过既然用大字来称呼它,也就与它自身的本性相差很远了。因为大是用来表述有形有象的东西的,是两个有形有象的东西相互比较时的用语,而道却无形无象,既不存在差别,更不存在比较。正因为如此,所以,拿丘里与道来对比,就好像是拿狗与马来比较一样,差得远了。

也就是说,虽然既用"大"来表述丘里、天地、阴阳,也用"大"来表述道,但是这两个"大"的蕴义是根本不同,不可比拟的。表述丘里、天地、阴阳的大是用来表述有形有象事物属性的,含有相互对比的意义在其中,非谓绝对之大;表述道的大虽然用了大的字眼,但这个字眼远远不能表达道的无限性,之所以用这个字眼,那是因为再也找不出一个表达道之无限性的字眼了。既然如此,那么在理解道之大的意义时,就不能局限在一般大的意义上,而应该将其理解为无所不包,无所不容,没有界限,没有终穷。如果要与一般的"大"作一区别,可称其为"公"。之所以以"公"来说明道之"大",那是因为它蕴有不分彼此、兼容并蓄、合众为一、化异为同的意义,与大道无所不包、无所不容、没有界限、没有终穷的特点更接近。

也正是出于这种用意,所以庄子为解说这一道理的人起了一个名字,这就是"大公调",意谓对"大"、"公"之关系调理得最为清楚的人。

(二)不同同之 亦即为大

道大,然而道之大不是大,而是公。庄子在不同的地方对此做过解说。基本含义是说,道之大不同于一般所说的大,不是相对于小而言的大,是融异为同、合万为一的意思。

《天地》中表述了这种思想。其文曰:

> 夫道,覆载万物者也,洋洋乎大哉!君子不可以不刳心焉。无为为之之谓天,无为言之之谓德,爱人利物之谓仁,不同同之之谓大,行不崖异之谓宽,有万不同之谓富。

在庄子看来,道是最大的东西,之所以说它大,那是因为它囊括万物于己身,因此说:"夫道,覆载万物者也,洋洋乎大哉!"不过所谓囊括和覆载,并不是将万物包裹于自己之内,而是将大千世界同化为一,因此说"不同同之之谓大"。

下面又说:

> 泰初有无,无有无名;一之所起,有一而未形。物得以生,谓之德;未形者有分,且然无间,谓之命;留动而生物,物成生理,谓之形;形体保神,各有仪则,谓之性。性修反德,德至同于初。同乃虚,虚乃大。(《天地》)

"泰初",亦即宇宙最初的时候。这段话从宇宙之初讲起,之后讲到生命的产生,再后又讲到人的精神如何回归,与宇宙原初的状态融为一体。大意是说:

宇宙原初什么也没有,没有有形事物,也没有有形事物的名称。不过它毕竟是一种存在,是种混然为一的存在,所以可以说它是一;说它是一,也就是说它没有形象,因为有了形象就有了分界和边境,而有了分界和边境也就不可能再是一了。

万物都是从一中得到了基本因素才产生的,从一中转移到万物之中的那基本因素称为德。不过万物的形成有一个过程,万物的基本因素原先处在一中,没有形象,是一的组成部分,相互之间暂且还没有界限。至于哪一部分转移到哪里,形成什么样的事物,那是一种自然而然的趋势决定的。这种自然而然的趋势称为命。一在不停地流动,流动之中产生了物;物产生出来便有纹理,物的纹理称为形。有生之物的形体之中都具有精神,不同的生物、不同生物中的不同个体,其精神的档次是不同的,有智有愚有灵有钝;因为它们都带有各自档次的色彩,所以又称为性。既然性有不同,所以作为一个人就必须进行精神修养,让自己的精神恢复到基本因素的档次,亦即德的档次;恢复到了德的档次,就是反德;一旦达到了德的档次,也就与宇宙原初的状态融为一体了,所以说"德至同于初"。与宇宙原初的状态融成了一体,也就进入了一切虚空的境界,一切虚空的境界就是大。

文中讲的宇宙之初,也就是指的大道。文中所说的反德,也就是回归大道。大道原本就是空虚无物的,既无事物,也没有事物之间的差别;人的精神回归于大道,也就是回归虚空的境界。而庄子认为虚空无物、无分无别的境界就是"大",所以说"虚乃大"。

庄子将同一无别的境界称为大,这样的思想是一贯的。不管是讲到什么,凡是讲到这样的境界都称为"大"。

比如将无形无象、无分无界的道称为"大道",认为道既然无形无象,无分无界,那么也就无可称谓了。按照原话讲,就是"大道不称"(《齐物论》)。

比如将不分是非、不别黑白的辩论称为"大辩",认为这样的辩论既然不分是非,不别黑白,那么也就无须开口了。按照原话讲,就是"大辩不言"(《齐物论》)。

比如将不分亲疏、不别爱恶的仁爱称为"大仁",认为这样的仁爱既然不分亲疏,不别爱恶,那么也就说不上是仁爱了。按照原话讲,就是"大仁不仁"(《齐物论》)。

比如将不分清浊、不别贪廉的廉洁称为"大廉",认为这样的廉洁既然不分清浊,不别贪廉,那么也就无所谓辞就了。按照原话讲,就是"大廉不

231

嗛"(《齐物论》)。

比如将不分险夷、不计成败的英勇行为称为"大勇",认为这样的英勇行为既然不分险夷,不计成败,那也就不会有什么逆境出现了。按照原话讲,就是"大勇不忮"(《齐物论》)。

还比如在《徐无鬼》中所说的"大一"、"大阴"、"大目"、"大均"、"大方"、"大信"、"大定"等等,之所以在前面都冠之以"大"字,那是因为它们都含有不分彼此、合异为同的意义。

如果要进一步考虑一下"不分彼此、合异为同即为大"的内在含义,就会得出这样的结论,那就是大小无别就是大。因为既然大的意思是不分彼此、合异为同,那么在这种"大"中,世间所说的那种大小之间的区别自然也就不存在了。换句话说,没有大小区别的那种境界才是大。

由此可见,庄子在这里所说的大小超越了世间所说的大小,超越了世间所谓的大小之别。这与以道观之无大小的思想是相互照应的。

四、小不负大

由上面的分析可以看出,庄子将"大"分成了两个领域:其一是世间之"大";其二是方外之大。世间之大是与小相对的,大中有小而小中有大,大者亦小而小者亦大,二者不可分离;方外之大是与小无缘的,正因为与小无缘,所以也与大无缘,无大无小,大小不分,是混然无别的一。

在庄子看来,世间所说的大算不得是大,因为它是有形之大、有限之大、小中之大、大中之小,而方外之大才算得上是大,因为它是无形之大、无限之大、无小之大、大上之大。

他主张超越小中之大,而进入大上之大。认为处在小域之中就难以负重,难有长远,难造大福,难播大惠。不过要想达到大上之大,那是要修养、磨炼的,只有积累了深厚的功底,才能进入其境。

(一)积之不厚　负大无力

《逍遥游》是庄子流传千古的绝篇,其中描绘了"大鹏高飞九万里"的故事,给人们留下了美妙的想象。有些读者曾经提出这样一个问题,即为什么在一篇文章之中这一故事讲了三次。对此,不同的学者有不同的解释,实际上有两个原因是最值得注意的:其一是这三次描绘的出处不同,所描绘的细节有出入;其二是这些不同的细节在庄子的头脑中引发出了不同的思考,分别引述出来用以表达不同的蕴意。细致分析起来,这些大体相近的引述包含着三层意思,本节我们先来剖析第一层,即"小不负大"。

庄子说:

> 北冥有鱼,其名为鲲。鲲之大,不知其几千里也。化而为鸟,其名为鹏。鹏之背,不知其几千里也;怒而飞,其翼若垂天之云。是鸟也,海运则将徙于南冥。南冥者,天池也。

> 《齐谐》者,志怪者也。《谐》之言曰:"鹏之徙于南冥也,水击三千里,抟扶摇而上者九万里,去以六月息者也。"野马也,尘埃也,生物之以息相吹也。天之苍苍,其正色邪?其远而无所至极邪?其睹下也,亦若是则已矣。

> 且夫水之积也不厚,则其负大舟也无力。覆杯水于坳堂之上,则芥为之舟;置杯焉则胶,水浅而舟大也。风之积也不厚,则其负大翼也无力。故九万里,则风斯在下矣,而后乃今培风;背负青天而莫之夭阏者,而后乃今将图南。(《逍遥游》)

其大意是说:在那大老北面的北面,有一片大海。海中有一种鱼,它的名字叫做鲲。这个鲲啊,很大很大,那个大的程度,说不清楚有几千里了。后来变成了一只鸟,它的名字叫做鹏。这个鹏很大很大,仅只它的脊背,就说不清有几千里。有一次它发了怒,振翅而飞,翅膀像是遮天的乌云。这只鸟啊,在海上飞翔,是要飞到南海去。所谓南海,也就是人们说的天池。

《齐谐》,是一部专门记载奇事的志书。其中有这样的说法:"大鹏要迁往南海,展开它的翅膀,拍起的浪头高达三千里;盘旋而上,驾着云气,离开海面九万里;飞行了六个月,才到达南海,歇息了下来。"当它飞翔在高空时,飘浮在它下面的云气,就像是野马在奔腾,就像是尘埃在卷动,就像是众生的气息在涌动。人在地面向上而望的时候,只见天之苍苍,不知道哪里是它的本色,这是因为它太高远了,高得没有极限呀!现在大鹏从天上往下俯视,就像是人们从地面向上仰视一样,那是因为它自身飞得太高了,高得无

233

法看清地面的本色。

的确是这样的呀！人们可以想象：假如水达不到一定的深度，那就浮不起大舟来，因为它没有那么大的漂浮力。如果把一杯水倒在屋里地上，那就只能用草芥来做小舟；有谁把杯子放在上面，杯底就会贴在地上，这就是水浅而舟大的缘故呀！假如云气达不到一定的厚度，那就浮不起大鹏来，因为它没有那么大的漂浮力。正因为如此，所以大鹏要高飞九万里，让厚厚的云气在下面托负着它，使它有可能乘风而行，以至于背负着青天而不掉下来，而后才有可能向南海飞去。

世间是不是有鲲、鹏这两种东西，尚难说死，但像庄子描绘的身长几千里、背高几千里的鲲、鹏肯定是没有的；说鹏是由鲲变来的，这更是没有的事。世间没有的东西，庄子把它说了出来，用意就在于言其大；而这种大不是世间所有的，而是方外才有的。正因为是方外才有的，所以世人很难想象它。

人们随着这种大物遨游太空，站在这种大物站的高度看天下，也就好像人们站在地上观苍穹，只见苍茫一片，混冥无分，山河人物，全然泯灭，哪里还有事物间的区别？哪里还有彼此间的大小？世人站在地上所见的一切东西，在那种高度来看，都融为一体；世人在地上所见的一切差别，在那种高度来看，都合而为一；世人眼中的最大东西，在那种高度来看，都变成了极小的东西，甚至小到了什么也看不见的程度。

由此可见，庄子所说的鲲鹏确实不是世间之物，而是大道的化身，而是方外之大的化身。

庄子在做了形象的描绘之后，表述了之所以做此描绘的本意，那就是：想要达到大道，达到方外之大，确非易事，须有与之相应的修养和素质，就像大鹏高飞要有厚风在下面托负一样。没有厚风的托负，大鹏就飞不起来，更不要说飞往南海了；没有心境的修养，不经过刻苦的磨炼，就不可能达到大道，就不可能达到方外之大。不仅不能达到，甚至连大道的存在，连方外之大的存在都难以理解，难以接受。庄子将这个意思归结为一句话，那就是"风之积也不厚，则其负大翼也无力"。

（二）备以小钩　难得大鱼

《外物》篇还讲过一个"任公子钓大鱼"的故事，与"大鹏高飞九万里"

的蕴意大体一样。故事说：

> 任公子为大钩巨缁，五十犗以为饵，蹲乎会稽，投竿东海，旦旦
> 而钓，期年不得鱼。已而大鱼食之，牵巨钩陷没而下，骛扬而奋鳍，
> 白波若山，海水震荡，声侔鬼神，惮赫千里。任公子得若鱼，离而腊
> 之，自制河以东、苍梧已北，莫不厌若鱼者。

> 已而后世辁才讽说之徒，皆惊而相告也。

> 夫揭竿累，趣灌渎，守鲵鲋，其于得大鱼难矣。饰小说以干县
> 令，其于大达亦远矣。是以未尝闻任氏之风俗，其不可与经于世亦
> 远矣。

其大意是说：任公子做了一个大大的钓鱼钩和一根又粗又长的钓鱼绳，用五十头犗牛作鱼饵，蹲在会稽山上，把鱼竿甩到东海之中，一天又一天地在那里等着。可是一年过去了，没有鱼来上钩。后来终于有一天有一条鱼游了过来，吞下了他的鱼饵，将鱼钩深深地卡在了咽喉之处。只见它急忙向海底窜去，把那海水搅成了一个山谷一样的大漩涡；又见它奋鳍上扬，掀起了层层山峰似的大波浪。只听那海水震荡，惊动鬼神，惮吓千里，经久不息。任公子钓到了这条大鱼，把它切成肉块，做成腊肉，自制河以东到苍梧以北，没有未曾吃过他的这条鱼的。

后世那些轻浮浅薄、只以道听途说为才学的人，听到此事则惊叹不已，纷纷相互转告。

那也是的，平时都是用那小鱼竿，到那小河沟里去守候那些小鱼儿，想要得到大鱼自然是很难的了。那些把没有价值的说法粉饰一下去向县令献计献策的人，距离那通达的大道可是远着呢。所以，没有听说过任公子这种风度的人，距离那经世之道也是很远很远的呀！

任公子期过一年都没有钓上鱼来，不是钓鱼技术不佳，而是因为他的志向在于能震乾坤的大鱼，所以他用的鱼钩很大很大，他用的鱼绳又粗又长，脚蹲浙江的会稽山上就能把鱼竿甩到东海之中，仅只鱼饵就有 50 头犗牛。这样的渔具，不要说是小鱼，就是大鲸想要上钩，也是上不来的哟。

在一般的人看来，这样的渔具是无用的，一年都钓不上一条鱼来，而实际上并不是无用，而是能钓大鱼，有大用。需要知道的是，这种功用的实现不能一蹴而就，而需要时日的磨炼，因为大鱼是很少的。这就是老子所说的

道理:"大器晚成"。

这样的志向,不成则已,一旦成功,那将惊天动地,惠及天下。这就是大的价值。正是为了突出大的价值,所以故事说:任公子钓上的大鱼,翻滚于海,掀起巨澜,其声震天;分割其肉,天下共享,遍及山之北、海之南。

所谓大鱼是什么?就是大道。故事是说,大道的价值是很大的,不过却得之不易,需要使用与其相应的大工具,需要经受得之必须的大磨炼。没有这些前提,是不可能达到大道的。

五、小不知大

方外有大,世人不知,这是可以理解的,也是可以原谅的。最不可容忍、最不可原谅的,是那些自高自大的人。所以庄子在"任公子钓大鱼中"对那些常识浅薄、眼光狭小、只知一些雕虫小技便向县令献计献策、自以为了不起的人颇有微词,说他们离大道远着呢。

此外他还讲了一系列故事,讽刺那些自以为大的人。

(一)小雀蓬飞 何知鲲鹏

上面我们谈到,"大鹏高飞九万里"的故事在《逍遥游》中讲过三次,每次的出处不同,细节不同,蕴意也不尽同。下面我们来剖析它们的第二层蕴意,亦即小不知大。

故事说:

> 汤之问棘也是已。穷发之北有冥海者,天池也。有鱼焉,其广数千里,未有知其修者,其名为鲲。有鸟焉,其名为鹏,背若太山,翼若垂天之云,抟扶摇羊角而上者九万里,绝云气,负青天,然后图南,且适南冥也。斥𫛲笑之曰:"彼且奚适也?我腾跃而上,不过数仞而下,翱翔蓬蒿之间,此亦飞之至也。而彼且奚适也?"此小大之辩也。

其大意是说:商汤王与棘也曾经谈到过鲲鹏之类的故事。当时他们是在讨论上下四方有没有边际的问题。棘说:"在什么也不生长的边远北方再往北,有一个辽阔的大海,名叫天池。天池里面有一种鱼,宽度足有几千里,而长度那就没有人知道了。这种鱼的名字叫做鲲。在那里还有一种鸟,名字叫做鹏,脊背像高大的泰山,羽翼像遮天的乌云,搏击长空,盘旋而上,高达九万里。驾着云气,背负青天,而后向南飞,它是要到南海去。小雀看到了讥笑道:'它这是要往哪里飞哟? 我腾地一下就飞起来了,大不了飞上几丈高就下来,在蒿草之间飞来飞去,这也就算是飞翔的极限了。而它这是要往哪里飞哟?'而这就是大小两种不同东西的区别呀!"

小雀无论如何也理解不了大鹏的志向,因为它与大鹏处在根本不同的两个境界。它的目光是那么狭小,它的能力是那么低下,可悲的是它却自以为大,将它的飞翔称为"飞之至",反而认为大鹏高飞是一种不可理解的愚蠢之举。

在第二次讲述大鹏高飞之后,庄子还讲了一段插曲,并做了评论。其文曰:

蜩与学鸠笑之曰:"我决起而飞,抢榆枋,时则不至而控于地而已矣,奚以之九万里而南为?"

适莽苍者,三飡而反,腹犹果然;适百里者,宿春粮;适千里者,三月聚粮。之二虫又何知!

小知不及大知,小年不及大年。奚以知其然也? 朝菌不知晦朔,蟪蛄不知春秋,此小年也。楚之南有冥灵者,以五百岁为春,五百岁为秋;上古有大椿者,以八千岁为春,八千岁为秋。而彭祖乃今以久特闻,众人匹之,不亦悲乎!(《逍遥游》)

"蜩",学名为蝉,俗名为知了;"鸠",即斑鸠。这次的主人公换成了知了和斑鸠。不过与小雀相比,亦为同类,都是小东西。

知了和斑鸠不知道大鹏高翔的道理,它们看见大鹏费这么大的力气往南飞去,讥笑道:"我腾地一下就飞了起来,碰到树枝、房梁就落到上面,即使这样,有时候还飞不到上面,累了就只好落在地上休息一会。为什么要费那么大的力气,高飞九万里而去南面呢?"

庄子对这两个小东西做了评论。他说:

一个人到郊外去,一天吃三顿饭,回到家里后肚里还饱饱的呢。一个人要走一百里,那可就需要准备隔夜的粮食了。假如要到千里之外,那就需要准备三个月的粮食。也就是说，做的事情越大，需做的准备也就越多。知了、斑鸠这两个小东西怎么能懂得这样的大道理呢？

这就是说，懂得小道理的不懂得大道理，生命短促的不理解生命长久的。怎么知道是这样呢？你不看，朝生暮死的朝菌永远也不知道还有三旬为月的事情，夏天鸣叫的知了永远不知道世上还有春天和秋天，这是因为它们的生命太短促了啊！楚国的南面有一种灵龟，以五百年作为春天，以五百年作为秋天；上古时候有一种椿树，以八千年作为春天，以八千年作为秋天。彭祖是古代一位长寿的老人，据说活了八百岁。一般的人要与他比较长寿，那不是很可悲吗？

庄子评论的中心点是说，处在小境界不能理解大境界。究其原因，在于处在不同的境界会有不同的体验。知了到了中秋就死了，向来没有见过冬天，怎么会知道世间还有冬天呢？斑鸠虽然比知了活得长些，但却没有出过远门，怎么知道出远门还要准备干粮呢？大鹏之所以要高飞，那是因为要远去，不高不能致远；大鹏之所以要远去，那是因为志在长远，不远不足以为大。这种有关大的道理，小东西是永也不能理解的。

小东西自以为高，自以为大，不以小为耻，反以大为蠢，庄子认为这是最可悲的了，于是发出了感叹："不亦悲乎！"

（二）井中之蛙　岂知大海

庄子分辨大小，内涵一种自喻，其意是说，自己的学说博大无边，一般人难以理解，所以以为怪诞。只有胸怀与大道同大、心境与万物融通的人才能晓谕。

这种意思在《秋水》篇中有所表露。其文曰：

公孙龙问于魏牟曰："龙少学先王之道，长而明仁义之行；合同异，离坚白；然不然，可不可；困百家之知，穷众口之辩；吾自以为至达已。今闻庄子之言，汒焉异之。不知论之不及与，知之弗若与？今吾无所开吾喙，敢问其方。"

公子牟隐机大息，仰天而笑曰：

"子独不闻夫埳井之蛙乎？谓东海之鳖曰：'吾乐与！出跳梁乎井干之上，入休乎缺甃之崖；赴水则接腋持颐，蹶泥则没足灭跗；

还虾蟹与科斗,莫吾能若也。且夫擅一壑之水,而跨跱埳井之乐,此亦至矣。夫子奚不时来入观乎!'东海之鳖左足未入,而右膝已絷矣。于是逡巡而却。告之海曰:'夫千里之远,不足以举其大;千仞之高,不足以极其深。禹之时十年九潦,而水弗为加益;汤之时八年七旱,而崖不为加损。夫不为顷久推移,不以多少进退者,此亦东海之大乐也。'于是埳井之蛙闻之,适适然惊,规规然自失也。

"且夫知不知是非之竟,而犹欲观于庄子之言,是犹使蚊负山,商蚷驰河也,必不胜任矣。且夫知不知论极妙之言而自适一时之利者,是非埳井之蛙与? 且彼方跐黄泉而登大皇,无南无北,奭然四解,沦于不测;无东无西,始于玄冥,反于大通。子乃规规然而求之以察,索之以辩,是直用管窥天,用锥指地也,不亦小乎! 子往矣! 且子独不闻夫寿陵余子之学行于邯郸与? 未得国能,又失其故行矣,直匍匐而归耳。今子不去,将忘子之故,失子之业。"

公孙龙口呿而不合,舌举而不下,乃逸而走。

其大意是说:公孙龙请教魏国的公子牟说:"请问先生,我小的时候学习先王治世的道理,长大之后懂得了守仁行义。后来又建立了一种将相同与相异合而为一、将一物的坚硬与白色分为两体、一件事情是这样又不是这样、一种行为既可以又不可以的学说。我用这种学说与诸子百家进行辩论,耗尽了他们的智慧,使他们无言以对,所以我以为自己的学说达到了顶点,至高至深,再也没有能超过它的了。可是今天听到了庄子的言论,觉得茫然无措,非常奇异。不知道是他的道理没有说透呢,还是我的智慧没有达到呢? 以至在他的面前我都无从开口讲话。他这究竟是一种什么学问呢?"

公子牟靠着茶几长长地叹了一口气,之后仰面大笑说:

"先生难道没有听说浅井之蛙的故事吗? 一只在浅井中生活的青蛙好心好意地邀请东海的大鳖来家做客,它说:'鳖先生,我在这里生活得非常快乐。上来可以在井砖上跳来跳去,下去可以躲在破砖下安眠休息,进了水里可以浸泡我的腋下和两腮,踏入泥里可以没过我的两足和两膝。环视周围的蟹虾蝌蚪,没有一个能像我这样的。且不说我独霸一井之水,享受跳跃之乐,这种生活也可以说是到头了吧? 你为什么不经常到我这里来游览游览呢?'东海之鳖听完之后准备到井下去看一看,可是它的左脚还没有跨入井中,右腿已经卡在了井口上,于是赶忙抽了回来。苦笑着说:'看来你这种享乐我是很难领受了。你大概没有听说过东海的欢娱吧? 东海那个大呀,真是没法形容。千里之远不足以说明它的广阔,千丈之高不足以衡量它的深邃。大禹的时候,十年九涝,可是水入其中海面也不见增高;商汤的时候,八年七旱,可是汽蒸其上海面也不见降低。不因为时间久远而变化,不因为水多水少而高低,这就是东海的欢娱呀!'井中之蛙听了之后自感形秽,呆呆地,像是丢了什么东西一样,半天也不说话。

"由此看来,智慧不足以辨别是非的人想要欣赏庄子言论,那就好像让蚊子背负大山、让小虫游过大河一样,一定是办不到的呀。那些智慧不足以辨别极妙言论而只图一时堵塞他人之口的人,不正像浅井之蛙一样无知吗?况且像庄子的言论,那都是一些脚踏黄泉而足蹬苍天、无北无南而形体消散、奇妙莫测而无东无西、茫茫中来而归于玄玄的方外之语,而你却用常规的眼光观察它,用常规的思维来分辨它,那不是犹如用管观天、用锥量地,太小了吗? 你还是快快离开吧! 你没有听说燕国少年到赵国学习走路的故事吗? 不但没有学会赵国走路的方法,结果把自己燕国走路的方法也忘掉了,最后只好爬着回去。你要是不早早离开,也将会忘掉你自己的学问,失去你自己的职业。"

公孙龙听了之后惊呆了,张着的嘴巴合不到一起,伸出的舌头缩不回去。过了片刻,突然掉过身来跑掉了。

故事是说庄子的学问博大精深、非同常理,不是一般的人所能通晓的。一般的人只能理解物理常规、人世常情,北面就是北面,南面就是南面,黄泉就是黄泉,苍天就是苍天,却难以理解既不是北面又不是南面,既踏着黄泉又蹬着苍天。而庄子的学说恰恰是什么也是什么也不是的学问,所以被人称为怪诞。

不过在庄子看来,难为常人理解,并不是因为自己的学问怪诞,而是常人的见识浅薄。常人不能理解自己的学说,就像是井中之蛙没有见过东海一样。井蛙没有见过东海,自以为独霸小井、为天下最大,没想到它所谓的最大连海鳖的一条腿都放不下。常人生活在方内,没有见过方外,所以认为方内物理是真理,方外至理是荒诞。

六、乘天地正

既然方外为大,方内为小,大道为大,人世为小,那么庄子所谓的大也就远离了人世,处在尘世的人们也就不可能达到。由此可见,庄子所说的大对人而言毫无意义,纯粹就是一套空话。

不过庄子却不这样看,他认为道就在天地万物之中,方外就在方内。能不能融身于大境,关键不在于是否离开人世,而在于能否具有明澈的目光,透过具体事物的表面,捕捉住其中的实质,突破事物的局限,进入那无限的境界。

在庄子看来,各种事物都有自己的本性,都有自己的界域。主观上想要突破自己的本性,想要越过自己的界域,马上就会感到自己受到了本性的限制,受到了界域的束缚,马上就会感到自己能力的不济,自己界域的狭小。比如一个人本来生活在陆地,依托着熟食和空气,可是他突发奇想,想要和鱼儿一样自由自在地游戏于水中。这时候就会感到自己受到了本能的限制,不能在水中生活,因为既没有在水中呼吸用的鳃,也没有直接消化水中食物的胃。将自己置于这种境地,自己的渺小也就显现了出来。

反过来说,顺着自己的本性行动,在自己的界域之内活动,也就不会受到局限,也就不会遇到障碍,比如一个人本来生活在陆地,依托着熟食和空气,而他从来就没有什么妄想,安于陆地生活,用脚行走,用手劳作,煮食而吃,借气呼吸,那他一定会觉得天高地阔,一定会觉得自由自在。处在这样的境地,就会觉得地上天下唯我为大。

也就是说,能否进入大境,全然是自己的一种心境修养问题:安于自己的自然本性,顺应自己的自然本性,就无所障碍,就将自己融入了大境;不安于自己的自然本性,违背自己的自然本性,就到处碰壁,就将自己束于小境。庄子将事物的自然本性称为"正",将安于自己的自然本性、顺应自己的自然本性称为"乘天地之正"。

(一)乘天地正　以游无穷

庄子的这种思想,在《逍遥游》大鹏高飞、斥鴳笑之的故事之后做了表述。它是这个故事的第三层蕴意。其文曰：

> 故夫知效一官，行比一乡，德合一君，而徵一国者，其自视也亦若此矣。而宋荣子犹然笑之。且举世而誉之而不加劝，举世而非之而不加沮，定乎内外之分，辩乎荣辱之境，斯已矣。彼其于世未数数然也。虽然，犹有未树也。夫列子御风而行，泠然善也，旬有五日而后反。彼于致福者，未数数然也。此虽免乎行，犹有所待者也。若夫乘天地之正，而御六气之辩，以游无穷者，彼且恶乎待哉！故曰，至人无己，神人无功，圣人无名。

其大意是说：从小雀讥笑大鹏这样的事情看来，才智可为一方长官、品行可统一乡之众、德性适为一郡之主、能力可做一国之君的人，自己看待自己，大概都像小雀一样，认为已经达到极限了。不过宋荣子却会嘲笑他们。宋荣子是一位境界高邈的人。天下的人都颂扬他他也不会欢欣，天下的人都诅咒他他也不会沮丧。他明白身内与身外的分别，善辨荣誉与耻辱的境界。这可以说是到了头了吧！他在处世方面已经达到了不经心小事的程度。不过他仍然有不足之处。为什么这样说呢？因为他还在辨别大小，还在嘲笑小雀。在这一点上列子比他进了一步，他不去管什么是大，什么是小，只管自己在那里自由自在地驾着云气漫游，那种心境可以说是很高邈的了，每次一游就是 15 天之后才返回来，什么祸呀福呀的，都不放在心上。这种人可以说是很有修养的了，已经达到行不用足的地步了。不过他仍有不足之处，因为他还要依靠自己本性之外的东西，这就是云气。如果顺着天地赋予自己的本性而行，顺着日月和四季的变化而变化，在那无边无际的境界漫游，哪里还用得着依靠外物呢！所以说，至人心中连自己的存在也不知道，神人心中连自己在做什么也不知道，圣人心中连自己的名声也不知道，他们把什么都忘得干干净净，一切都顺应着自己的自然本性。

以庄子之意，"大人"有大人的心理世界，"小人"有小人的心理世界。大人的心理世界如鲲鹏展翅，宏伟浩大；小人的心理世界如小雀跳梁，鼠目寸光。大小虽然有别，但都是自然而然的产物，用不着改变他们，也无法改变他们。从这个角度看问题，小的讥笑大的固然可悲，而大的嘲笑小的也并非智慧。如果把世界看透，那就会像真人、至人、神人、圣人那样，大者任其大，小者任其小：大鹏，则任其展翅高翔；小雀，则任其上下跳梁。大鹏展翅高翔是它自身特性的自然展现,无可颂扬;小雀上下跳梁、小肚鸡肠也适合它自身的特性和情趣,无可厚非。一切都是自然所生,一切都顺自然而行。达到了这种境界,也就将自己融入了那无有边际的大域,可以"以游无穷"了。

(二)彼来我来　彼往我往

《寓言》篇中有一个"影子随形"的故事,形象地将顺随自己本性的蕴意揭示得清清楚楚。故事说:

> 众罔两问于景曰:"若向也俯而今也仰,向也括撮而今也被发,向也坐而今也起,向也行而今也止,何也?"
>
> 景曰:"搜搜也,奚稍问也!予有而不知其所以。予,蜩甲也,蛇蜕也,似之而非也。火与日,吾屯也;阴与夜,吾代也。彼吾所以有待邪?而况乎以无有待者乎!彼来则我与之来,彼往则我与之往,彼强阳则我与之强阳。强阳者又何以有问乎!"

"罔两",是影子外围的淡影。"景",即形体在光照之下产生的影子。淡影都在随着影子的移动而移动,随着影子的起卧而起卧,可是它们并不知道影子为什么老是不停地变换着自己的姿势,弄得它们老是疲于奔命,不得歇息。它们不甘心盲目随从,在忍无可忍的情况下,聚集在一起,向影子提出了责问。所以文中说"众罔两问于景曰"。

这段对话的大意是说:许多淡影聚集在一起问影子说:"您刚才是卧着的而现在又仰了起来,刚才是挽着头发而现在又被散开来,刚才是坐着的现在又站了起来,刚才在行走而现在又停了下来。为什么老是在不停地变换呢?"

影子回答说:"变换就是变换嘛,这有什么好问的!我连我为什么存在都不知道,又怎么知道为什么变换。我就好像蝉蜕下的外壳,就好像蛇脱下的皮,从外表看来好像是蝉、好像是蛇,而实际上却不是。有了火光,有了太阳,我就显现了出来;天阴了下来,天黑了下来,我就隐藏了起来。火光和太阳是我赖以显现的东西,即使我们有这样的关系,我也还是不知道为什么有了它们我就能显现的道理,况且那些与我没有依赖关系的东西呢。形体来了我就随着它来了,形体去了我就随着它去,形体行动起来了我就随着它行动起来。随着它行动就是了,有什么好问的呢?"

影子只是形体的样式,形体才是影子的本质。随着形体的变化而变化,这是影子自然而然的事情,用不着想其中的原因,用不着问这是为什么。安于随着自己的本质变化,就永远不会有什么错落,就永远不会有什么阻隔,也就永远处在无边无际的境界之中,自由自在地生活。而那些淡影则不行了,它们有了自己的主观想象,有了自己的主观愿望,想要摆脱自己的本源,于是感到了外在力量对自己的束缚,感到自己处境的狭窄和窒碍。

由此看来,庄子的大小之辨,最后还是将融入大道、顺物自然当做落脚点。值得注意的是,他在论述过程中,在看待事物的思想方法上,为后世留下了颇多的借鉴。除了上面已经谈到的之外,需要提及的还有以下几点:

其一,"天下莫大于秋豪之末,而大山为小;莫寿于殇子,而彭祖为夭"(为了方便起见,我们称其为"两莫命题"),这两个命题在思维方法上出现了逻辑错误,给人们留下了极有价值的错误例证。

大小都是相对而言的,这在庄子的学说中表述得极为明白。正因为这样,所以每当得出大小的结论时,都是有条件的,只是在有固定的对比对象的前提下才可成立。比如说天大而泰山小。这里说天大是相对于泰山而言的,是说在与泰山相比时天是大的;说泰山小是相对于天而言的,是说在与天相比时泰山是小的。又如说秋毫大而朝菌小。这里说秋毫大是相对于朝菌而言的,是说在与朝菌相比时秋毫是大的;说朝菌小是相对于毫末而言的,是说在与毫末相比时朝菌是小的。而一旦脱离了条件,脱离了固定的对比对象,就失去了判定大小的参照物,所判定的大小就失去了意义。

之所以说"两莫命题"出现了逻辑错误,原因就在于,它们脱离了固定对比对象,是不同对比系统所得结论的罗列,徒有对比的形式而没有对比的意义。

我们不说它们没有固定对比对象,而说它们脱离了固定对比对象,这是从庄子命题的本意出发的。因为庄子已经为每一个事物的大小下了判断,按照庄子的本意,大小的判断只有在与固定对象对比的前提下才能成立,所以这些判断原本是有固定对比对象的。也就是说,说秋毫之末大,那是在与比秋毫之末小的东西对比之时下的结论;说大山小,那是在与比大山大的东西对比之时下的结论;说殇子为寿,那是在与比殇子早夭的婴儿对比之时下的结论；说彭祖为夭，那是在与比彭祖年岁更老的寿星对比之时下的结论。这四个结论分别出于四个不同的对比系统，相互之间没有对比关系。将四个没有对比关系的结论分别从原先对比系统中抽出来两两排列在一起，构成了两个表面具有对比形式而没有实际对比意义的命题，这就是"两莫命题"之所以不能成立的症结所在。

说得更简单一些，也就是说：秋毫之末大不是相对于大山而言的，大山之小也不是相对于秋毫之末而言的；殇子之寿不是相对于彭祖而言的，彭祖之夭也不是相对于殇子而言的。将本不相关的结论硬合在一起，给人以相互对比的假象，给人以荒诞不经的感受，这就是庄子杰作的效果。这种效果起了两种作用：其一是给人以不可磨灭的印象，让人回味，让人思考；其二是给人以深刻的教训，使人认识到，真理向前迈进一步就成了荒谬。第一个效果在庄子意内，第二个效果是客观造成的。

其二，揭示了大小相对、大者无穷小者无终的真理，打破了人们非此即彼的僵化思维模式。

"两莫命题"荒诞不经，庄子并不是不知道。明知是谬论而偏偏要说出来，传下去，致使它成了流传千古的名言。这是为什么？实际上就是一个目的，那就是要敲开禁锢人们头脑的外壳，让人们从非此即彼的思维模式中走出来，认识大小相对、大者无穷小者无终的真理，拆除大小之间的绝对界限。

在常人看来，一个东西大就是大，小就是小。一个 3 岁的小孩，谁都不能说他是大人，一个 60 岁的大人，谁都不能说他是小孩。在现实的生活中确实是这样。由此在一些人的头脑中形成了一种定式的思维方式。而这种定式的思维方式往往把人们的头脑冻结起来，使人们难以看透那内涵无穷、结构蓼辖的事物。

客观事物是复杂的。一件东西放在那里，它自己就是它自己，说不上大，也说不上小；与此同时，它既存在被视为大的可能性，也存在被视为小的可能性。之所以会出现这种情况，那是因为任何一个事物既是独立存在的个体，又是万物之中的一员。作为个体，它自己就是它自己，没有与其他事物的对比关系，所以无所谓大小；作为万物之中的一员，它自己已经不再是它自己，而是众多事物关系网中的一个纽结，处在与众多事物的比较之中，与比它大的东西相较则为小，与比它小的东西相较则为大。因此小大，都是相对于与之比较的对象而言的,是在一个比较的系统中得出的结论。前面说的 3 岁孩子为小、60 岁的成人为大,虽然没有直接表述出对比的对象来,但语义之中已有之,那就是已经把他们放在了人的成长阶段的系列之中,有了一个对比的标准,比如老百姓将 18 岁之前的人视为少年儿童,将 19 岁到 49 岁的人视为青壮年,将 50 岁以上的人视为老年人。不言自明,与此标准相比,3 岁孩子自然为小,60 岁老人自然为大。试想撤掉那隐含的标准,如果再说 3 岁为小,说 60 岁为大,那将闹笑话。假如一位母亲把一个 2 岁、一个 3 岁的两个孩子托给了幼儿园的阿姨,并嘱咐说:"小的还没吃饭。"而阿姨却以 3 岁为小,结果又让 3 岁的吃了一顿饭,弄得不好,就会把这孩子给撑着。假如一间病房里住着一位 60 岁、一位 70 岁的两位病人,医生下班时给护士医嘱说:"给大的输液。"而护士却以 60 岁为大,给本不需输液的病人输了液,弄得不好,会死人的。当然现实中不会发生这样的笑话,医生也不会将更老一些的人称为"大的"。之所以不会出笑话,那还是因为人们心目中自然都有一个对比大小老少的标准,谁都不会撤掉它。不过超出了人们的生活经验范围,那可就不好说了。以一种东西为最大,以另一种东西为最小,这样的结论不但会出自普通百姓之口,甚至会出自颇有智慧的科学家之口。比如人们就曾以天为最大,又如人们就曾以原子为最小。之所以会得出这种绝对的结论,那是因为在人们心目中,并没有将大小只有在两相对比之中才能成立的体验上升到一般的、理论的高度来认识。

庄子的贡献在于,将人们并不自觉的大小只有在两相对比之中才能成立的道理,从具体的事物之中抽取了出来,展示给了人类,并由事物的无限性,推导出了大小两向推衍的无限性。这个道理告诉人们:正因为大小只有在两相对比中才能成立,所以每个事物从独立的个体来看,既不大也不小,从一个事物与其他事物的对比来看,既是大也是小,与比它小的事物相比则为大,而与比它大的事物相比则为小;因为事物在形式上是多样的,在空间上是无限的,在时间上是无穷的,所以不存在一个绝对的大,也不存在一个绝对的小。从以上两个方面来说,大小之间是没有绝对界限的,大中含小,小中含大。

这种辩证的思维方式对开发人们的智慧有很大的促进作用。

其三,劝导人们既不可自大,也无须自卑。

庄子不但通过评论的形式揭示了如上的道理,还以寓言故事的形式劝导人们不可自大亦无须自卑。

他告诉人们,世界是没有穷尽的。从大往小看,小下还有小,小下还有小,以至无穷;从小往大看,大上还有大,大上还有大,以至无穷。而这些大小不同的东西各自都有自己的性能和特色,不仅不能相互代替,甚至不能相互理解。从这种情况出发,所以,任何一种东西都不能自大,与自大相伴随的正是无知;任何一种东西都不能自是,与自是相伴随的正是谬误。知了、斑鸠和小雀鼠目寸光,以为自己已经达到了飞翔的极限,以自己的性能量度天下,不理解大鹏之高翔,讥笑大鹏之高翔,正好衬托出了它们的无知和渺小。

他告诉人们,不管自己的学问有多高、本领有多大,都不值得骄傲自大,因为世界是无限的,学问是无边的,自己的学问和本领只是沧海之一粟;不要以为自己不知道的事情就是子虚乌有,不要以为自己不理解的道理就是荒诞不经,因为环宇是无边的,事物是纷繁的,而自己的见识和经验却受到了生活环境的局限,难以达到所有的境界。

他告诉人们,虽然与周围的人们相比,自己在某些方面有差距,但这并不等于说自己就一无可取。自己有自己的本性,自己有自己的功能,在与自己本性相适应的环境中生活,在与自己功能相适应的力度内劳作,自然就会得心应手,就会觉得天高海阔,其趣无穷。蜗牛之角尚可立国,杯水之上尚可浮芥,人与人相比能差到哪里,用不着自暴自弃。

247

第九章 是非之辨

"是",是对事物的肯定判断;"非",是对事物的否定判断。"是非"贯穿于人们生活领域的方方面面,是一对带有普遍性、抽象性和价值趋向的概念。比如一句话有正确与不正确的问题,正确者为是,不正确者为非;一件事情有做得对与不对的问题,对者为是,不对为非;一种认识有正确与不正确的问题,正确者为是,不正确者为非;对任何一种事物做判断时,给予肯定则说是,给予否定则说非。

正因为"是非"的概念贯穿在人类生活领域的方方面面,所以庄子在论辨各种世间问题时都涉及过它。不过在庄子的学说中,"是"与"非"的问题还是一个专题,尚需专门论之。

一、无是无非

在庄子看来，宇宙之内，唯道为大，唯道为实，唯道为真，唯道为纯，天地万物都是道的外在表现形式，瞬间即逝，虚幻不实，所以没有一种东西是可以肯定的，就此而言，天下皆"非"；不过反过来说，既然它们表现了出来，显示了出来，就不能说它们根本没有表现，就不能说它们根本没有显示，对它们的表现和显示应该肯定，就此而言，天下皆"是"。你说它们表现过、显示过，是"是"，可是这种表现和显示又都是非真实的，都是非恒久的，所以这种"是"是一种难以肯定的"是"，因此只能说它是一种"非是"；既然说这种"是"是一种"非是"，那么就不能绝对地否定它是"是"，既然不能绝对地否定它是"是"，那么也就是否定了它们为"非"，所以应该说它是"非非"。

这样一来，"是"也就是"非"，"非"也就是"是"，"非是"也就是"非非"，"非非"也就是"非是"。

这样一来，也就没有是，也就没有非了。

所以，庄子认为，从根本上看，站在大道的高度来看，则无所谓"是"，也无所谓"非"。

在庄子看来，唯道为大，可是所谓大又恰恰是指无大，因为它没有边际，说不上是大，也说不上是小；在庄子看来，唯道为实，可是所谓实又恰恰无实，因为它空无所有，既无形象，又无声色；在庄子看来，唯道为真，可是所谓真又恰恰无真，因为它混然为一，没有分界，无所谓真假；在庄子看来，唯道为纯，可是所谓纯恰恰无纯，因为它纯然为一，无杂可言，无杂也就无所谓纯。

由此庄子认为，所谓道，是大非大，是实非实，是真非真，是纯非纯，无是无非，混然为一。

也就是说，不但以道观之，人间无是非，而且大道混一，自身无是非。

（一）彼一是非　此一是非

在《智愚之辨》一章里，我们曾经引述过庄子关于事物存在样式的一段话,以此说明知者无知。在庄子看来,同样的道理也可以说明是者非是、非者非非、是非没有分别。为了叙述的方便,特将这段话再复述一次。

这段话是这样说的:

> 物无非彼,物无非是。自彼则不见,自知则知之。故曰彼出于是,是亦因彼。彼是方生之说也。虽然,方生方死,方死方生;方可方不可,方不可方可;因是因非,因非因是。是以圣人不由,而照之于天。亦因是也。是亦彼也,彼亦是也。彼亦一是非,此亦一是非。果且有彼是乎哉? 果且无彼是乎哉? 彼是莫得其偶,谓之道枢。枢始得其环中,以应无穷。是亦一无穷,非亦一无穷也。故曰莫若以明。(《齐物论》)

也就是说,世间的每一个事物都是与其他事物相对应的,都有一个彼此的关系。站在自己的角度看,自己一方为此而对方为彼,彼不是此,此不是彼。然而换个角度看,情况就不同了。站在对方的角度看,则原先的彼现在成了此,而原先的此现在成了彼。由此看来,彼又是此,此又是彼。

用同样的道理来考察是与非的关系,也会得出同样的结论来。站在此的方面来考察,会认为此就是此而非彼,彼就是彼而非此。立足点由此移到彼的位置上考察,情况就发生了变化。会认为原先的彼是此而非彼,原先的此是彼而非此。也就是说,同样一个方位,既是是而又非是,既是非而又非非。由此可见,既无所谓是也无所谓非。

就一个事物而言尚且如此,就天下而言那就更不用说了。天下的事物是无穷的,每个事物之中都有一个是,都有一个非,都既无是也无非,所以天下便有无穷的是,有无穷的非,有无穷的非是,有无穷的非非。既然如此,那就用不着去辨别什么是非了。

(二)始时所是 卒而非之

"彼一是非,此一是非",主要是从空间方位上来讲的。从时间推移上来讲,情况又是如何呢? 答案也是一样的:既无是也无非。

之所以得出了这样的答案,那是因为时间在不断流变,环境在随着时间的流变而变换,人的思想在随着时间和环境的变换而变换,以往认为是是的,往往后来又认为是非了。

《寓言》篇讲了一个"行年六十而六十化"的故事,就是从时间推移上讲的。故事说:

> 庄子谓惠子曰:"孔子行年六十而六十化,始时所是,卒而非之,未知今之所谓是之非五十九非也。"

> 惠子曰:"孔子勤志服知也。"

> 庄子曰:"孔子谢之矣,而其未之尝言。孔子云:'夫受才乎大本,复灵以生。'鸣而当律,言而当法,利义陈乎前,而好恶是非直服人之口而已矣。使人乃以心服,而不敢蘁立,定天下之定。已乎已乎! 吾且不得及彼乎!"

其大意是说:庄子对惠施说:"孔子活到 60 岁就改变了 60 次自己的看法,总是开始时认为是,而后来认为非。谁敢说他 60 岁认为是的不是他 59 岁认为非的呢?"

惠施说:"孔子可真是一个努力上进、勤于用心的人呀。"

庄子说:"孔子这种毛病早就改了,不过他没有告诉过人。孔子曾经说过:'人的才能是从大道那里得来的,人的一生不过是将自己的聪明归还给大道而已。'人就是应当这样生活:发出的声音要合乎音律,说出的话要合乎规矩,当义与利摆在面前的时候,自己做的是好是坏,是是是非,要由人家的口说出来,自己只管顺着应当做的去做就是了。在使用人的时候,要让人心服,不能逆着人心做事,也就是说,要用安定天下的办法来安定天下。算了吧! 算了吧! 孔子的这种境界是我们远远达不到的哟!"

故事有两层蕴意:

其一是说,时间在不断流变,人们观察事物的角度在不断变换。一件事情,站在前一年的角度看是正确的,是是,过了一年,站在后一年的角度看则不对了,是非。反过来也是一样,一件事情,站在后一年的角度看是正确的,是是,而站在前一年的角度看则认为不对,是非。时间的流变是没有止息的,所以,永远也没有一件只是无非的事情,任何事物都即是是也是非,都即不是是也不是非。由此可见天下无所谓是,也无所谓非。

其二是说,既然是非分不清楚,也就用不着在分别是非上花费心思了,顺着自然去做就行了。这一层是我们下面尚要谈到的。

《则阳》篇有一段类似的故事,不过故事后面的评论有所不同。故事说：

> 蘧伯玉行年六十而六十化，未尝不始于是而卒诎之以非也，未
> 知今之所谓是之非五十九非也。万物有乎生而莫见其根，有乎出
> 而莫见其门。人皆尊其知之所知而莫知恃其知之所不知而后知，
> 可不谓大疑乎！已乎已乎！且无所逃。此所谓然矣，然乎？

既然是非随着时间的变化而变化，既没有固定不变的是，也没有固定不变的非，是非之间没有界限，那么事物之所以然也就难以确定了；既然事物之所以然难以确定，那么万物是从哪里来的，是怎么来的，谁也不会知道。所以说"万物有乎生而莫见其根，有乎出而莫见其门"。

正因为如此，所以人们都认可自己认识能力所已达到的认识，而不懂得寻求自己认识能力达不到的认识以期对其有所了解。既然人们都把自己的认识局限在眼前达到的认识上，既不知道这种认识的来源，也不知道这种认识的变化趋向，这种认识是不是真正的认识，是是是非，岂不成了一个大问题。所以说"可不谓大疑乎"。

由此出发，所以庄子发出了感叹，说"已乎已乎！且无所逃"。意思是"算了吧！算了吧！人们都跳不出这种局限"。

既然如此，人们所谓的"是"，到底是"是"呢，还是"非"，那也就不好说了。所以说"此所谓然矣，然乎"。

所加的这一段评论，是从时间变化的角度讲人的认识能力的不济，由人的认识能力的不济推导出认识结果的不确。认识结果既然是不确的，那也就说不上这种认识是是还是非了。

有鉴于以上种种推论，庄子在《齐物论》中曾经下过一个结论，这就是"是非之途，樊然淆乱"。

二、是非难辨

庄子之所以得出天下无是无非的结论，还有一个根据，那就是天下根本没有判定是非的标准。这个论据在"智愚之辨"中已经有所涉及，此外庄子还从两个方面进行论证。

（一）同己为是　异己为非

在庄子看来,是非既然是对事物所做的肯定或否定的判断,那么它们就不是客观的东西,而是人的主观产物。也就是说,是非的判断是由人作出的,是人对事物作出的主观裁定。而世上的每个人都有每个人的观点,每个人都有每个人的角度,每个人都有每个人衡量事物的尺度,而且每个人在裁定事物时都是从自己的观点、自己的角度、自己的尺度出发的,这样一来,同一个事物在不同人的心目中就会是不同的样子,不同的人对同一个事物所作出的裁定就会不同。一个人说是,而另一个人就会说非;一个人说非,而另一个人则会说是。没有一个统一的是非标准,便不可能作出谁是谁非的最终判决,无此判决便无所谓是非。

《寓言》篇涉及这样的思想。其文曰:

> 寓言十九,藉外论之。亲父不为其子媒。亲父誉之,不若非其父者也;非吾罪也,人之罪也。与己同则应,不与己同则反;同于己为是之,异于己为非之。

这段话是在说庄学的表述手法。其意是说:

庄学在表述自己的思想时,寓言占了十分之九。这是借助于其他事物来表达蕴意的一种手法。之所以要借助于其他事物,那是因为直接说出来人们不接受。就好像亲生的父亲不便于为自己的儿子说媒一样。亲生的父亲为自己的儿子去说媒,把自己的儿子夸奖一番,就不如托付别人去说更有效果。之所以要托付别人,这不是做父亲的过错,而是别人的过错,因为父亲自己说的话人家不信。人们就是这个样子,与自己意见一致的就赞同,与自己意见不一致的就反对,同意自己观点的就说是,不同意自己观点的就说非。

本文不是论说是非标准的,但从中反映出庄子关于是非标准的思想。这种思想认为,是与非是由人说出的,而人都以自己的观点为是,以不同于自己的观点为非。这样一来,张三认为是的,李四认为非,李四认为是的,张三则认为非,到底孰是孰非,则没有衡量的客观标准。没有标准则难以说有是有非。

《齐物论》中有两处直接论及是非的标准问题。

一处说:

> 人之生也,固若是芒乎? 其我独芒,而人亦有不芒者乎? 夫随其成心而师之,谁独且无师乎? 奚必知代而心自取者有之? 愚者与有焉。未成乎心而有是非,是今日适越而昔至也。是以无有为有。以无有为有,虽有神禹,且不能知,吾独且奈何哉!

这段话原本还有上文。上文的意思是说,人生在世,无知无识,从生下来开始,就随着时间的流逝奔向死亡。

由此接下来说:人生在世原来就是这样糊涂吗? 是只有我这样糊涂,还是人们都这样糊涂? 看来人们都是这样的,不知道自己是在做什么,也不知道自己做的对不对,反正大家都在按照自己的主观心思行动。按照自己的主观心思行动,谁不是这样呢? 何必非得那些懂得机巧、知道用心的人才会这样呢? 每个愚蠢的人都会如此。如果说没有自己的主观心思而就有了是与非的判断,那就颠倒了事情的因果程序,就好像是说我今天要去越国而昨天已经到了一样荒唐。就好像将根本不存在的东西当成存在的东西。将不存在的东西当成存在的东西,那就是有大禹那么大的本领,也是不能理解的,且不要说我了。

这里倒是提出了一个判定是非的标准,这就是每个人自己的主观心思,也就是自己心里已经成型的主见,庄子称其为"成心"。庄子认为,每个人在做判断时,都以自己的主观心思为标准,都以合于自己主观心思的为是,都以不合于自己主观心思的为非,所以将"成心"称为"师"。"师",是行为标杆、学习榜样的意思。

在这里,虽然有了是非的标准,但却与没有标准是一样的,因为标准不统一。每个人都有每个人的成心,每个人都有每个人的标准,公说是,婆说非,公说非,婆说是,是是非非,仍然难以判定。

在没有统一标准的情况下,就要判定是非,而且认为确有是非存在,那岂不是胡话? 庄子把这种情况比喻为"今日适越而昔至也"。他认为这是将没有当做存在,不要说一般的人,就是能治理洪水的大禹在世,也难以理解。

《齐物论》在另一处又说:

> 夫言非吹也,言者有言,其所言者特未定也。果有言邪? 其未

尝有言邪？其以为异于鷇音,亦有辩乎,其无辩乎？道恶乎隐而有
真伪？言恶乎隐而有是非？道恶乎往而不存？言恶乎存而不可？
道隐于小成,言隐于荣华。故有儒墨之是非,以是其所非而非其所
是。欲是其所非而非其所是,则莫若以明。

其大意是说:言论与吹过来的风是不一样的,因为它是由人说出来的;正因
为如此,所以所说的话就没有一个准性,原因在于说话的人各不相同。既然
说话的人各不相同,那么也就引出了一系列的问题,比如,王五说了一句话,
可到底他是说了,还是没有说？张三说他说了,李四说他没说,没有一个判
定的标准。说他说的话与鸟儿的鸣叫不一样,到底是一样还是不一样？张
三说一样,李四说不一样,没有一个决断的结果。从大道的角度来看,本来
是没有什么真假的分别的,从大言的角度说,是没有什么是非的分界的。大
道被什么东西遮蔽住了,为什么出现了真假的分别？大言被什么东西遮蔽
住了,为什么出现了是非的分界？大道在什么地方不存在了呢？大言在什
么事情上不适用了呢？原来大道是被小的成就遮蔽住了,原来大言是被华
美的辞藻遮蔽住了。正因为如此,所以才有了儒家和墨家各家认为的是与
各家认为的非,也正因为如此,所以他们也才可能把对方确认的是说成非,
而把对方确认的非说成是。与其各自都把对方的是说成非,都把对方的非
说成是,倒不如放弃各自的是与非,进入那无是无非的通明之境。

也就是说,大道本来是无是无非、混而为一的,大言本来是无是无非、无
言无语的,只是因为人们把眼光局限在了小事情上,用华美的辞藻进行粉
饰,将大道和大言遮蔽住了,所以才有了是与非的区别。不过,这是与非的
区别也只是个人的主观产物,并不是客观上就有的分野。因为一个人有一
个人的眼光,一个人有一个人的说法,儒家认为是的墨家认为非,墨家认为
是的儒家认为非,这是是非非哪里有什么得以判定和证实的统一标准呢？

事物原本就没有区分,原本就无所谓是非,与其徒劳区别是非,不如回
归原本,融入大道,不去区别它们。所以庄子说"莫若以明"。"明"就是没
有阴阳分野,通透明亮的境界,就是大道的境界。

(二)是也非也　无人能正

庄子还通过两人辩论的具体事例,说明世上不存在判定是非的标准。

在他看来,是是是非,是由人来判别的;而这种判别是否正确,是是是非,仍然是要由人来判定的;而这种判定是否正确,是是是非,也还是要人来判定的。以此类推,以至无穷,永远也没有一个最后的决断者。所以推到最后也没有一个判定是非的标准。

庄子说:

> 既使我与若辩矣,若胜我,我不若胜,若果是也,我果非也邪?我胜若,若不吾胜,我果是也,而果非也邪? 其或是也,其或非也邪? 其俱是也,其俱非也邪? 我与若不能相知也,则人固受其黮闇。吾谁使正之? 使同乎若者正之? 既与若同矣,恶能正之! 使同乎我者正之? 既同乎我矣,恶能正之! 使异乎我与若者正之? 既异乎我与若矣,恶能正之! 使同乎我与若者正之? 既同乎我与若矣,恶能正之! 然则我与若与人俱不能相知也,而待彼也邪?

(《齐物论》)

文中的"正"字,原本是校正之意,此处做判定正确与否解。这段话的大意是说:

假使我与你辩论,如果你胜了我,我输给了你,难道这就真的是你说的是而我说的非吗? 如果我胜了你,你输给了我,难道这就真的是我说的是而你说的非吗? 除了这种情况还可能有什么情况呢? 或许是我们两个之中一定有一个是而一定有一个非,或许是我们两个都是或都非。不管是什么情况,我们两个是无法知道、无法判定的,因为我们都受到了自己所处环境和知识的局限。不但我们两个无法判定,而且任何一个人都无法判定,因为每个人都受到了自己所处的环境和知识的局限。假如叫来第三个人,让他来判定,他怎么能判定呢? 他要判定的话,无非有四种情况:第一种情况是他与你的意见一致,说你说的是而说我说的非。可是他既然与你的意见一致,那他的意见是是是非也就成了问题,怎么可以作为判定标准呢? 第二种情况是他与我的意见一致,说我说的是而说你说的非。可是他既然与我的意见一致,那他的意见是是是非也就成了问题,怎么可以作为判定的标准呢? 第三种情况是他与我们两人的意见都不一致而形成了第三种意见。可是他既然与我们两人的意见都不一致而形成了第三种意见,那么他的意见是是是非也就成了有待判定的问题。既然他的意见是是是非还有待于判定,那么怎么可以作为判定的标准呢？第四种情况是他与我们两人的意见都一致。可是他既然与我们两人的意见都一致，那么也就和我们的意见一样有待判定。既然他的意见与我们两人的意见一样有待判定，那怎么可以作为判定的标准呢？由此可见，你、我和第三个人，谁都不知道自己的认识是是是非。既然出来的第三个人不但不能判定我们二人意见是是是非，而且还有待于别人去判定他的意见是是是非，那么难道还用再请出第四个人来判定吗？

说来说去，最后的结论就是世上不存在判定是非的标准。

三、是非之彰

既然大道无是非，世间原本也无是非，那么是非是如何出现的呢？庄子认为，是人为造作的，是人使用自己的小聪明造成的。

在庄子看来，大道是混一不分的，在人类初期，人们的心境也是混蒙不分的，不要说是是非，就连禽兽与人类之间的界限都不分。后来人类的聪明和智慧增长了，制定了道德规范和尊卑次序，才有了所谓的是非，以遵守道德规范和尊卑次序为是，以违背道德规范和尊卑次序为非。然而是非出现之后，混然无分的大道在人的头脑里便破损了，就像七窍凿通则浑沌破损一样。

《马蹄》篇对道德规范的产生过程有过描述。其文曰：

> 故至德之世，其行填填，其视颠颠。当是时也，山无蹊隧，泽无舟梁；万物群生，连属其乡；禽兽成群，草木遂长。是故禽兽可系羁可游，鸟鹊之巢可攀援而窥。
>
> 夫至德之世，同与禽兽居，族与万物并，恶乎知君子小人哉！同乎无知，其德不离；同乎无欲，是谓素朴；素朴而民性得矣。及至圣人，蹩躠为仁，踶跂为义，而天下始疑矣；澶漫为乐，摘僻为礼，而天下始分矣。

其大意是说：在完全遵从天然禀性的那个时代，人们在行走的时候悠闲自在，在视物的时候漫不经心。那个时候，山上没有道路，湖中没有行舟，万物众生都混杂在一起,没有区划界限,禽兽结群而行,草木自由丛生。所以,人们可以牵着禽兽自由闲游,可以攀上鸟巢自由观看。

在完全遵从天然禀性的那个时代,人与禽兽混居在一起,人与万物混同为一体,哪里知道有君子与小人的区别呢! 天地万物、人类禽兽同处在无知的状态,都与天然的真性融合在一起;同处于无欲的境界,都保持着原本的敦厚素朴。保持着原本的敦厚素朴,也就保持着人的自然真性。到后来出现了所谓的圣人,孜孜不倦地在那里提倡仁,慷慨激昂地在那里倡导义,也就从那个时候开始,人们相互之间产生了猜疑;随心所欲地创作乐曲,不厌其烦地造作礼仪,也就从那个时候开始,天下万物之间划分了界限。

也就是说,远古时期,虽然天地万物之间有了区别,但人的头脑却无分别,既无所谓尊卑贵贱,也无所谓仁义道德。既然无所谓尊卑贵贱,无所谓仁义道德,当然人的行动也就无所谓是非对错,人们之间也就无所谓君子小人。是非对错、君子小人是在人的智能发展之后,由那些所谓的圣人制造的。是他们制定了仁义礼乐,制定了尊卑次序,所以才有遵行和违背的问题,所以才有是非和对错的区别。

在庄子看来,正因为是非产生的历史过程是这样的,所以人们也就应该按照这样的程序去了解它,这样才能将是非放在它自身的位置上,才能妥善地对待它。所以《天道》篇说:

> 是故古之明大道者,先明天而道德次之,道德已明而仁义次之,仁义已明而分守次之,分守已明而形名次之,形名已明而因任次之,因任已明而原省次之,原省已明而是非次之,是非已明而赏罚次之。

其大意是说:古代明了人间大道的人,先明晓天的本性而后再明晓人的本性,明晓了人的本性而后再明晓仁义,明晓了仁义而后再明晓人的规范,明晓了人的规范而后再明晓形名的关系,明晓了形名的关系而后再明晓顺应次序,明晓了顺应次序而后再明晓宽恕原则,明晓了宽恕原则而后再明晓是非对错,明晓了是非对错而后再明晓赏罚方法。

也就是说,是非对错是从仁义、规范、名分和尊卑次序而来的,只有明晓了它的来源,才能对它本身有所了解,只有对它本身有所了解,才能正确地对待它。

　　然而,不管如何认识它,对待它,是非的出现总是对大道的破坏,是大道亏损的表现。庄子的这种观点非常明确,他在《齐物论》中有过直接表述。其文曰:

　　　　古之人,其知有所至矣。恶乎至? 有以为未始有物者,至矣,

　　尽矣,不可以加矣。其次以为有物矣,而未始有封也。其次以为有

　　封焉,而未始有是非也。是非之彰也,道之所以亏也。

在庄子看来,大道本来是没有形象,没有边界,没有区别,没有是非的;与大道融为一体,人的心境也就没有形象,没有边界,没有区别,没有是非了。而一旦有了是非,那一定是在事物之间划分出了界限,那一定是有了你我彼此的分别,那一定会依照自己的主观心思去对待事物、处理事物,那一定会背离事物自然而然的本性,与大道相分离。也就是说,是非在人的心境中产生了,混一的大道也就在人的心境中破裂了;心容是非与心融大道是相反的两种心理趋向。

259

四 、 和 以 天 倪

　　是非是大道破损的表现,心中有了是非,就难以融于大道,难以站在道的高度观察人间之事。所以庄子特别强调要消除是非观念。

　　《大宗师》中有关于心容是非与心融大道、心容是非与游于方外互不相容的记述。其文曰:

　　　　意而子见许由。许由曰:“尧何以资汝?”

　　　　意而子曰:“尧谓我:‘汝必躬服仁义而明言是非。’”

　　　　许由曰:“而奚来为轵? 夫尧既已黥汝以仁义,而劓汝以是

　　非,汝将何以游夫遥荡恣睢转徙之途乎?”

“遥荡恣睢转徙之途”,就是逍遥游荡、悠闲自在、任意回旋、无拘无束的大道,亦即方外。

　　在庄子看来,仁义和是非与大道和方外,是水火不相容的两种境界。意而子既然已经接受了尧的仁义和是非说教,那也就像是受到了黥劓之刑,破坏了已有的自然本性,难以再进入方外逍遥自在。

有鉴于这种思想,所以庄子说"德人者,居无思,行无虑,不藏是非美恶"(《天地》),"是以圣人和之以是非而休乎天钧"(《齐物论》),把消除是非界限、顺随事物天然作为维护本性、达到至圣的基本前提。

怎样才能将是非观念消除掉?最根本办法是不要分别事物,因为分别事物是产生是非观念的前导。正像上面所说的,首先有了事物之间的界限,才会有人的取舍;有了人的取舍,才会有道德规范和尊卑贵贱;有了道德规范和尊卑贵贱,才会有判定是非的观念。

怎样才能做到不别事物?唯一的办法就是随物自然。因为事物本身是有分别的,人生活在世上就不能不接触事物、利用事物;接触事物、利用事物,也就不能不区分事物。不过事物表面虽然有区别,却贯穿着没有差异的本质,这就是各自都在按照自己的自然本性存在和变化。只要顺着事物自身的自然本性行事,一切事物在人的面前也就没有什么不同了。所以,与事物的自然本性相合,这就是消除是非观念的根本途径。

庄子称自然而然为天然,称自然本性为天,所以将合于自然本性称为"和以天倪"。所谓"天倪",也就是天然的分际;所谓"和以天倪",也就是事物天然是怎么分界的,就随着它们怎么分界,与天然的分际弥合在一起。

《齐物论》中说:

> 何谓和之以天倪?曰:是不是,然不然。是若果是也,则是之异乎不是也亦无辩;然若果然也,则然之异乎不然也亦无辩。化声之相待,若其不相待。

其意是说:所谓"合之以天倪",那就是将正确的东西也看做不正确,将这样的东西也看做不是这样。假如正确的东西果真是正确的,那么,正确与不正确的区别也是无法判定的;假如这样的东西果然是这样的,那么,这样的东西与非这样的东西之间,其界限也是难以判定的。用语言去判别它们,与不去判别它们没有什么区别。既然如此,那也就用不着去判别它们了。它们有区别就让它们自然而然地有区别好了,它们没区别就让它们自然而然地没区别好了,与它们的天然区别及天然的无区别吻合在一起,任随它们有区别和无区别。

也就是说,只要随从天地万物的自然区别,那也就无所谓区别了,也就无所谓是非了。也就是说,随物自然也就在自己的心中消除了是非的界限。

　　所谓随物自然，也就是放弃行为主体自己的意志和作为，所以也称为"无为"。庄子将随物自然作为消除是非观念的途径，所以也将无为作为消除是非观念的途径。

　　无为何以能消除是非观念？《至乐》篇讲了一番道理。其言曰：

　　　　天下是非果未可定也。虽然，无为可以定是非。至乐活身，唯无为几存。请尝试言之。天无为以之清，地无为以之宁，故两无为相合，万物皆化。芒乎芴乎，而无从出乎！芴乎芒乎，而无有象乎！万物职职，皆从无为殖。故曰天地无为也而无不为也，人也孰能得无为哉！

其大意是说：天下的是非确实无法确定。虽然如此，无为还是可以判定是非的。那是因为，不管是至极的快乐也好，还是保护自己的生命也好，只有无为才能使之实现。请让我来论证一下这个问题：天，正因为无为，所以才能够清明；地，正因为无为，所以才能够宁静。正因为有这两个无为汇合在一起，所以万物才得以化育。说起这个无为，蒙眽恍惚，不知道从哪里出来的；恍惚蒙眽，看不出它是什么样子。然而万物都在各司其职，之所以如此，都是由无为导致的。所以说，天地无为啊却无所不为啊，人有谁能得到无为呢？

　　无为如何判定是非？那就是不去判定是非。是就让它是好了，非就让它非好了，不管天有多高、地有多厚，都让它们自己自然而然地在那里存在，都让它们自己自然而然地在那里变化，不要去管它们，也不要去判定它们的是是非非。既然天地万物都在那里遵循着自己的自然本性存在和变化，那还有什么是非可言呢？既然无是非可言，是非的区别也就无须存于己心了。

　　由此看来，所谓不去分别事物，所谓消除是非观念，是一种主观上的修养功夫，是将自己的主观心思完全消除掉，将自己的心境与事物的天然本性完全融合在一起。达到了融合，也就达到了自然，达到了无为。达到了自然无为，自己无所用心，一切随其自然，那么一切事物在自己的心境中也就没有什么差别了，事物的是非界限也就在自己的心境中泯灭了。

　　这就是庄子关于清除是非观念的基本方法。说来说去，又回到了融于自然，融于大道。

261

庄子的是非之辨集中反映了他观察具体事物的思维方式。这种思维方式恰恰与其以道观之的思维方式相辅相成,两者你来我往,我往你来,你呼我应,我呼你应,共同撑起了庄子哲学体系的整个框架,使之路路相通,处处照应,把一个看上去荒诞乖谬的学说修饰得圆润通畅,自成一体。

为了叙述上的方便,我们暂且给这种思维方式起个名字,称其为相对思维。

"相对思维",是从两种相反事物的相互依赖关系中看待事物的一种思维方式。这种思维方式,将一种事物的存在视为与之对立的另一种事物衬托的结果。认为就事物自身而言,没有独立的、固定不变的质地,它的存在只有在与另一种事物的对立之中,只有在与之对立的事物的衬托之下,才能显现出来。也就是说,事物的存在是相对的。

比如说,地之所以存在,那是因为有天的衬托,如果没有天的衬托,也就说不上有地的存在;天之所以存在,那是因为有地的衬托,如果没有地的衬托,也就说不上有天的存在;父亲之所以存在,那是因为有子女的衬托,如果没有子女的衬托,也就说不上有父亲的存在;儿子之所以存在,那是因为有父母的衬托,如果没有父母的衬托,也就说不上有儿子的存在,如此等等。

如果以庄子自己说到的事物为例,那就是:生之所以为生,那是因为有死的衬托,如果没有死的衬托,也就说不上生;死之所以为死,那是因为有生的衬托,如果没有生的衬托,也就说不上死。贵之所以为贵,那是因为有贱的衬托,如果没有贱的衬托,也就说不上贵;贱之所以为贱,那是因为有贵的衬托,如果没有贵的衬托,也就说不上贱;是之所以为是,那是因为有非的衬托,如果没有非的衬托,也就说不上为是;非之所以为非,那是因为有是的衬托,如果没有是的衬托,也就说不上是。如此等等,忧乐、智愚、用否、大小皆如此。

将相对思维解剖开来,就会发现,它包含着两个层面:一个层面与客观事物的某类属性相吻合,是客观事物此类属性在人的头脑中的反映,我们称之为合理层面;一个层面与客观事物的某类属性相背离,是第一个层面在人的头脑中无条件引申的结果,我们称之为悖谬层面。

合理层面,是指相对思维将事物视为相对存在的那个方面;悖谬层面,是指相对思维将事物视为虚幻不实、空无质地的那个方面。

客观事物确实是在相对的关系中存在的,没有与之相对的另一种事物,这种事物就不能存在,没有与之相对的另一方面,这一方面就不能存在。

比如说"生",亦即人们所说的活着。我们说某某人还活着,那是因为有死与之相对应;如果这个人本来就不会死,没有死与活着相对应,那么这个人就是这个人,根本不会存在活着这样的问题,就像一块不会死的石头一样,根本不存在活着的问题。反过来也是一样,我们说某某人死了,那是因为他原本是活着的,如果他根本就没有活过,也就不会出现死亡,就像一块没有活过的石头一样,根本不会死。

再比如说"张三",亦即我们随便指的一个人。从名字上讲,之所以会起张三这个名字,那是因为除了张三这个人而外,还有非张三的存在;如果天下就此一人,别无分立,这个名字的存在就没有意义了;不仅这个名字的存在没有意义,而且这个名字也就根本不会出现;不仅这个名字根本不会出现,而且连称呼张三、李四的语言都不会出现。而张三与非张三,也正是一种相对关系。再从这个人自身来讲,张三之所以存在,那是因为有非张三的人存在,如果没有产生张三的人作为产生者存在,那么张三作为被产生者就不可能存在。退一步讲,即使张三之外没有第二个人,那也还是有张三之外的其他东西,比如张三双脚站在地上,大地就是张三的对立者,如果没有大地的托载,张三就不可能存在。而产生者与被产生者、托载者与被托载者都是相对的关系。

又如说"阳面"。我们之所以说阳面,那一定是有阴面与之相对,就像一座山,有向阳的一面就一定有背阴的一面与之相对,没有与之相对的背阴一面,也就不会有向阳的一面。

如此等等,生死、贵贱、忧乐、智愚、用否、大小、是非皆如此。

以上是就静止的状态说的,是说就静止状态而言,事物都是在两相对立的关系中存在的。

可是世界上没有绝对静止的事物,一切事物都在运动和变化,所以两相对立的关系也在变化。在诸种变化形式之中,有一种特别突出的形式,这就是对立的双方各向与自己对立的方向转化。比如说原本活着的东西化为无有了,原本无有的东西以活的形态出现了;张三原本是被生者,之后成了产生者;在北回归线以北,山的北面是阴面,山的南面是阳面,可是到了南回归

263

线以南则反转了过来,山的南面成了阴面,而山的北面却成了阳面。如此等等,对立双方各自都会向与自己对立的方向转化,生死、贵贱、忧乐、智愚、用否、大小、是非皆如此,这是事物相对关系的一种表现形式。

正是由于存在着这样的表现形式,所以一种东西既是某种东西又不是某种东西,既不是某种东西又是某种东西。在一定的时间、一定的空间或一定的环境之中,这种东西是某种东西,而在另一时间、另一空间或另一种环境之中,这种东西又不是某种东西;在一定时间、一定空间或一定环境之中,这种东西不是某种东西,而在另一时间、另一空间或另一环境之中,这种东西又是某种东西。

比如张三出生于20世纪30年代,卒于20世纪80年代。那么,他在20世纪30年代到80年代是张三,而在20世纪30年代之前和80年代之后便不是张三了。由此看来,张三从不存在转化成了存在,又由存在转化成了不存在。存在与不存在这两个对立的方面在张三这个人的身上各自向与自己相反的方向转化。正因为有这种转化,因此既可以说张三存在,又可以说张三不存在。说张三存在,那是就20世纪30年代到80年代这个时间段来说的;说张三不存在,那是就20世纪30年代之前和80年代之后这个时间段来说的。

上面这是从大的时间跨度来说的。我们还可将时间跨度缩小一些来看。比如拿10岁的张三与50岁的张三相比。二者相较,一老一少,从形象到知识,从社会作用到社会关系都差得很远。由此我们可以说10岁的张三和50岁的张三都是张三又都不是张三:以10岁的张三为参照,则10岁的张三是张三,而50岁的张三不是张三;以50岁的张三为参照,则10岁的张三不是张三,而50岁的张三是张三。张三在10岁时,只能说10岁的张三存在着,同时也就是说50岁的张三不存在;张三在50岁时,只能说50岁的张三存在着,同时也就是说10岁的张三消失了。

依照这样的方法,把时间跨度再缩小,再缩小,按照这样的道理一步一步再推导,再推导,可以得出这样的结论:张三在每时每刻都是张三也都不是张三;张三每时每刻都活着又都没有活着。也就是说,是与非、生与死两个方面都集中在了张三一个人身上,而且体现在了他的一生之中。

从相应的角度,采取相应的分析方法,同样可以得出贵贱、忧乐、智愚、用否、大小都集中在一个人身上,而且体现在这个人一生之中的结论。

从相应的角度,采取相应的分析方法,同样可以得出两相对立的方面同时集中在任何一种事物之中的结论。

相对关系是客观事物自身所具有的一类属性,庄子的相对思维反映了客观事物之中的这类属性,反过来又揭示了事物自身的这类属性,它告诉人们,客观事物都是在两相对立中存在的,都是在对立双方相互转化的过程中展现自身的,由此每个事物都存在既是又非的两个方面。就这个层面来说,这种思维方式是合理的,对开发人类辩证思维的能力大有裨益。

不过,应该进一步明确,虽然任何事物都处在两相对立的关系中,任何事物都在对立双方相互转化的过程中展现自身,任何事物自身都同时既是对立双方中的某一方又不是某一方,但是,谁与谁对立,对立的双方什么时候、以什么形式向与自己对立的方向转化,对立的双方各自是某一方或不是某一方,却不是随意的,是就一定时间、空间和环境而言的,也就是说是有条件的。没有相应的条件,事物与事物之间就构不成对立的双方;没有相应的条件,对立的双方就不可能相互转化;没有相应的条件,就不能说它是某一方或不是某一方。

比如我们说山有阴面和阳面,阴阳两面是对立的。之所以存在着这种对立,条件之一是有太阳的存在。如果没有太阳存在,就不存在阴阳两面的对立。比如我们说一张纸有正面和反面,正反两面是对立的。之所以存在这种对立,是以这张纸的实际存在为条件的,如果没有这张纸的实际存在,也就构不成正反两面。

比如我们说山的阴面可以转化成阳面,山的阳面可以转化成阴面。这种转化不是就一座具体的山而言的,而是就山的方向而言的,是说在北回归线以北,山的北面为阴,山的南面为阳,而到了南回归线以南,则山的北面为阳而山的南面为阴。在这里,山的方向和南北回归线的调换是阴阳转化的条件。不以这些条件为前提,这样的命题则是荒谬的。

比如我们说张三是张三,那是就张三生活过程中的某个时间来说的;这某个时间就是张三是张三的条件。抛开相应的条件说"是"或说"不是",那都是荒谬的。

同样的道理,抛开相应的条件,说"生"说"死",说"非生"说"非死",说

"贵"说"贱",说"非贵"说"非贱",说"忧"说"乐",说"非忧"说"非乐",说"智"说"愚",说"非智"说"非愚",说"有用"说"无用",说"无用"说"有用",说"大"说"小",说"非大"说"非小",也都是荒谬的。

庄子恰恰是将事物的相对关系无条件地延伸开来,从而得出了一切东西都是都非、无是无非的结论,陷入了荒谬。所以我们将庄子相对思维的这个层面称为荒谬层面。

庄子的相对思维是为其整个学说体系服务的。

庄子要求人们站在道的高度观人世,要求人们站在宇宙之巅观人世,自然会像高飞九万里的大鹏一样,俯首下望,只见万物齐一,茫茫一片,无人无物,无是无非。可是常人却很难做到这一点,大家都生活在实实在在的人世中,陷身于千差万别的事物中,以我为此以你为彼,以我为是以你为非。如何才能跳出人世,融于大道呢?那就要从现实出发而飞离现实,那就要从差别出发而远离差别。现实也正好为庄子计划的实施提供了阶梯,这就是在相应条件下事物与事物之间相对存在着,这就是在相应条件下相对的事物各自向与自己相反的方向转化着,这就是在一定条件下事物是这样而在另一种条件下则又不是这样。庄子以此为阶梯将人们的思想引入到相对的境界,并且随之将相对之中的"条件"拆除了。在没有拆除"条件"之前,事物之间的对立、转化和是与不是还是条分缕析的,事物之间的界限还是清晰可见的,而在"条件"被拆除之后,天地万物在人的心目中则成了一塌糊涂,难分难解,就好像用一个支架搭起来的大型鲜花花坛一样,在有支架的时候,这里是象鼻,那里是凤尾,所造之型千差万别,各具形态,可是有哪位神人突然之间将支架撤走了,那原有的造型顷刻之间就会变得一无所有,成了一塌糊涂,难分彼此,难辨是非。不过出现了这种情况,也就达到了庄子泯灭差别、合异为同的目的,因为到了此时,人的心境便从人世飞腾起来,与道融为一体了。

我们说相对思维与以道观之的思维方式两相呼应,正是从这种意义上说的。以道观之是将目光从方外投向方内,以道自身的色彩将方内的天地万物及其差别覆盖掉,就像阳光从太空洒向人间一样,只见金光一片,不见人物山川;相对思维是将目光从方内射向方外,将方内的天地万物及其差别抛在脑后,就像水汽从天地万物之中蒸发出来、升腾而上,把那方内的人物山川忘得干干净净,径直融入那混然为一的太空。

第十章　物归自然

　　物归自然是庄子整个学说的归结点。正因为如此，所以在讨论每一个专题时，最后的落脚处，几乎都是自然而然。

　　将庄子学说的脉络理一下，大概是这样的：大道是宇宙的本原，也是观察天地万物的出发点；站在大道的角度观察人世，天地同一，万物一齐，物我无分，无此无彼；天地万物虽然形态各异，人间诸事虽然各有其理，但说到根本上，则各顺其情，各尽其性，各自自然，各自皆安，这就是差别之中的同一、相异之中的不异，体悟到了差别之中的同一、相异之中的不异，也就体悟到了大道，也就融入了大道。

　　换句话说，庄子所谓的大道，在天地万物生成之后浸透在了天地万物之中，它就是天地万物各自的自然本性。天地万物自然而然地顺着自己的自然本性运动变化,这就是遵循大道;人自然而然地顺着自己的自然本性动行静止而且自然而然地顺着天地万物的自然本性运动变化,这就是融入了大道。

用一句简单的话来表述,那就是:"融于大道,就是融于自然;合乎大同,就是合乎自然。"

除了在所论各个专题时涉及于此,庄子还专门论及于此。

一、自己自取

大千世界,千奇百怪;天地万物,各有千秋。就形态讲,有大的有小的,有圆的有方的,有厚的有薄的,有利的有钝的;就颜色讲,有黑的有白的,有红的有黄的,有蓝的有紫的,有绿的有橙的;就声音讲,有高的有低的,有润的有尖的,有双的有单的,有重的有轻的;就味道讲,有苦的有甜的,有淡的有咸的,有酸的有辣的,有涩的有爽的,等等。仅类别而言,就数也数不尽,且不要说类下之类了。然而,不管类别有多少,不管样子有多少,都有一个共同点,这就是各自都有自己的自然本性,各自都按照自己的自然本性自然存在、自然变动,没有什么有智能的东西在主宰它们,完全是它们自己的自然行为。

庄子认为,这就是天地万物的客观状况、原本状况。将这种状况简明地表述出来,那就是"自己"、"自取"。

(一)自己自取　谓之天籁

在庄子看来,自己自取是天地万物的共同本性,作为万物一员的人也不例外。不过人与他物相比较,多了一种东西,这就是智慧。当他有意使用自己的智慧时,就远离了自己的自然本性,同时也就干扰了他物的自然存在;当他无意使用自己的智慧时,就融入了自己的自然本性,同时也就顺应了他物的自然本性。有鉴于此,所以庄子要求有主观意识的人关闭自己的心智,放弃自己的主观臆想和主观造作。

他在《齐物论》中讲了一个"形如槁木,心如死灰"的故事,就是在表述这种思想。故事说:

南郭子綦隐机而坐,仰天而嘘,嗒焉似丧其耦。颜成子游立侍乎前,曰:"何居乎? 形固可使如槁木,而心固可使如死灰乎? 今之隐机者,非昔之隐机者也。"

子綦曰:"偃,不亦善乎,而问之也! 今者吾丧我,汝知之乎,女闻人籁而未闻地籁,女闻地籁而未闻天籁夫!"

其意是说:南郭子綦倚着茶几席地而坐,长长地嘘了一口气,耷拉着脑袋像是丢了魂一样无精打采。他的弟子颜成子游站在他的旁边服侍他,见他这个样子,上前问他:"这是怎么一回事啊? 形体固然可以成为槁木,难道心灵可以变成死灰吗? 今天靠着茶几坐着的子綦先生难道不是昨天靠着茶几坐着的子綦先生吗?"

这一问,南郭子綦反而来了精神,说:"子游提的这个问题不是很好吗? 今天我丧失了自我,你懂得其中的道理吗? 如果不懂,那是因为你只听到过人籁而没有听到过地籁,或许你听到过地籁而没有听到过天籁。"

形如槁木,心如死灰,是说人丧失了自我,将自己完全融入到了大自然之中,形体就像是立着的枯木,无感无觉,精神就像是无火的死灰,无灵无明,完全失去了自己的主观意识。这正是庄子所要追求的境界。

这到底是一种什么样的境界? 颜成子游不懂,所以向南郭子綦提问。南郭子綦告诉他,这是一种"天籁"的境界。

什么是"天籁"? 南郭子綦在下面的对话中做了回答:

子游曰:"敢问其方。"

子綦曰:"夫大块噫气,其名为风。是唯无作,作则万窍怒号。而独不闻之翏翏乎? 山林之畏佳,大木百围之窍穴,似鼻,似口,似耳,似枅,似圈,似臼,似洼者,似污者;激者,謞者,叱者,吸者,叫者,譹者,宎者,咬者,前者唱于而随者唱喁。泠风则小和,飘风则大和,厉风济则众窍为虚。而独不见之调调,之刀刀乎?"

子游曰:"地籁则众窍是已,人籁则比竹是已。敢问天籁?"

子綦曰:"夫吹万不同,而使其自己也,咸其自取,怒者其谁邪!"(《齐物论》)

"籁",本指竹箫。箫吹而出声,大地孔窍经风一吹也出声,所以庄子将其喻为"地籁",即地箫。以此相推,"天籁"即是天箫。

南郭子綦为了解释清楚天籁,先从什么是地籁开始讲起。

南郭子綦说:"那你听着,我给你慢慢说来。你知道,大地吹气,名字叫做风。要么就不发作,一旦发作起来,那亿万个洞窍就一起怒吼起来。难道你没有听到过长风的呼啸吗? 山林被吹得东摇西摆,大树上的孔窍,有的像鼻子,有的像嘴巴,有的像耳朵,有的像卯眼,有的像杯口,有的像槽臼,有的像水注,有的像泥坑,不管是什么样的,一起吼叫起来。那个声音,有的像是水在激荡,有的像是疾箭离弦,有的像是高声呵斥,有的像是慢慢呶吸,有的像是大声呼叫,有的像是放声哭嚎,有的像是山谷回响,有的像是长吁短叹,前者像是在唱而后者像是在和。细风则和声也小,大风则和声也高。狂风过去了,那些孔窍也没有了声音,看上去,只见那些树枝还在摇曳,只见那些树叶还在摆动。"

子游说:"我懂了,地籁是说的风吹孔窍发出的声音,人籁是说的人吹竹箫发出的声音。那么天籁是说的什么呢?"

此时南郭子綦做了正面的回答。

他说:"你想想,同样是在风的吹奏下,不同的孔窍却发出了不同的声音。是谁让它们的声音各自不同的呢? 没有谁让它们不同,只不过是它们自己自然如此而已。自然如此,各自自取。这就是天籁。"

大地嘘气刮起了风,风将大树上的孔窍吹得响了起来,而且各有各的声,各有各的调,汇成了一场大合唱。南郭子綦把这场大合唱称为地籁。

这箫声虽然是大地之风吹响的,可是是谁让大地刮的风呢? 又是谁让大树的孔窍发出了各种不同的声音呢? 又是谁将这各种声音汇在一起,形成了一场美妙动听的大合唱呢? 没有人。风是自己自然而然地刮起的,孔窍是自然而然发出各种不同声音的,各种不同的声音是自然而然汇成一场大合唱的。这就是天然,这就是天籁。"天籁",就是指天然形成的谐和之音。

这场大合唱是那么美妙动听,有高有低,有粗有细,有疾有缓,有起有息,俨然像是一个有生命、有灵感、有理智、有造诣的指挥家的杰作,然而却不是,它是一群无生命、无感觉、无头脑、无性情的东西天然自成的。也就是说,最美好、最生动的东西不是谁的主观创造,而是无知土木的天然合成。

与此对照,人要想融入这一美好、生动而又和谐的家族之中,那就需要消除自己的主观,泯灭自己的欲望,使自己无物无我,心中虚空,胸中洁净。达到了这种境界,人也就与自然界的土木没有什么区别了,形体犹如枯木,心灵犹如死灰。而也正因为形如枯木,心如死灰,所以才不会吹出那自以为美而与自然不合的声音来,才不会作出那自以为好而有损于自然和谐的事情来。正因为心内无物,胸中无我,所以才能随应一切,顺其自然,无思无虑,回归自在。这就是庄子说的得道、入道、体道和融于道。所以,人融于道与回归自然是二位一体的。

(二)穿牛落马　背性失真

形如槁木,心如死灰,主要是就人自己自身而言的。是说人去掉了主观意念,让自己自然而然地顺着自身的自然本性动行静止,那就将自己融入了自然,融入了天然,融入了大道。

除此而外,还有一层人与外物的关系问题。人去掉了自己的主观意念,对外物自然也就无所追求,无所要求了。对外物无所追求、无所要求,那外物也就可以各尽其情,各任其性,自然而然,免于人为的干扰了。也就是说,人的心境与大道融为一体,外物也就可以自然而然了;人入大道与万物自然也是二位一体的。

庄子以牛马为例,从正反两面来说明这种思想。

《马蹄》篇做了这样的描述,其文曰:

> 马,蹄可以践霜雪,毛可以御风寒,龁草饮水,翘足而陆,此马之真性也。虽有义台路寝,无所用之。及至伯乐,曰:"我善治马。"烧之,剔之,刻之,雒之,连之以羁馽,编之以皁栈,马之死者十二三矣;饥之,渴之,驰之,骤之,整之,齐之,前有橛饰之患,而后有鞭笑之威,而马之死者已过半矣。陶者曰:"我善治埴,圆者中规,方者中矩。"匠人曰:"我善治木,曲者中钩,直者应绳。"夫埴木之性,岂欲中规矩钩绳哉?然且世世称之曰"伯乐善治马而陶匠善治埴木",此亦治天下者之过也。

> ……

> 夫马,陆居则食草饮水,喜则交颈相靡,怒则分背相踶。马知已此矣。夫加之以衡扼,齐之以月题,而马知介倪闉扼鸷曼诡衔窃

辔。故马之知而态至盗者,伯乐之罪也。

其大意是说:马,蹄子可以践踏霜雪,皮毛可以抵御风寒,吃草喝水,撒开蹄子在陆地上奔跑。这是马天生下来的自然真性呀!虽然有高台大殿,对于它们来说,那有什么用处呢?到后来出了一个名叫伯乐的人,说:"我会驯马。"于是在马身上打上烙印,在马蹄上钉上马掌,在马头上罩上笼头,在马嘴上系上缰绳,把它们拴在马槽上,还编上号码。这样一来,看上去还是原先的马,而实际上马的自然真性已经被阉割去了十之二三。又饿着它们,渴着它们,让它们快跑,让它们骤停,让它们列队,让它们齐步,前面有马嚼的牵制,后面有皮鞭的胁迫,到这个时候,马的自然真性差不多被阉割去了一大半。

不仅马的命运是如此,其他东西也是一样。比如陶匠说:"我会治理陶泥,把圆形陶器做得圆圆的,把方形陶器做得方方的,使圆者中规而使方者中矩。"木匠说:"我会治理木材,该弯曲的地方让它弯曲,该平直的地方让它平直,使弯者中钩而直者中绳。"可是就陶泥和木材的自然真性而言,它们愿意让人按照规矩钩绳的样子摆弄自己吗?不过世人却不理会它们的自然真性是否受到损害,世世代代都说"伯乐善驯马,陶匠善治泥,木匠善治木",这也真是那些一心想要治理天下的人之罪过呀!

马生活在陆地上,饿了就吃草,渴了就饮水,高兴了就用脖子相摩相蹭,发怒了就掉转身子以蹄相踢。马原本也就知道这些而已。到后来,在它们的身上架上衡杠,在它们的额上装上铁箍,这时候马才知道自己身被束缚、体负重物,于是也才有了挣脱笼套、咬断缰绳的行为。所以说,马之所以懂得强力抗争、与人为敌,这是伯乐的罪过啊!

有鉴于此,所以《秋水》篇说:

牛马四足,是谓天;落马首,穿牛鼻,是谓人。故曰,无以人灭天,无以故灭命,无以得殉名。谨守而勿失,是谓反其真。

在庄子看来,一种东西,天生下来是什么样就让它是什么样,不要人为地去增加一分,也不要人为地去减少一厘。马天生下来就有四蹄,善于奔跑,那就让它自由自在地奔跑好了,不要人为地去改变它;牛天生下来就是慢慢腾腾,从不着急,那就让它悠闲自得地慢慢去走好了,不要人为地去干扰它;泥土本来是泥土,不要把它团弄成形,造成陶器;素璞本来是素璞,不要把它剥离开来,雕琢成玉。要知道,把马首套上笼套,马的天性就失去了一半;把牛鼻穿上孔,牛的本性就受到了摧残;陶器一成,泥土也就失去了自己的真性;玉器一成,素璞也就失去了自己的原形。失去真性也就是背天而行,失去原形也就是人为而动。

有鉴于此,《庄子·秋水》篇中给"天"与"人"下了一个形象的定义,其意是说,按照天生原原本本的样子生活,不要将人为的因素强加于物,这就是天然,这就是所谓"天";将人为的因素强加于物,强给赤身裸首的马戴上笼套,强给无孔的牛鼻穿上孔,拴上绳子,这就是人为,这就是"人"。

庄子认为,遵循事物的自然本性,任随事物自然而然,就是归真;使用人的主观意念,干扰事物的自然变化,就是失真。

这里是在讲人与外物的关系,所以所谓的归真,既指外物,也指人自身。对于外物来说,是由于人的无为而保持了自己的自然本性,所以为归真;对于人来说,由于自己的自然无为,既没有损害外物的自然本性,也没有离开自己的自然本性,所以为归真。反过来说,失真也会是双重的,既是外物失真,也是人自己失真。对于外物来说,由于人的造作而失去了自己的自然本性,所以谓失真;对于人来说,由于自己动用心机、干扰外物,失去了自己的自然本性,所以为失真。

真是什么?就是大道。"反其真",就是回归大道。

遵循自然就是回归大道,脱离自然就是背离大道。这就是庄子讲牛讲马的本意。

(三)动其天机 不知所以

庄子用寓言故事的形式,说明万事万物都是自然而然的。自然而然是一种天然的机制,事物的形态、样式虽然各不相同,但是在自然而然上是一样的,都在不知不觉地顺着自己的自然本性行动。

故事说:

夔谓蚿曰:"吾以一足趻踔而行,予无如矣。今子之使万足,独奈何?"

蚿曰:"不然。子不见夫唾者乎?喷则大者如珠,小者如雾,杂而下者不可胜数也。今予动吾天机,而不知其所以然。"

　　蚿谓蛇曰:"吾以众足行,而不及子之无足,何也?"

　　蛇曰:"夫天机之所动,何可易邪?吾安用足哉!"

　　蛇谓风曰:"予动吾脊肋而行,则有似也。今子蓬蓬然起于北海,蓬蓬然入于南海,而似无有,何也?"

　　风曰:"然。予蓬蓬然起于北海而入南海也,然而指我则胜我,鳅我亦胜我。虽然,夫折大木,蜚大屋者,唯我能也,故以众小不胜为大胜也。为大胜者,唯圣人能之。"(《秋水》)

文中的"天机",是指天然的机制,意谓自然而然如此。故事的大意是说:

　　古代有一种独脚兽,名叫夔。它见万足虫用万只脚在地上爬动,觉得很奇怪。于是说:"万足虫,万足虫,你看我用一只脚跳跃而行,已经觉得再方便不过了,你何必要用万只脚爬行呢?"

　　万足虫回答说:"你这个话问得不对!不是我要用万只脚爬行,而是我天生就有万只脚,自然而然用万只脚爬行。我只知道我在用万只脚爬行,而不知道为什么用万只脚爬行。先生不是看见过人们吐唾沫吗?吐出来的唾沫,有大有小。有的像珠子那么大,有的像雾气那么小。是大是小,都不由自己,大者自然是大,小者自然是小。我用万只脚爬行也是这个道理。"

　　万足虫见蛇一只脚也没有,可是比自己还要爬得快,非常奇怪。于是问道:"蛇呀蛇,你看我用万足爬行,可是还没有你无足爬得快。这是为什么?"

　　蛇回答说:"依靠天生的机制爬行,谁能改变得了呢?天生下来就让我这个样子,我何必要用脚行走呢?"

　　蛇看见风在那里呼呼地刮着,转眼之间就从北海刮到了南海,可是既没有脚,也没有体。觉得不可理解。于是问道:"风啊风,你看我虽然没有脚,可是却像有脚一样,用脊肋爬行。而你呼呼地从北海旋起,呼呼地刮到南海,可是却像什么也没有似的,这是为什么?"

　　风回答说:"的确是这样。我呼呼地从北海旋起而刮到南海,虽然气势很磅礴,但却有比我还要厉害的东西,比如手指可以戳我一个洞,双脚可以踩我一个坑,它们都比我厉害。虽然如此,可是能够折断大树、掀开屋顶,只有我有这样的能力。由此可见,战胜不过小东西的东西却能战胜大的东西。而战胜大的东西,只有圣人能够做到。"

这个故事是说,世界上的事物是纷繁复杂、千奇百怪的。可是有一点是一样的,这就是都照着天生的样子而存在,都按照天然的性能而运变。这就是万物之中的同一。夔天生长着一只脚,所以它就自然而然地用一只脚跳跃而行;万足虫天生长着万只脚,所以它就自然而然地用万只脚顺次爬行;蛇一只脚也没有,天生具有脊肋交错的功能,所以它就自然而然地用脊肋错行;风一无所有,所以就顺自然而起,顺自然而止,不损手脚却可折树掀屋,自然呈能。这些都是天然造就的,自然如此。遵照这个原则存在,就是自然而然地存在,遵照这个原则变化,就是自然而然地变化。

顺着天然的机制而行,自然而然,无须探问为什么;物物如此,事事如此,不管是万脚还是独脚,也不管是有脚还是无脚;自然就是万物之中的一,万物之中的道。这是故事的基本内涵。

（四）利合相弃　天属相收

庄子认为,既然自然而然是天地万物之中的大道,是千差万别之中的同一,是万事万物之中原本真性之所在,那么天地万物和它也就最贴近,天地万物与它也就分不开。能够分开的东西是在利益驱动下结合在一起的,分不开的东西是天然合为一体的;在利益驱动下结合在一起的东西,遇到利害关系时就会将对方舍弃掉,天然合在一起的东西,遇到利害关系时会结合得更紧密。这反过来也说明,天然的本性才是纯真的,自然而然才是赤诚的。将事物之间的这种关系概括起来,可以用两句话来表述,这就是"利合相弃,天属相收"。

《山木》中有一个"弃璧负子"的故事,就是在讲这样的道理。故事说:

孔子问子桑雽曰:"吾再逐于鲁,伐树于宋,削迹于卫,穷于商周,围于陈蔡之间。吾犯此数患,亲交益疏,徒友益散,何与?"

子桑雽曰:"子独不闻假人之亡与? 林回弃千金之璧,负赤子而趋。或曰:'为其布与? 赤子之布寡矣;为其累与? 赤子之累多矣。弃千金之璧,负赤子而趋,何也?'林回曰:'彼以利合,此为天属也。'夫以利合者,迫穷祸患害相弃也;以天属者,迫穷祸患害相收也。夫相收之与相弃亦远矣。且君子之交淡如水,小人之交甘若醴;君子淡以亲,小人甘以绝。彼无故以合者,则无故以离。"

　　　　孔子曰:"敬闻命矣!"徐行翔佯而归,绝学捐书,弟子无挹于
　　前,其爱益加进。

　　　　异日,桑雽又曰:"舜之将死,真泠禹曰:'汝戒之哉!形莫若
　　缘,情莫若率。缘则不离,率则不劳。不离不劳,则不求文以待形;
　　不求文以待形,固不待物。'"

其大意是说:孔子一再受难,结果朋友越来越疏远,学生越来越流散。他不知道其中的道理,所以求教于子桑雽。

　　子桑雽给他讲了一通关于亲近与疏远的道理。他说:"先生没有听说过假国人逃难的故事吗? 假国遭难之时,有一位名叫林回的背着自己的儿子和价值千金的璧玉逃难。后来背不动了,就把璧玉扔掉,背着自己的儿子跑。同路人问他:'就从钱数来说,儿子不值几个钱;就从累人来说,儿子比璧玉重得多。你把价值千金的璧玉扔掉而背着儿子跑,这是为什么?'林回回答说:'璧玉和我是由于利益的原因结合在一起的,儿子和我是由于天然的原因结合在一起的。'由于利益的原因结合在一起的,当这种结合遭受祸患时就会相互离弃;由于天然的原因结合在一起的,当这种结合遭受祸患时就会相互靠拢。一个是相互靠拢,一个是相互离弃,两种情况相差得太远了! 君子之间的交往,就像淡水一样,之间没有任何利益关系;小人之间的交往,就像醇酒一样,之间有浓厚的利益关系。君子之间没有任何利益关系,所以相互之间的友情不受利益关系变动的影响,永远是真诚的,亲密的;小人之间有浓厚的利益关系,所以相互之间的友情随着利益关系的变动而变动,当利益一致时,好得像蜜一样甜,当利益相反时,就会绝交的。至于那些无缘无故结合在一起的,自然也会无缘无故地分手。"

　　孔子听了之后觉得很有道理,抛掉了利益的追求,悠闲自得地游荡回家,不再办学,不再教书。弟子们虽然不在身边侍奉了,但对他更加敬爱了。

　　过了一段日子,子桑雽又告诉孔子:"虞舜在临死的时候曾经给大禹留下一句特别珍贵的话,他说:'你一定要牢牢记住! 形体没有比顺应自然更安适的了,情感没有比放任自然更舒畅的了。顺应自然就不会夭折,放任自然就不会受挫。不夭折,不受挫,就用不着粉饰自己;用不着粉饰自己,也就用不着借助于外物了。'"

　　故事中的林回是万事万物的象征,林回的儿子是万事万物自然本性的

象征。事物是不能离开自己的自然本性的,自然本性就是自己本身的体现,离开了自己的自然本性,也就失去了自己本身,形体就会夭折,情感就会受挫。如何才能保持自己的自然本性?唯一的办法就是顺应自然、放任自然。自然而然就是自己自然本性的体现。

基于这种关系,所以,在故事的结尾,作为总结,又专门插入了虞舜的一段话。

二、处所反性

从"自己自取"一节可以看出,所谓万物自然,实际上也就是万物各自按照自己的自然本性行动和变化。天地万物的自然本性是大道赋予的,按照天地万物的自然本性行动和变化,也就是回归于大道;天地万物都有各自的自然本性,这是不同之中的同一,按照各自的自然本性行动变化,也就是不同同之。正因为如此,所以庄子特别强调"处其所而反其性"。

所谓"处其所",就是各自都处在自己原本应该处的位置上;所谓"反其性",就是各自都回归自己的本性。

他认为,这就是自然无为,这就是顺道而行。

《缮性》中对此有过直接论述。其文曰:

古之行身者,不以辩饰知,不以知穷天下,不以知穷德,危然处其所而反其性已,又何为哉!道固不小行,德固不小识。小识伤德,小行伤道。故曰:正己而已矣。

其意是说:古代那些修养身心的人,不用巧言炫耀自己的智能,不用智能干扰天下,不以智能干扰本性,独自处在自己原本就应该处的位置上,回归于自己的自然本性,又有什么可以作为的呢!遵道而行,原本是不能局限在某一方面的;识物本性,原本是不能局限在某一范围的。局限在某一范围,本性就认识得不全面;局限在某一方面,大道就会受到阉割。所以说:将自己的位置摆正,大道、本性也就全在其中了。

也就是说,行道也好,识本也好,用不着作为,只要原原本本地处在自己本来的位置上,完完全全地归于自己的自然本性中,也就达到了目的。

277

其中的"处其所"与"反其性",都是说的保持自己的自然本性,二者的区别在于:"处其所",是就静态而言的,是说不要离开本性;"反其性",是就动态而言的,是说一旦有所偏离,则要立即返回。

(一)小不怀大　短不汲深

事物本来是千差万别的,可是庄子却认为它们是等齐同一的。之所以这样说,那是因为它们各自都有各自的本性,都不能离开自己的本性,谁要是偏离了自己的本性而迷途不返,那就会遇祸遭殃,难以存在。在这一点上,万事万物都是一样的,没有一个能够例外。有鉴于此,所以庄子特别注重各适其异,各处其宜。认为只有做到了这一点,才能融于一而合于道,也才能维持自己的生存。如果不是这样,而想人为划一,或者要让小口袋与大口袋一样去装大的东西,或者要让短的井绳与长的井绳一样去汲深井之水,那就不仅会枉费心机,而且会引来灾祸。

《至乐》篇有一个"颜回东之齐,孔子有忧色"的故事,就是在讲这一道理。故事说:

> 颜回东之齐,孔子有忧色。子贡下席而问曰:"小子敢问,回东之齐,夫子有忧色,何邪?"
>
> 孔子曰:"善哉汝问!昔者管子有言,丘甚善之,曰:'褚小者不可以怀大,绠短者不可以汲深。'夫若是者,以为命有所成而形有所适也,夫不可损益。吾恐回与齐侯言尧舜黄帝之道,而重以燧人神农之言。彼将内求于己而不得,不得则惑,人惑则死。且女独不闻邪?昔者海鸟止于鲁郊,鲁侯御而觞之于庙,奏《九韶》以为乐,具太牢以为膳。鸟乃眩视忧悲,不敢食一脔,不敢饮一杯,三日而死。此以己养养鸟也,非以鸟养养鸟也。夫以鸟养养鸟者,宜栖之深林,游之坛陆,浮之江湖,食之鳅鲦,随行列而止,委蛇而处。彼唯人言之恶闻,奚以夫说说乎!《咸池》、《九韶》之乐,张之洞庭之野,鸟闻之而飞,兽离之而走,鱼闻之而下入,人卒闻之,相与环而观之。鱼处水而生,人处水而死,彼必相与异,其好恶故异也。故先圣不一其能,不同其事。名止于实,义设于适,是之谓条达而福持。"

其大意是说:孔子的弟子颜回要去齐国宣传孔子的学说,孔子面有忧色。子贡离开自己的座位悄悄地问孔子:"先生在上,学生想问一个问题,不知是否妥当。颜回将要去齐国,先生面有忧色,这是为什么呢?"

孔子说:"这个问题问得好! 过去管子曾经说过一句话,我很赞赏。他说:'小口袋不可以用来装大东西,短绳子不可以用来汲深井水。'这是说,每种东西都有固定的性能,都有一定的形体,只能从事与其性能相适应的工作,只能办成与其形体相适应的事情,既不能超越,也不能不及,超越和不及都会给它带来危害。现在颜回要去齐国了,我怕他向齐王讲什么尧舜事迹、黄帝功果,再加上有关燧人和神农的业绩。如果讲这些,齐王一定会用来反省自己。反省而不得要领,那就会对颜回讲的道理产生怀疑。一旦有所怀疑,颜回就有可能被处死。你不是听说过吗? 过去有一只海鸟落在了鲁国的郊外,鲁侯将它迎入庙堂之上,给它奏最高雅的音乐,给它吃最精美的食物。可是海鸟却感到满眼昏花,忧愁悲哀,不敢吃一嘴肉,不敢喝一杯酒,没有过三天便死了。鲁侯这是以养活自己的方法来养活鸟,不是以养活鸟的方法来养活鸟,与鸟的本性不相适应,所以鸟不能存活。用养活鸟的方法养活鸟,那就是让它居住在深林里,漫步在沙滩上,漂浮在江湖中,觅食于鱼鳅间,与自己的同类共飞同止,与自己的伙伴同游共处。它最怕人声嘈杂,为什么要用那嘈杂的声音来招待它呢?《咸池》、《九韶》这些人们认为高雅的音乐,在洞庭的旷野中弹奏,鸟听到后会吓得高飞,兽听到后会吓得逃走,鱼听到后会吓得深潜,就连一般的人刚刚听到,也不过是围观而已。鱼在水中才能生活,人在水中就会淹死。他们的性能不同,所以彼此的好恶也就相异。正因为如此,所以圣人不要求不同的事物有同样的性能,不要求不同的人做成同样的事情。他只要求名誉与实际相符合,做事与能力相适应。这就叫做理通情顺而福气常存。"

也就是说,一种事物有一种事物的特性,一种东西有一种东西存在的特殊环境。如果想要维持一种事物,保存一种东西,就不能脱离它的特性,就不能改变其存在环境,就不能用其他事物的特性要求它,就不能用其他东西存在的环境对待它,否则的话,就会适得其反,事与愿违。

事物存在的最佳环境,就是与其原本真性相适应的环境。事物处在这种环境中,就会安闲自在,就叫做自然。作为行为主体的人,让事物处在这种环境中,不用自己的主观臆想代替事物本身的性能,这就是以养鸟的方法养鸟,这就是以小口袋装小东西,这就是用短井绳汲浅井水,这就叫做顺其自然;这样做不仅事物会自在,而且自己也自在。反过来说,如果动用自己的小聪明,按照自己的主观臆想对待事物,那就是以养活自己的方法养活鸟,那就是用小口袋装大东西,那就是用短井绳汲深井水,那就会将事物置于与其自然本性不相符合的境地,那就是背其自然,那是没有不遭害的。

孔子所以为颜回担心,就是怕他不懂得这个道理,用齐王听不懂的道理去教育齐王,用养活自己的方法养鸟。如果这样就会引来两个恶果:一个是齐王更加迷惑不解;一个是颜回遭到杀身之祸。

《达生》篇中讲了一个类似的故事。故事说:

有孙休者,踵门而诧子扁庆子曰:"休居乡不见谓不修,临难不见谓不勇,然而田原不遇岁,事君不遇世,宾于乡里,逐于州部,则胡罪乎天哉?休恶遇此命也?"

扁子曰:"子独不闻夫至人之自行邪?忘其肝胆,遗其耳目,芒然彷徨乎尘垢之外,逍遥乎无事之业,是谓为而不恃,长而不宰。今汝饰知以惊愚,修身以明污,昭昭乎若揭日月而行也。汝得全而形躯,具而九窍,无中道夭于聋盲跛蹇而比于人数,亦幸矣,又何暇乎天之怨哉!子往矣!"

孙子出。扁子入,坐有间,仰天而叹。弟子问:"先生何为叹乎?"

扁子曰:"向者休来,吾告之以至人之德,吾恐其惊而遂至于惑也。"

弟子曰:"不然。孙子之所言是邪?先生之所言非邪?非固不能惑是。孙子所言非邪?先生所言是邪?彼固惑而来矣,又奚罪焉!"

扁子曰:"不然。昔者有鸟止于鲁郊,鲁君说之,为具太牢以飨之,奏《九韶》以乐之,鸟乃始忧悲眩视,不敢饮食。此之谓以己养养鸟也。若夫以鸟养养鸟者,宜栖之深林,浮之江湖,食之以委蛇,则平陆而已矣。今休,款启寡闻之民也,吾告以至人之德,譬之若载鼷以车马,乐鴳以钟鼓也,彼又恶能无惊乎哉!"

其大意是说:有一个名叫孙休的人前来求教扁子。他说:"请问先生,我住在乡里,没有听人们说过我没有道德,也没有听人们说过我不勇敢,可是我种田老是遇不到好年成,做官老是遇不到好上司,乡里把我当外人,州郡不让我驻留,我怎么得罪了老天爷,为何命运这样坏?"

扁子说:"先生没有听说过至人的行为吗?至人忘记了自己的肝和胆,遗弃了自己的耳和目,迷迷糊糊地漫游于尘世之外,逍逍遥遥地从事于无事之事。这就是所谓创作了东西而不把持那东西,培养了东西而不主宰那东西。而你却不是这样,有了一点聪明就在愚人面前卖弄,修养身形是为了显示自己洁净,这就好像是举着日月在街上行走一样,为的是炫耀自己。像你这样的人,能够保存一个完整的身体,维持九窍的齐备,没有中途聋哑跛瘸了,那就很不错了,那里还有资格埋怨老天呢!你快快走吧!"

孙休走后,扁子回到屋里,坐了一会,若有所思,仰面长叹了一声。弟子问他:"先生为什么叹息呢?"

扁子说:"刚才孙休到我这里,我告诉他至人的德性,我怕他不能理解反而更加疑惑,于是在此叹息。"

弟子说:"不会的。假如孙休说的话对而先生您说的话不对,那么,说对话的不会被错话所迷惑。假如孙休说的话不对而先生您说的话对,那么在先生说话之前孙休就是迷惑的,在先生说话之后他仍然迷惑,那也怪不得先生。"

扁子说:"你这个话不对。过去有一只鸟落在了鲁国的郊外,鲁君喜欢它,把它迎入台阁之中,用最精美的食物招待它,奏最高雅的音乐给它听,最后这个鸟悲哀炫目,什么也不敢吃,什么也不敢喝。这就是以养活自己的方法来养活鸟,而不是以养活鸟的方法来养活鸟。孙休本来是一个寡闻少识的人,而我却给他讲做至人的道理,这就像是用豪华的马车载乘老鼠,用高雅的音乐招待家雀一样,他怎么能不迷惑呢?"

故事是从两个层面上表述其意的:第一个层面是扁子对孙休讲的道理;第二个层面是扁子对弟子讲的道理。

第一个层面是讲至人。是说至人不但忘掉了自己的身形,而且忘掉了自己的耳目,把自己的主观意念完全扫除干净了,所以能无为而自然。无为而自然也就进入了大道,进入了方外,进入了无所作为而无所不为的境界。

这就是所谓的"芒然彷徨乎尘垢之外,逍遥乎无事之业"。

第二个层面是讲如何正确对待俗人。俗人本来就听不懂至人的道理,这是由俗人的自然本性决定的。顺其本性而行,任其自然而然,不要用至人的标准强求他们,这就是以养活鸟的方法养活鸟,这才合乎大道;强求他们离开自己的自然本性,给他们讲至人的道理,用至人的标准要求他们,那就是以养活自己的方法养活鸟。从表面上看来,要俗人向至人学习,可能会使俗人接近于大道,实际上却相反,那会使之更加背离大道,因为这样做背离了俗人自己的自然本性。

一方面顺自己之自然,另一方面顺外物之自然,不管是对家雀也好,还是对老鼠也好,各任其性,这才是真正融入了大道。

家雀只适宜跳跃于枝头,老鼠只适宜居于洞穴。在人看来,枝头、洞穴是那么简陋、寡淡,而对于家雀和老鼠来说,却犹如高堂、宫室。如果非要将家雀、老鼠请到高堂、宫室中来,待之以美味佳肴,闻之以高雅音乐,在人看来,那可是非常优厚的了,而家雀和老鼠却接受不了,它们会非常难受,以至死亡。之所以会有这样的结果,那是因为人的这种行为违背了家雀和老鼠的天然本性,使它们脱离了最适合它们真性的环境,使它们脱离了自然。孙休本是市井粗人,扁子却以至人的道理去开导他,这就像让老鼠乘车,让家雀听乐一样,离开了本人的自然本性去对待他,其结果也就可想而知了。所以扁子为之担忧,为之叹息。

(二)依乎天理 因其固然

庄子将事物的自然本性称为"天理"和"固然"。认为与大道融为一体,也就是要依照事物的天理行事,顺着事物的固然变化。只有这样,才能化解事物的症结,也才能维护自身的安全。为此他讲了一个"庖丁解牛"的故事。

故事说:

> 庖丁为文惠君解牛,手之所触,肩之所倚,足之所履,膝之所踦,砉然响然,奏刀騞然,莫不中音。合于桑林之舞,乃中经首之会。

> 文惠君曰:"嘻,善哉!技盖至此乎?"

庖丁释刀对曰:"臣之所好者道也,进乎技矣。始臣之解牛之时,所见无非全牛者。三年之后,不尝见全牛也。方今之时,臣以神遇而不以目视,官知止而神欲行。依乎天理,批大郤,导大窾,因其固然。技经肯綮之不尝,而况大軱乎!良庖岁更刀,割也;族庖月更刀,折也。今臣之刀十九年矣,所解数千牛矣,而刀刃若新发于硎。彼节者有间,而刀刃者无厚;以无厚入有间,恢恢乎其于游刃必有余地矣,是以十九年而刀刃若新发于硎。虽然,每至于族,吾见其难为,怵然为戒,视为止,行为迟。动刀甚微,謋然已解,如土委地。提刀而立,为之四顾,为之踌躇满志,善刀而藏之。"

文惠君曰:"善哉!吾闻庖丁之言,得养生焉。"(《养生主》)

其大意是说:庖丁为文惠君宰牛,用手触摸的时候,用肩抵顶的时候,用脚践踏的时候,用膝压制的时候,都发出一种嚯嚯嚯嚯的声音,伴随着刀的出出进进,那个动作像是在跳《桑林》之舞,那个声音像是在奏《经首》之乐,抑扬顿挫,优美动听。

文惠君站在一旁看得出了神,不由得赞扬道:"吓!真神了!难道宰牛的技艺也能达到如此高超吗?"

庖丁放下刀回答说:"我所追求的是其中之道,道要比技艺高得多。想当初我刚开始学宰牛的时候,所见到的牛没有一个不是完整的。三年之后,所见到的牛没有一个再是完整的了。到了现在,我看牛的时候,是用神去体会它,而不是用眼去观察它,感官都停止了活动而精神却在走动。按照天然造成的牛体纹理,扩展已有的缝隙,刺入原有的空虚,顺着它原本就能拆解的部位拆解它。那个刀刃连牛身上的经络和软骨都没有碰它一碰,且不要说是那些大的骨骼了。一个好的庖丁,一年要换一把刀,因为他用刀去割肉,时间长了刀就钝了。一个普通的庖丁,一个月要换一把刀,因为他用刀砍骨头,用不了多久刀就钝了。而我的这把刀,已经用了19年了,所解的牛已有数千只,可刀刃却像是新磨的一样。要知道,牛的骨节中间是有空隙的,而刀刃却是没有厚度的。拿没有厚度的刀刃刺入有空隙的骨间,游走那刀刃,一定是大有余地可行的。正因为这样,所以19年了,我的刀刃还像新磨的一样。尽管我已经这样熟练了,但是每当刀刃走到骨节相交的地方,或是遇到难解的牛体时,还是不断地告诫自己要小心一些,用眼凝视着,慢慢地操作着,用刀轻轻地拨动,之后哗啦一声便解开了,就像是一把土撒在地上一样。每到这时候,我便提起刀来,向四周环顾一下,为自己的高超而踌躇满志。再把刀用布轻轻地抹一抹,收藏起来。"

文惠君听后感叹地说:"讲得太好了!我听了你的话后,懂得了养生的道理。"

庖丁在讲解牛的道理,而文惠君却说懂得了怎样养生。之所以如此,那是因为养生与解牛具有相似之处,这就是顺其自然。顺其自然就是一切事物的根本道理,所以庖丁称其为"道",亦即大道。

庖丁解牛,非常巧妙。之所以巧妙,在文惠君看来是因为技巧高超,而在庖丁看来却是因为合于大道,所以他说:"臣之所好者道也,进乎技矣。"

所谓合于大道是指什么?就是合于大道的本性,就是合于自然。客观事物自身是什么样子,就让它是什么样子;客观事物有什么性能,就让它发挥什么性能;客观事物的结构如何,就让它按照它的结构组合;客观事物的条理如何,就遵从着它的条理理解它、认识它、破解它。这就叫做"依其天理","因其固然"。

庄子认为,这样做了就会出现主客双安,天下皆适的局面;不这样做就会出现主客双损,天下混乱的局面。所谓主,是指行为主体,也就是行动着的人,在此故事中以刀刃为象征;所谓客,是指人的行为所及之对象,在此故事中以牛为象征。庖丁按照牛的骨骼纹路解牛,就是按照牛的天理和固然行动,所以不但作为客体的牛能哗啦一声便被解开,就像是一把土撒在地上一样,而且作为主体的刀刃用了19年仍如新开;那些平庸的屠夫不懂得牛的骨骼和纹路,不能遵从牛的天理和固然行动,所以不但解牛很困难,而且刀刃自身受到损伤,只好一年或一月就磨一次。前者就叫做顺从事物的本性,顺从事物的自然,顺从大道;后者就叫做违背事物的本性,违背事物的自然,违背大道。

(三)庖不治庖 祝不代之

既然世界上的事物各有各的本性,各有各的功能,顺其自然方能功成事就,背其自然就会功败事废,那么事物也就不能超越自己的本性,不能超越自己的功能,否则的话就会自食恶果。为了说明这样的道理,庄子讲了一个故事。

故事说：

　　　尧让天下于许由，曰："日月出矣而爝火不息，其于光也，不亦难乎！时雨降矣而犹浸灌，其于泽也，不亦劳乎！夫子立而天下治，而我犹尸之，吾自视缺然。请致天下。"

　　　许由曰："子治天下，天下既已治也。而我犹代子，吾将为名乎？名者，实之宾也。吾将为宾乎？鹪鹩巢于深林，不过一枝；偃鼠饮河，不过满腹。归休乎君，予无所用天下为！庖人虽不治庖，尸祝不越樽俎而代之矣。"（《逍遥游》）

"尸祝"，主管祭祀的人。其意是说：

　　唐尧想把王位让给许由，说："日月已经出来了而火炬还不熄灭，还想让它继续发挥照亮的作用，那不是太为难火光了吗？大雨已经适时而降可是仍然抽水灌田，那对于河泽之水，不是过分浪费了吗？先生您立在那里，天下就自然而然秩序井然了，可是我还在那里主持着事务，真是太惭愧了。还是请您来主持天下之事吧！"

　　许由回答说："先生已经将天下治理得井井有条了，还让我来代替先生，那我又是为了什么呢？难道是为了名声吗？可要知道，名声只不过是实在事物的附属之物，难道我就为了得到这附属之物吗？我要这附属之物干什么呢？要知道鹪鹩将巢筑在深林里面，虽然树木多得数也数不清，它所需要的只不过是一个树枝而已；偃鼠饮大河里的水，虽然水深数丈，它所需要的只不过是喝满自己的肚子而已。我处在天下，天下虽然很大，我所需要的不过是一碗饭、一身衣而已，天下对我来说有什么用呢？您还是快快回去休息吧，我的君王！厨房里的厨师虽然不愿意做饭了，主管祭祀的人也不能放下自己的工作去代替他呀！"

　　厨师有厨师的职责，尸祝有尸祝的职责；厨师有厨师的技术，尸祝有尸祝的规矩。各司其职，各尽其能，这才符合事物的本性，这才能够各尽其用。如果颠倒过来，让厨师去主持祭祀，让尸祝下厨去做饭，那不整个地乱了套！庄子用这样的比喻来说明，各尽其能，各顺其性，自然而然，这是一切事物成其事、得其果的前提。这是本故事的主旨。

　　与之相照应，还在讲适度地使用事物的功能，不要超越事物自身的能力;以本性的需要为满足,以需要之外的东西为累赘。太阳出来了,还要让火光发挥照亮的功能;喝饱了肚子,还想把一河之水都喝下。这些都是超越自己本性,违背自然而然的。

《达生》篇讲了一个超越本性、违背自然则必然失败的故事。故事说:

> 东野稷以御见庄公,进退中绳,左右旋中规。庄公以为文弗过也,使之钩百而反。
>
> 颜阖遇之,入见曰:"稷之马将败。"公密而不应。
>
> 少焉,果败而反。公曰:"子何以知之?"
>
> 曰:"其马力竭矣,而犹求焉,故曰败。"

其大意是说:有一位善于驾车的人,名为东野稷,在鲁庄公面前表演驾车的技巧。只见他驾车而驰:往前行,车轮印子直而又直,就像墨斗的线一样直;旋转而行,车轮印子圆而又圆,就像圆规画得一样圆。鲁庄公认为巧手刺绣也不过如此而已,于是要求东野稷连续转一百圈,看是不是圈圈都压在一条圆线上。

这时候恰好遇到颜阖经过这里,他进去向鲁庄公说,东野稷的马快不行了。鲁庄公不信,所以没有说话。

过了没有多一会,东野稷的马跌倒了。鲁庄公觉得很奇怪,问颜阖:"先生怎么知道东野稷的马快不行了?"

颜阖回答说:"马力已经用尽了,东野稷还在那里赶它快跑,自然会将它累死。"

马的力量是有限的,在它自身的限度内,能施展它的各种本领,而且会做得精到卓越。这是因为符合它的本性,对它来说,这是自然而然的事情。一旦超出了它的限度,那就不行了,不但难以施展它的本领,而且连性命都难以维持。这是因为,脱离了它自身的本性,违背了自然。不管是什么东西,也不管这种东西有多大的本事,都不能超越自己的本性,都不能违背自己的自然。这就是这个故事的主旨。

(四)忘足忘腰　屦带之适

庄子强调合于本性,随于自然,究竟怎样才称得上是合于本性? 究竟怎样才算得上是随于自然? 也是需要辨别清楚的问题。

庄子认为,要想辨别清楚这个问题,最好的办法就是依靠自己的感受。当自己什么感受也没有的时候,当自己把什么都忘记的时候,也就是最合于本性,最随于自然的时候。当自己有所感受,有所记忆的时候,也就是与自己的本性有所抵牾,与自然而然有所错落的时候。之所以这样说,那是因为什么感受也没有、把什么都忘记的时候,也就是将自己的主观意念完全扫除的时候。既然将自己的主观意念完全扫除了,那自然也就不会用自己的主观意念支配自己、干扰事物了。与此相反,如果尚有感受,尚有记忆,那就免不了要使用它、利用它。使用它、利用它,也就难于顺着自己的本性,难于合于事物的本性了。与此同时,在尚有感受,尚有记忆的时候,也正说明自己的行为与自己的本性,与事物的本性发生了错位。

《达生》篇对此有所论述。其文曰:

> 工倕旋而盖规矩,指与物化而不以心稽,故其灵合一而不桎。忘足,屦之适也;忘要,带之适也;知忘是非,心之适也;不内变,不外从,事会之适也。始乎适而未尝不适者,忘适之适也。

其意是说:有一个工匠名叫工倕,他用手指画圆画方比用规矩还要准确,手指行止随着物件的变化而变化,从来不用心来计量,所以他的心境自由自在,从来不受外物制约。这是什么原因呢?原因在于他适应事物自身的本性。正因为适应事物的本性,所以也就用不着用心计量,所以也就没有什么感觉。这就像穿鞋子一样,当人忘掉自己脚的时候,也就是鞋子最合适的时候,当人忘掉自己腰的时候,也就是腰带最合适的时候。由此推论,当自己忘掉是非的时候,也就是心境最舒适的时候;当自己内心不烦乱、外物无牵挂的时候,那就是与外物最吻合的时候。一旦到了连舒适都忘掉的时候,那就没有什么不吻合的东西了。

没有什么不吻合的东西,也就是自身与一切东西相吻合。自身与一切东西相吻合,那就是自身处在了与自己本性完全适宜的环境之中。处在这种环境之中,自己便失去了一切感受和知觉,也就是说达到了与外物混为一体、内心无知无识的境地。这样的境地也就是前面所说的坐忘的境地,也就是融入大道的境地,也就是抹去主观、一切自然的境地。

三、在宥天下

在庄子看来,人世和国家处在天地万物之中,与天地万物一样,也是大道的产物,它们也有自己的本性,也是不能随人之欲、由人造作的。越是顺其自然,它们也就越是和谐自在;越是用意造作,它们也就越是驳杂混乱。与天地万物不同的是,它们是由人组成的,而人是有智能、有意识的,最容易使用自己的小聪明,也最容易不满足于自己所处的环境,时时想要把自己的主观意志强加于自己所处的环境。正因为这样,所以从人类开化以来,天下就失去了原本的安宁。有鉴于此,所以庄子特别呼吁让社会和国家自然存在、自然变化,特别要求人们放弃主观造作,实行无为之治。他将这种主张概括成一句话,这就是"在宥天下",意谓使天下自在、宽舒。

《在宥》篇对此做了专门论述。其文曰:

闻在宥天下,不闻治天下也。在之也者,恐天下之淫其性也;宥之也者,恐天下之迁其德也。天下不淫其性,不迁其德,有治天下者哉!昔尧之治天下也,使天下欣欣焉人乐其性,是不恬也;桀之治天下也,使天下瘁瘁焉人苦其性,是不愉也。夫不恬不愉,非德也。非德也而可长久者,天下无之。

人大喜邪?毗于阳;大怒邪?毗于阴。阴阳并毗,四时不至,寒暑之和不成,其反伤人之形乎!使人喜怒失位,居处无常,思虑不自得,中道不成章,于是乎天下始乔诘卓鸷,而后有盗跖、曾史之行。故举天下以赏其善者不足,举天下以罚其恶者不给,故天下之大不足以赏罚。自三代以下者,匈匈焉终以赏罚为事,彼何暇安其性命之情哉!

而且说明邪?是淫于色也;说聪邪?是淫于声也;说仁邪?是乱于德也;说义邪?是悖于理也;说礼邪?是相于技也;说乐邪?是相于淫也;说圣邪?是相于艺也;说知邪?是相于疵也。天下将安其性命之情,之八者,存可也,亡可也;天下将不安其性命之情,之八者,乃始脔卷狯囊而乱天下也。而天下乃始尊之惜之,甚矣天

下之惑也！岂直过也而去之邪！乃斋戒以言之，跪坐以进之，鼓歌
以舞之，吾若是何哉！

　　故君子不得已而临莅天下，莫若无为。无为也而后安其性命
之情。故贵以身于为天下，则可以托天下；爱以身于为天下，则可
以寄天下。故君子苟能无解其五藏，无擢其聪明，尸居而龙见，渊
默而雷声，神动而天随，从容无为而万物炊累焉。吾又何暇治天
下哉！

其大意是说：只听说过让天下自在、宽松，没有听说过让天下受治、受控。使
天下自在，那是为了不使天下的事物过分拘于本性；使天下宽松，那是为了
不使天下的事物脱离自己的本性。天下的事物不过分拘于本性，不脱离自
己的本性，难道还用得着人来治理天下吗？过去尧帝治理天下，使天下的人
民欢天喜地，那是失去了恬淡；夏桀治理天下，使天下的人民悲痛受苦，那是
失去了愉快。失去了恬淡，失去了愉快，就不再是人们原有的本性了。脱离
人们本性而想要天长地久，那是天下没有的事情。

　　人如果过分喜悦，那就会伤害阳气；过分生气，那就会伤害阴气。阴阳
二气受到伤害，四季就不能循环，寒暑就不能和谐，那么它们反过来就会损
害人的形体。正因为人们喜怒失去了常态，举止失去了常规，思虑不能自
如，和洽不能形成，所以天下才出现了刁钻古怪的事物，才有了像盗跖、曾参
和史鱼这些或恶或善的人物，才有了他们的或恶或善的行为。既然善恶是
因为人们失去了本性而造成的，那么，把天下所有的好东西都用来奖赏那些
行善的人，也是不够的，把天下所有的刑罚都用来惩罚那些做恶的人，也是
不足的。所以说，天下虽然很大，但却不足以用来赏罚远离本性而造成的善
恶。可是从三代以来，人们总是嚷嚷着，把赏罚作为一件重要的事情来抓，
哪里还顾得上保存人们原本的性情呢？

　　进一步说，喜欢眼睛明亮，那一定会迷恋色彩；喜欢耳朵聪敏，那一定会
溺于音声；喜欢仁德说教，那一定是离了本性；喜欢行侠仗义，那一定会有悖
事理；喜欢礼节仪式，那一定会助长巧技；喜欢音乐歌曲，那一定会助长放
荡；喜欢圣贤之行，那一定会助长炫耀；喜欢智能才华，那一定会助长诈伪。
天下人物如果都能安于自己的本性，以上八个方面，有也可以，没有也可以；
天下人物如果不能安于自己的本性，以上八个方面就会扭曲人心，鼓动邪

行,扰乱天下。可是天下却那样地尊重它、珍惜它,可见天下的人们糊涂到了什么程度了呀!而且不只是作为一种表面形式做做样子,那简直是把它们奉为神明,在斋戒的时候叩念的是它们,在跪坐的时候遵行的是它们,在歌舞的时候表现的是它们,真是叫人没有办法。

正因为这样,所以君子只有在万不得已的时候才君临天下,即使是如此,那也要记住,有为不如无为。只有无为,之后才能使天下人物各自安于自己的本性。所以说,谁能够像珍惜自己的身体一样珍惜天下万物各自的本性,就可以把天下委托给他;谁能够像爱护自己的身体一样爱护天下万物各自的本性,就可以把天下交付给他。因此,君子能够做到不放纵自己的情欲,不炫耀自己的聪明,坐在那里的时候像一具死尸,起身活动的时候像一条活龙,安静的时候像处在深渊一样,说话的时候像天上响起了雷声,精神游动随着自然的变化而变化,从容无为让万物的生灭像世上的灰尘一样上下飞动。到了这样的时候,还用着我们去治理天下吗?

之所以要让天下自在、宽舒,那是为了保持天下事物的本性;之所以要保持天下事物的本性,那是因为只有保持住事物的本性,它们才能存在,天下才能和谐;保持事物本性的关键在于人行无为而顺物自然。这就是本段论述的思想脉络。

在论述过程中,庄子以人为造作的明、聪、仁、义、礼、乐、圣、知为例,说明人为的危害、无为的必要。

(一)不治天下　安藏人心

道理虽然已经讲透了,但并不等于人人都理解了,也不等于方方面面的问题全都解决了。比如说,人生在世应该行善。可是不进行教化,人们就不知道行善,不用仁义礼乐规范人行,人们就不知道什么是善。而进行教化,制定规范,便是人为,便是造作。这样一来无为与行善岂不成了矛盾?

《在宥》篇通过老聃的一席话回答了这一问题。其文曰:

崔瞿问于老聃曰:"不治天下,安藏人心?"

老聃曰:"女慎无撄人心。人心排下而进上,上下囚杀,淖约柔乎刚强。廉刿雕琢,其热焦火,其寒凝冰。其疾俛仰之间而再抚四海之外,其居也渊而静,其动也悬而天。偾骄而不可系者,其唯人心乎！

"昔者黄帝始以仁义撄人之心，尧舜于是乎股无胈，胫无毛，以养天下之形，愁其五藏以为仁义，矜其血气以规法度。然犹有不胜也，尧于是放欢兜于崇山，投三苗于三峗，流共工于幽都，此不胜天下也。夫施及三王而天下大骇矣。下有桀跖，上有曾史，而儒墨毕起。于是乎喜怒相疑，愚知相欺，善否相非，诞信相讥，而天下衰矣。大德不同，而性命烂漫矣；天下好知，而百姓求竭矣。于是乎钘锯制焉，绳墨杀焉，椎凿决焉。天下脊脊大乱，罪在撄人心。故贤者伏处大山嵁岩之下，而万乘之君忧栗乎庙堂之上。

"今世殊死者相枕也，桁杨者相推也，刑戮者相望也，而儒墨乃始离跂攘臂乎桎梏之间。意，甚矣哉！其无愧而不知耻也甚矣！吾未知圣知之不为桁杨椄槢也，仁义之不为桎梏凿枘也，焉知曾史之不为桀跖嚆矢也！故曰'绝圣弃知而天下大治'。"

其大意是说：听了在宥天下的道理后，一位叫做崔瞿的人想不通，所以前去请教老子。他说："不治理天下，那怎么才能使人的心地善良呢？"

老子说："你快不要再撩拨人心了！人的心是最不稳定的了。在受到压抑的时候就消沉，在受到抬举的时候就张扬，一会下，一会上，一会拘谨，一会疯狂，一会像水一样柔弱，一会像石一样刚强。处心积虑，雕琢谋计。热的时候犹如烈火，冷的时候犹如寒冰。说它变化疾速，顷刻之间就能跑到四海之外。那真可叫做，停下来寂静得犹如深渊，动起来浮躁得欲飞于天。在天地万物之中，要说矫揉造作、不可拘制的，也就数得上是人心了。

"古时候，黄帝曾用仁义的说教撩拨人心。为此，唐尧、虞舜劳累得股上都没了肉，腿上都没了毛，用它们来营养天下众民的形体。虽然他们殚精竭虑地实行仁义，呕心沥血地执行法规，却仍然难以教化好天下，所以才有唐尧将欢兜流放到崇山、将三苗发配于三危、将共工驱逐于幽都的事情。这都是用仁义难以教化天下的事例呀！这种仁义的教化一直延续到三王之后，更可怕的事情出现了。行为低下的有夏桀、盗跖之类，行为高尚的有曾参、史鱼一类，而儒家与墨家的纷争也随之而来了。于是乎高兴的与恼怒的相互猜疑，愚钝的与聪明的相互瞒欺，善良的与险恶的相互抨击，乖戾的与诚实的开口相讥。从此天下也就衰败了，本性也就扭曲了，性情也就散乱了，天下开始喜好求知，百姓开始刨根究底。于是乎砍手锯腿的刑具制造出来了，杀人行刑的标准制定出来了，刺骨凿肤的肉刑开始实行了。天下之所以纷纷大乱起来，罪过就出在撩拨人心上。正因为如此，所以贤者都隐匿于大山的岩洞之中，而万乘的君主则战栗于供奉祖先的庙堂之上。

"当前，遇祸死亡的人一个压着一个，戴着刑具的人一个跟着一个，走进刑场的人一个等着一个，而儒墨两家却在这充满枷锁的世界上大声疾呼要实行仁义。唉！也真是的！这些人不知羞耻也到了极点了！我还不知道有哪位圣智之人不是在那里制造枷锁，我还不知道有什么仁义教化不是在那里制造镣铐，有谁能知道像曾参、史鱼这样的贤者不是夏桀、盗跖这类恶者的前奏曲呢？从这个角度说：'杜绝圣人、抛弃智慧，天下也就井然有序了。'"

在庄子看来，自然无为的关键就在于扫除主观意念。所谓扫除主观意念，也就是要停止人心的思虑，使之归于死寂。

天下是不能用人心去治理的。越是用人心去治理就越是混乱，越是放任万物之自然就越是平安；越是不去治理就越是和谐，越是强去治理就越是歪邪。究其原因，不外是两条：其一是人的智力不及于治；其二是人的心性不适于治。

说人的智力不及于治，是说人的智力是有限的，世界上的事物是无限的，要想治好天下，首先就要认识天下所有事物的性能和特点，其次又须找出治理每一个事物的有效方法来，而要使有限的智力完成这一无限的任务是不可能的。正因为如此，所以尧、舜把自己股上的肉都累没了，把自己腿上的毛都磨光了，也没有把天下治好；想要教化人们仁义，反而自己又要用武力去征服三苗，用强力去流放欢兜。

说人的心性不适于治，是说人的心性适宜于静而不适于动。当它平静的时候，就会自然而然随物流转；当它动的时候，便会主观武断背物自专。所谓治理天下，首先是要治理人心，首先是要使人心随和。可是人心的性情却与人的愿望相反；当你不治它的时候，它处于自然平静的状态，这个时候也就是最为随和的时候；当你治它的时候，也就是触动它的时候，也就是促使它动的时候，它一旦动了起来，便要按照它自己的意志、按照它自己的认识行动了。由此引起人们的相互猜疑、相互攻击，以致于造刑定罪、触刑犯罪。这样一来，所谓的治天下不但不是在治，反而是在造乱。

说到根本上，庄子认为天下的和谐是自然而然的，越是自然就越是和谐，人为本身就是违背自然的，而如果将人为的行动强加在事物的身上，就又会强制事物背离自然。因此，庄子主张天地人物都要自在，都要宽松，而其中的关键在于人心要自然，因为它是造成违背自然的总根源。正因为如此，所以庄子用了很大的篇幅来讲心。

（二）解心释神　莫然无魂

鉴于上面的道理，所以庄子主张从根本上涤除治理天下的原由。这就是放弃心思，无所思虑，不要说治理天下，就是想也不去想一下，看也不去看一下，任随天下事物的存在和变化。他将这种思想概括成一句话，这就是"解心释神，莫然无魂"。

《在宥》篇讲了一个"云将问鸿蒙"的故事，其中蕴涵了这种思想。故事说：

云将东游，过扶摇之枝而适遭鸿蒙。鸿蒙方将拊脾雀跃而游。云将见之，倘然止，贽然立，曰："叟何人邪？叟何为此？"

鸿蒙拊脾雀跃不辍，对云将曰："游！"

云将曰："朕愿有问也。"

鸿蒙仰而视云将曰："吁！"

云将曰："天气不和，地气郁结，六气不调，四时不节。今我愿合六气之精，以育群生，为之奈何？"

鸿蒙拊脾雀跃掉头曰："吾弗知！吾弗知！"

云将不及问。又三年，东游，过有宋之野而适遭鸿蒙。云将大喜，行趋而进曰："天忘朕邪？天忘朕邪？"再拜稽首，愿闻于鸿蒙。

鸿蒙曰："浮游，不知所求；猖狂，不知所往；游者鞅掌，以观无妄。朕又何知！"

云将曰："朕也自以为猖狂，而民随予所往；朕也不得已于民，今则民之放也。愿闻一言。"

鸿蒙曰："乱天之经，逆物之情，玄天弗成；解兽之群，而鸟皆夜鸣；灾及草木，祸及止虫。意，治人之过也！"

云将曰:"然则吾奈何?"

鸿蒙曰:"意,毒哉! 仙仙乎归矣。"

云将曰:"吾遇天难,愿闻一言。"

鸿蒙曰:"意! 心养。汝徒处无为,而物自化。堕尔形体,吐
尔聪明,伦与物忘;大同乎涬溟,解心释神,莫然无魂。万物云云,
各复其根,各复其根而不知;浑浑沌沌,终身不离;若彼知之,乃是
离之。无问其名,无窥其情,物固自生。"

"云将",是云中将军的意思。云中将军管理着诸云,诸云是雨露的根源,雨
露多少决定着天下的丰歉、民生的安危。所以云将是君王的象征。正因为
如此,所以他很关心治理天下的问题。

"鸿蒙",是混溟不分的意思。正因为混溟不分,所以也就无所事事,只
管自由自在地跳跃游玩;正因为自由自在、自然无为,所以云将才称其为天。

故事的大意是说:云将到东方去巡游,过了大风的顶端,正巧碰到了鸿
蒙。云将见鸿蒙在那里拍着大腿跳着玩耍,悠闲自在,不像他那样心怀天
下,整天操劳,觉得很奇怪,于是急忙停下了自己的脚步,问鸿蒙是什么人、
在那里做什么。鸿蒙告诉云将,他正在游玩。云将见鸿蒙如此潇洒自在,知
道不是等闲之辈,所以向鸿蒙请教治理天下的事情。鸿蒙哪里管得了这些
事情,他只知道天变则变,物化则化,顺着天地万物的自然变化而自然变化,
从来不知道还需要治理天下,所以一边说不知道,一边跳跃玩耍着走了。

过了三年,云将又遇到了鸿蒙,他又是作揖,又是磕头,向鸿蒙求问治理
天下的方法。

鸿蒙说:"我不过是随着天地万物的游动而游动,从来没有自己的追
求;我不过是顺着自己性情的变化而变化,从来不知道自己要去哪;伴随着
数也数不清的事物游玩,不过是在观赏那天地万物自身的自然本性。我又
怎么能知道如何治理天下呢?"

云将说:"我也自以为在随着天地万物的游动而游动,可是天下的百姓
却跟着我而行;我也自以为在顺着自己性情的变化而变化,可是天下的百姓
却仿效我而动。我不知道该怎么办了,所以还是想听听您的意见。"

鸿蒙说:"打乱自然的常规,背逆事物的常情,使那自然的真性难以成
就;把本来成群结伙的野兽赶得东奔西逃,将栖于枝头的飞鸟赶得夜鸣于

空;连那无生的草木都难免于祸,连那无知的小虫都不得安生。这就是一心想要治理天下的人所犯的罪过呀!"

云将说:"那我该怎么办呢?"

鸿蒙见云将还在问怎么办,知道他根本没有理解自然无为的道理。如果理解了,顺物自然也就是了,根本不存在怎么办的问题。所以叹了一声说:"你也中毒太深了!还是率领着你的云彩飘回去吧。"

云将恳切地说:"我遇到先生是很难的,还是请您指点一下吧!"

鸿蒙不得已,只好将那不能用言语讲出的道理讲了一番。他说:"说到底,不过是修养自己的心境而已。只要你无心造作,事物就会自然而然地变化。所以自己所要做的,只不过是忘掉自己的形体,抛弃自己的聪明,将外物和自我都从心中排除干净;与自然之气合为一体,驱散自己的心意,消散自己的精神,就像是昏头昏脑地失去了灵魂。万物虽然纷纷纭纭,让它们各自都回归于自己的本性;让它们各自都回归自己的本性,而自己却一无所知。达到了这种混混沌沌的境界,终身都不会离开事物的本性;一旦自己有了知觉,那就是离开了事物的本性。有鉴于此,用不着过问事物的名称,用不着观察事情的性情,事物自身本来就会自然而然存在和变化。

也就是说:无心于治,则顺物之性;顺物之性,则物无不生,事无不成。用心于治,则背物之性;背物之性,则物无有成,事无有功。所以治理天下的最好办法就是消散精神,无心于治。

《徐无鬼》中讲了一个类似的故事。故事说:

黄帝将见大隗乎具茨之山,方明为御,昌寓骖乘,张若、谓朋前马,昆阍、滑稽后车;至于襄城之野,七圣皆迷,无所问途。

适遇牧马童子,问途焉,曰:"若知具茨之山乎?"

曰:"然。"

"若知大隗之所存乎?"

曰:"然。"

黄帝曰:"异哉小童!非徒知具茨之山,又知大隗之所存。请问为天下。"

小童曰:"夫为天下者,亦若此而已矣,又奚事焉!予少而自游于六合之内,予适有瞀病,有长者教予曰:'若乘日之车而游于

襄城之野。'今予病少痊,予又且复游于六合之外。夫为天下亦若
此而已。予又奚事焉!"

黄帝曰:"夫为天下者,则诚非吾子之事。虽然,请问为
天下。"

小童辞。

黄帝又问。小童曰:"夫为天下者,亦奚以异乎牧马者哉! 亦
去其害马者而已矣!"

黄帝再拜稽首,称天师而退。

黄帝要去具茨山拜见大隗神仙,方明当他的驭手,昌寓做他的骖乘,张若、谓
朋为他管理前马,昆阍、滑稽为他管理后车。当车马行至襄城郊外的时候,
七位圣人迷了路。

此时恰好有一个小童在那里牧马,于是黄帝上前问路说:"小娃娃,你
知道具茨山吗?"

小童回答说:"知道。"

黄帝又问:"你知道大隗的住处吗?"

小童说:"知道。"

黄帝感到很惊奇,说:"你这个小孩子真奇怪,不仅知道具茨山,而且还
知道大隗的住处。那么我来问你,你知道治理天下的道理吗?"

小童说:"治理天下,也不过像我这样罢了,有什么事情可做呢? 我从
小就在天地四方之内游玩,有一次犯了头晕目眩的毛病,碰到一位老人告诉
我:'你乘上时光的车子,到襄城的郊外去游玩吧。'于是我就来到了这里。
现在我的病稍有好转,要去天地四方之外游玩了。治理天下也就像我这样
游玩观赏罢了,有什么事情好做呢?"

黄帝说:"治理天下,的确不是小先生您的事情。虽然如此,我还是想
请你谈谈治理天下的道理。"

小童不愿说,黄帝一再问。小童回答说:"治理天下,与我牧马有什么
两样呢? 不过是将那些害马的东西剔除出去也就是了。"

故事以黄帝与小童的对话为背景,本身就有很深的寓意。其意是说,治
理天下,说到根本上是不用人治,它本来怎样就叫它怎样。正因为如此,所
以连一个无知无能的小童也可胜任。

如此简单的一件事情，竟然连黄帝这样的圣人都不知道，不但他不知道治理天下的道理，而且七个圣人在一起都迷失了道路，可见他们这些所谓圣人是多么无知。

这些圣人之所以陷于无知，原因在于他们要寻找治国之道。治国之道本来就在眼前，本来不用寻找，而他们却偏偏不信，偏偏要找，鬼迷心窍，哪能不迷路呢？

因为黄帝坚持要问，所以小童不得已而回答了治理天下的道理。他说这个道理就是将那些害马的东西剔除出去。其意也是维护天下原本的自然本性，不要将其自然本性之外的东西强加其身。要说治国者的责任，也不过是维护天下的自然而已。这就是本故事的核心意义。

（三）帝王之德 无为为常

《天道》篇对帝王无为而天下自治的思想做了理论总结。其文曰：

> 夫帝王之德，以天地为宗，以道德为主，以无为为常。无为也，则用天下而有余；有为也，则为天下用而不足。故古之人贵夫无为也。上无为也，下亦无为也，是下与上同德，下与上同德则不臣；下有为也，上亦有为也，是上与下同道，上与下同道则不主。上必无为而用天下，下必有为为天下用，此不易之道也。故古之王天下者，知虽落天地，不自虑也；辩虽凋万物，不自说也；能虽穷海内，不自为也。天不产而万物化，地不长而万物育，帝王无为而天下功。故曰莫神于天，莫富于地，莫大于帝王。故曰帝王之德配天地。此乘天地，驰万物，而用人群之道也。

其大意是说：帝王的品格，是以天地为根基，以道德为主导，以无为为常规。

实行无为，支配天下都还有余；实施有为，被天下支配都还不够。正因为这样，所以古人都很珍惜无为。在上的无为，在下的也无为，是在上的与在下的具有同样品格；上下具有同样品格，那是在下的没有尽到臣子的责任。在下的有为，在上的也有为，是在上的与在下的走着同一条路；上下走着同一条路，是在上的没有起到主导作用。在上的必须无为而支配天下，在下的必须有为而服务于天下，这才是不可更改的治国道理。所以，古代的那些圣王，智慧即使能包容天下，也不去自己计谋；辩才即使能驳倒万物，也不自己开口;能力即使在海内无双,也不自己作为。这是为什么?因为他们永远遵循着天地的法则。上天从来不生产什么,可是万物却在那里不断变化;大地从来不长育什么,可是万物却在那里不断孕育。按照这样的法则,帝王从来不做什么事情,而天下自然成就各自的功果。所以说,神秘莫测,谁也超不过上天;宏大富有,谁也超不过大地;地位尊高,谁也超不过帝王。从这个角度来说,帝王的品格与天地相匹配。这也正是他所以能驾御天地、驱使万物、支配人群的根本道理呀。

为什么?《天道》做了进一步论述。其文曰:

> 本在于上,末在于下;要在于主,详在于臣。三军五兵之运,德之末也;赏罚利害,五刑之辟,教之末也;礼法度数,形名比详,治之末也;钟鼓之音,羽旄之容,乐之末也;哭泣衰绖,隆杀之服,哀之末也。此五末者,须精神之运,心术之动,然后从之者也。

> 末学者,古人有之,而非所以先也。君先而臣从,父先而子从,兄先而弟从,长先而少从,男先而女从,夫先而妇从。夫尊卑先后,天地之行也,故圣人取象焉。天尊,地卑,神明之位也;春夏先,秋冬后,四时之序也。万物化作,萌区有状;盛衰之杀,变化之流也。夫天地至神,而有尊卑先后之序,而况人道乎!宗庙尚亲,朝廷尚尊,乡党尚齿,行事尚贤,大道之序也。语道而非其序者,非其道;语道而非其道者,安取道!

> 是故古之明大道者,先明天而道德次之,道德已明而仁义次之,仁义已明而分守次之,分守已明而形名次之,形名已明而因任次之,因任已明而原省次之,原省已明而是非次之,是非已明而赏罚次之。赏罚已明而愚知处宜,贵贱履位;仁贤不肖袭情,必分其能,必由其名。以此事上,以此畜下,以此治物,以此修身,知谋不用,必归其天。此之谓大平,治之至也。

其大意是说:世上的事物,根本的东西都掌握在上面人的手里,末梢的东西才掌握在下面人的手里;关键的东西掌握在君主的手里,琐细的东西掌握在为臣的手里。号令三军,调动五兵,这是职权中的细事;赏利罚害,使用五刑,这是政教中的细事;礼法度数,形名辨别,这是管理中的细事;钟鼓之音,旗帜色彩,这是乐礼中的细事;哭泣程度,服饰样式,这是哀礼中的细事。以上五种细事,必须运用精神,精心思虑,然后才能使人们遵从。

像上面这些琐细的学问,古代就已经有了,不过却不能作为事物的根本。君做主而臣服从,父做主而子服从,兄做主而弟服从,长者做主而少者服从,男子做主而妇女服从,丈夫做主而妻子服从。这些尊卑主从的关系本是天地运行表现出来的,圣人不过是效法天地而把它们移植于人世。天处上而为尊,地处下而为卑,这是光天化日之下显示出的地位呀;春夏在先,秋冬在后,这是四时的顺序呀。万物的变化,都有萌芽的过程;繁盛和衰败,都是变化的显现呀。像天地这样神圣的东西都有尊卑先后的秩序,那就更不用说人间的世道了。家族之中,崇尚亲近;朝廷之上,崇尚尊贵;乡里之间,尊尚年长;理事处世,崇尚贤德。这就是人间大道的秩序呀。谈论人间之道而不讲秩序,那就不是讲的大道。谈人间之道而所谈的又不是所要谈的道,那还谈它做什么呢?

所以,古代明了人间大道的人,先明晓天的本性而后再明晓人的本性,明晓了人的本性而后再明晓仁义,明晓了仁义而后再明晓人的规范,明晓了人的规范而后再明晓形名的关系,明晓了形名的关系而后再明晓顺应次序,明晓了顺应次序而后再明晓宽恕原则,明晓了宽恕原则而后再明晓是非标准,明晓了是非标准而后再明晓赏罚方法。赏罚分明了,愚蠢的和聪明的都各得其所,尊贵的和卑贱的都各处其位;贤能的和不贤的都按照自己的本性做事,他们的行为结果必定会有所区别,他们的名分必然由此而定。

按照以上的道理协助在上者,按照以上的道理抚育在下者,按照以上的道理管理事物,按照以上的道理修养身体,不必使用什么智谋,一定会顺其天然。达到了这个程度,也就实现了天下太平。这就是治理天下的最高道理。

也就是说,君王之所以无为,是因为天地万物有其自身的自然次序。这种次序就是天地万物的本性,就是大道的体现。用心造作就会打乱次序,打乱了次序就会远离大道,远离大道就会天下大乱,这就叫做欲治反乱;无心作为就会顺其自然,顺其自然就会维持次序,维持次序就会保全事物的本性,保全事物的本性就会天下大安,这就叫做不治之治。

从上面的论述可以看出,庄子的治国理论分三个层次:第一个层次是治国的根本原则,这就是无为;第二个层次是无为的依据,这就是天地;第三个层次是无为在人世治理中的具体运用,这就是秩序。将这一理论归纳起来,也就是遵循着天地的法则,实行无为的原则,顺应人世的秩序,任其自然地变化。用《庄子》书中的原话说,那就是"以天地为宗,以道德为主,以无为为常"。

"以天地为宗",就是以天地为根基,以天地为依据;"以道德为主",就是以人世自身的本性为主导,以人世自身的秩序为主导;"以无为为常",就是以无为为常规,以无为为原则。

在庄子看来,之所以要以无为为根本原则,那是因为无为是天地的自然法则。天地本来就是无为的。正因为天地是无为的,所以万物才得以按照自己的本性生长发育,天下才得以和谐相处。如果天地有为,那就会破坏万物自身的本性,就会打乱天下的和谐。

天地无知,本来也就不会作为;人类有知,他是可以作为的。不过人的智能和力量是有限的,天下的事物是无穷的,用有限的能力去做无穷的事情,不但不能做好,而且势必做坏,就像拔苗助长一样,起到与愿相反的效果。所以庄子说:实行无为,支配天下都还有余;实施有为,被天下支配都还不够。

至于无为原则在人世管理中的具体运用,庄子认为,那就是要遵循人世的自然秩序。在庄子看来,人世是有秩序的。它的秩序既是它自身原本就有的,也是圣人为之制订的。说它原本就有,那是因为人世是天地衍生出来的,它的秩序是天地秩序的遗传。天地有尊卑,四时有先后,所以人世中也有尊卑和先后。说它是圣人制订的,那是因为人世的秩序除了人群自然的表现之外,又通过圣人的举止和宣教再现了出来。天地四时的尊卑先后如日月中天,很是明显,圣人观天地之形象,申尊卑之地位,明亲疏之关系,订仁义之规矩,理形名之主从,是对天地自然秩序的体察,也是对人世本身秩序的再现。所以遵循人世的秩序,既是天地无为法则的运用,也是对人世自然本性的遵从。所以庄子说:谈论人间之道而不讲秩序,那就不是讲的大道。

文中提及在上无为而在下有为。它既是庄学提出的一种具体的政治管理方式,也反映了庄子无为学说的具体内容。

从具体的政治管理方式而言,所谓在上无为,就是要君主放任臣下各司其职,各显其能,自己不管那些具体事务。所谓在下有为,就是要臣下各司其职,各尽其能,做好自己应该做且能够做的事情。

就庄子无为学说的具体内容而言,所谓在上无为也就是让行为主体放弃自己的主观造作。所谓在下有为,也就是让客观事物各任其性、各呈其能。

(四)物莫足为 不可不为

从上面的分析可以看出,在庄学中,无为与有为是统一的。君主无为也正是要臣下有为,而臣下有为恰恰是为其当为,为其可为。为其当为,为其可为,也就是在其本职的范围内做其应做之事,做其能做之事。做其应做之事,做其能做之事,也就是自然而然,也就是无为。老子曾说大道无为而无不为,正是这个意思。

从这样的角度来理解,庄子所说的无为,并不是有口不言,有手不做,有足不行,有耳不听,而是说言其当言,做其应做,行其能行,听其可听。

正因为这样,所以庄子在讲无为的时候,总是从两个方面来描述:一方面说不有意为;另一方面又说无意而为。前者是从正面讲无为,是说不做;后者是从反面讲无为,是说不能不做,但却不是有意而做,而是自然做了。这两个方面表面上看是矛盾的,实际上是统一的。统一于什么? 统一于无心。做而无心也就是不做,也就是无为;不做也不是实际不做,而是无心于做、自然而做。

《在宥》篇直接讲述了这样的道理。其文曰:

> 贱而不可不任者,物也;卑而不可不因者,民也;匿而不可不为者,事也;粗而不可不陈者,法也;远而不可不居者,义也;亲而不可不广者,仁也;节而不可不积者,礼也;中而不可不高者,德也;一而不可不易者,道也;神而不可不为者,天也。故圣人观于天而不助,成于德而不累,出于道而不谋,会于仁而不恃,薄于义而不积,应于礼而不讳,接于事而不辞,齐于法而不乱,恃于民而不轻,因于物而不去。物者莫足为也,而不可不为。不明于天者,不纯于德;不通于道者,无自而可。不明于道者,悲夫!

其大意是说:虽然没有价值,可也不能不放任它的存在,这就是物;虽然地位低下,可也不能不顺从他的意愿,这就是民;虽然琐碎细小,可也不能不处理,这就是事;虽然粗野严酷,可也不能不制订,这就是法;虽然远离大道,可也不能不具备,这就是义;虽然亲爱偏私,可也不能不推行,这就是仁;虽然拘谨节制,可也不能不积累,这就是礼;虽然处于物中,可也不能不崇尚,这就是德;虽然混然为一,可也不能不变易,这就是道;虽然变化莫测,可也不能不顺从,这就是天。所以,圣人顺应天然的变化而不协助天然的变化,成就于事物的本性而不增加事物的本性,来源于大道而不主观谋划大道,实施仁爱而不固执于仁爱,怀有正义而不增加正义,随应礼节而不避讳礼节,接触事情而不推辞事情,绳之以法而不乱用法规,依赖于百姓而不轻用百姓,顺随万物而不离开万物。事物是用不着作为的,但却又不能不作为。不明晓自然的道理,也就不能完全理解事物的本性;不精通大道,也就没有成功的可能。不明晓大道,那是很可悲的哟!

这里讲了三层意思:

其一是说,万事万物,不管高低贵贱,都在那里按照自己的本性自然而然地存在着。所谓按照自己的本性自然而然地存在,那就是仁者为仁,义者为义,礼者为礼,法者为法。自然而然地存在,就是无为;为仁为义为礼为法,又是有为。无意于为而自然作为,这种双重属性普遍存在于一切事物之中。

其二是说,圣人遵循事物自身的本性,顺其自然,无所作为,而万事万物就会自然成就,自然作为。

其三是说,行为主体自然无为,任随事物自然作为,那也就是顺从了事物的本性,那也就是融入了大道。

将这样的道理运用于治国,也就是君主无意于治而任由天下自治。这在上面已经谈到了。

将这样的道理运用于治国,也就是因地而治、因时而治。《天运》篇"师金评价孔子西游"的故事表述了这种思想。故事说:

孔子西游于卫,颜渊问师金曰:"以夫子之行为奚如?"

师金曰:"惜乎,而夫子其穷哉!"

颜渊曰:"何也?"

师金曰:"夫刍狗之未陈也,盛以箧衍,巾以文绣,尸祝斋以将之。及其已陈也,行者践其首脊,苏者取而爨之而已;将复取而盛以箧衍,巾以文绣,游居寝卧其下,彼不得梦,必且数眯焉。今而夫子,亦取先王已陈刍狗,聚弟子游居寝其下。故伐树于宋,削迹于卫,穷于商周,是非其梦邪? 围于陈蔡之间,七日不火食,死生相与邻,是非其眯邪?

"夫水行莫如用舟,而陆行莫如用车。以舟之可行于水也而求推之于陆,则没世不行寻常。古今非水陆与? 周鲁非舟车与? 今蕲行周于鲁,是犹推舟于陆也,劳而无功,身必有殃。彼未知夫无方之传,应物而不穷者也。

"且子独不见夫桔槔者乎? 引之则俯,舍之则仰。彼,人之所引,非引人也,故俯仰而不得罪于人。故夫三皇五帝之礼义法度,不矜于同而矜于治。故譬三皇五帝之礼义法度,其犹柤梨橘柚邪! 其味相反而皆可于口。

"故礼义法度者,应时而变者也,今取猿狙而衣以周公之服,彼必龁啮挽裂,尽去而后慊。观古今之异,犹猿狙之异乎周公也。故西施病心而矉其里,其里之丑人见之而美之,归亦捧心而矉其里。其里之富人见之,坚闭门而不出,贫人见之,挈妻子而去走。彼知矉美而不知矉之所以美。惜乎,而夫子其穷哉!"

303

其大意是说:孔子带着一批弟子从鲁国出发到西边的卫国去游说,想要说服卫国的君王用他的仁义之道治理国家。颜渊不放心,前去请教鲁国的师金说:"您看孔老夫子这次前往卫国会有什么样的结果呢?"

师金回答说:"我看这次孔子到了穷途末路的时候了!"

颜渊问:"为什么这么说呢?"

师金回答说:"你没有听说过吗? 当做祭祀用的草狗,在没有祭祀之前,人们将它盛在竹筐里,用绸缎包住它,司仪斋戒之后才可以把它拿出来作祭祀。为什么呢? 因为怕把它弄脏了。可是在祭祀过后,人们就把它扔在地上,走路的人在它的身上踩,烧火的人拿它当柴烧。在这个时候,还想让人们把它盛在竹筐里,用绸缎包住它,像在祭祀的时候那样跪在它的下面,这如果不是在做梦,也是鬼迷了心窍。为什么呢? 因为不是那个时候了。而现在的孔子拿着先王已经祭祀过的草狗,率领着众多弟子向它跪拜,难怪宋国人伐倒了他乘凉的大树,卫国人将他驱逐于门外,在殷商和周朝的领地找寻不到出路。在仁义说教已经过时的今天，想在天下实施他的仁义说教，难道不是在做梦吗？想那时他被围于陈、蔡之间，七天都没有吃上饭，死亡随时都在他的身边，他还想宣传他的那套仁义，这不是鬼迷了心窍吗？

"要知道，任何事物都有自己得以生存、得以发挥功用的环境。在那样的环境下，不用人的造作，不用人的宣传，不用人的作为，不用人的设计，它就会自然而然地生存和发挥作用，就好像舟行于水、车行于陆一样，和谐自然，费力最小而成效最大。如果脱离了事物本身的适宜环境而强用人意去操纵，就好像车行于水而舟行于陆一样，不但会白费力气，而且还会引祸遭殃。古代与当今的区别，就像是水域与陆地一样，周朝政策与当今政策的区别，就好像是舟与车一样。拿着周朝通行的礼制到当今推行，那不就等于将水中之舟置于陆地推行一样吗？这样做，不但劳而无功，而且必然身受其害。孔子到卫国去游说，正是在陆上行舟呀！他不懂得，无所固定的方策才可以应对无有穷尽的事物呀！

"你没看见从河中提水用的桔槔吗？用手一拉它，它就下来；放开手，它就上去。这种东西是受人牵引的，而不是牵引人的。正因为这样，所以它永远也不会得罪人的。人就应当像它一样对待事物，随应事物的变化，不应当按照自己的意愿行事，否则就会有背于事物而受其害。用这样的道理来看三皇五帝的礼仪法度也是一样。这些礼仪法度之所以可贵，不在于它们的形式一样，而在于它们都适合当时的情况而有利于天下之治，就像梨、橘和柚的样子不同而味道同样可口一样。

"礼仪法度这种东西是随着时代的变化而不断变化的。如果让一个猿猴穿上周公的衣服，它一定会用牙咬用爪撕，一直到把衣服完全脱下才感到舒服。拿古代与当代做比较，它们的差别也就好像是猿猴与周公的差别一样。所以推行治国之道要看时代和地域，要随着时代和地域的变化而变化。过去有一个美人叫西施，当她心痛的时候就皱眉头，人们觉得她皱起眉头别有一种美态。西施有一个邻居长得很丑，她见西施皱起眉头很美，于是也用手捂着心口而皱起眉头，结果人们看见她感到更加丑陋。富人见了就赶快闭起了门户，不再出来；穷人见了就携妻带子外逃，不再回来。之所以如此，问题就出在丑女人只知道皱眉美，而不知道为什么皱眉美。可惜呀你的孔老夫子！他与那丑女人一样，只知道那仁义之道可治天下，而不知道它为什么能治天下。时代已经到了当今而他却孜孜不倦地推行以往的治国方策，那不是到了穷途末路的时候了吗？"

这个故事包含着两层意思：第一层是说，不同的时代要有不同的治国方策。第二层是说，有效的方策不是由人任意创制的，它要适应时代的特点，方策的根基在于人世自身，在于人世自身的状况。有什么样的人世也就应该有什么样的方策。

就第一层意思而言，并没有完全否定人的作为，因为治国方策是人制订出来的，既然还要使用它，那就是承认了人为的必要性。不过第二层意思对第一层的人为做了限定，它要求人为的方策顺应人世的特点和实际状况。不做那已经祭祀过的草狗，不在陆地上行舟，不强在猿猴身上披人服，不仿效西施皱眉头，而要像桔槔一样，引之则下，放之则上，受物牵引，随物而行。

这样来制订方策，这样来实施方策，虽然有人为的因素参与其中，但却不是强行人意，而是随物而为，应物而为，是不得不为，为之必为。这是情况的一个方面，道家称之为"为无为"。

这样来制订方策，这样来实施方策，虽然有人为的因素参与其中，但却不是人意的体现而是物性的体现，是物性要求下的人为，所以它不会脱离人世的特点和实际情况。正因为它随应了人世的特点和实际情况，所以是有效的、成功的。这是情况的另一方面，道家称之为"无为而无不为"。

将"为无为"和"无为而无不为"合在一起，也就是庄子有关治国思想的基本脉络。也就是说，庄子所谓的无为而治，并不等于脱离政事、隐入野林，而是要随应人世、度势而行。所谓随应人世、度势而行，从利于天下的方面来说，那就是人世需要什么样的方策就实施什么样的方策，从有利于人身的方面来说，那就是天下有道则入于朝而天下无道则隐于庙。在他看来，做到了这一点，就好像是行车于陆、行舟于水，来去自由，无虑无忧；而做不到这一点，就好像是行车于水、行舟于陆，进退不得，路绝途穷。

四、用心若镜

庄子学说的归结点是物归自然，不过说到根本上还是要人归自然。因为万物本来是没有意识的,就是想叫它们违背自然也是做不到的,而只是在有了具有意识的人之后,才产生了违背自然的可能性。人的智能既会引人脱离自身的自然,也会引人破坏外物的自然。有鉴于此,所以物归自然仍然是人的心境修养问题,是要求人们忘记外物的存在,也忘记自己的存在,不用心思,不动主观,既不求外物,也不避外物,就像一面镜子一样,物来自来,物去自去,来也不迎,去也不送。按照庄子自己的话说,那就是"用心若镜"。

《应帝王》对此做了直接的表述。其文曰:

> 无为名尸,无为谋府;无为事任,无为知主。体尽无穷,而游无朕;尽其所受乎天,而无见得,亦虚而已。至人之用心若镜,不将不迎,应而不藏,故能胜物而不伤。

"名尸",荣名的主体,亦即得到荣名的人。"谋府",计谋的渊薮,亦即出谋划策的人。"事任",肇事的主角,亦即担当责任的人。"知主",智慧的主宰,亦即怀有智慧的人。

这段话的大意是说:不要做荣名的得主,不要做计谋的渊薮,不要做肇事的首领,不要做智慧的主谋。将自己的心境完全融化在那无穷无尽的大道之中,到那无形无象的境界去漫游。完全遵循着那自然的天赋,而无所谓得否,所谓的得否都像那眼前的烟云一样,只是一片虚无。完全与道融为一体的人,心境就像一面镜子一样;外物来到了它的面前,就自然而然地照了进去,照进去了就照进去了,并不是镜子有意要迎接它们;外物离它而去,就自然而然地从镜子之中移了出去,移出去就移出去,并不是镜子有意要送它们出去的。是来是去,是短是长,对于镜子来说,完全是一种自然而然的随应,对外物的形象没有一点歪曲和隐藏,是什么样子就映照出什么样子,正因为如此,所以它能容纳一切物而自身永不损伤。

将其归纳一下,不外乎两层意思:其一是说,心境与大道完全融为一体的人,不用己意,随物自然;不用己意是自己自然,随物自然是外物自然,所以一个自然引出了两各自然(两者各行其然之意)。其二是说,正因为两各自然,所以两不损伤;作为外物来说,不被歪曲,不被隐藏,保全了自己的自然本性,而作为行为主体的人来说,随应外物,也保持了自己的自然本性,既不会因为与外物的摩擦而有损于己,也不会因为用己之意而背己本性。

（一）有道则昌　无道就闲

按照用心若镜的原则,应该如何对待世事? 庄子认为,应该随着时势的转换而转换,顺着时代的变迁而变迁。天下有道,则与万物共同兴隆;天下无道,则闲养自己的本性。

《天地》篇讲了一个"封人祝尧帝"的故事,其中涉及这样的思想。故事说:

> 尧观乎华。华封人曰:"嘻,圣人! 请祝圣人。使圣人寿。"
>
> 尧曰:"辞。"
>
> "使圣人富。"
>
> 尧曰:"辞。"
>
> "使圣人多男子。"
>
> 尧曰:"辞。"
>
> 封人曰:"寿、富、多男子,人之所欲也。女独不欲,何邪?"
>
> 尧曰:"多男子则多惧,富则多事,寿则多辱。是三者,非所以养德也,故辞。"
>
> 封人曰:"始也我以女为圣人邪,今然君子也。天生万民,必授之职。多男子而授之职,则何惧之有! 富而使人分之,则何事之有! 夫圣人,鹑居而鷇食,鸟行而无彰;天下有道,则与物皆昌;天下无道,则修德就闲;千岁厌世,去而上仙;乘彼白云,至于帝乡。三患莫至,身常无殃,则何辱之有。"
>
> 封人去之。尧随之,曰:"请问。"
>
> 封人曰:"退已!"

其大意是说:古时候守卫边疆的人被称为封人。有一次,尧帝前往华地视察,华地封人非常推崇他,把他看做是大圣人,于是向他祝福说:"啊! 今天圣人大驾光临,我们感到非常荣幸。祝圣人长寿。"

尧帝说:"别这样说。"

封人又说:"祝圣人富有。"

尧帝说:"别这样说。"

封人又说:"祝圣人多子。"

尧帝说:"别这样说。"

封人感到很奇怪,问道:"长寿、富有、多子,是人们最喜欢的事情,您却不接受,这是为什么?"

尧帝说:"儿子多了,可怕的事也就多了;财富多了,烦恼的事也就多了;寿命长了,受辱的事也就多了。这三种东西,不是用来修养德性的,所以我不敢接受。"

封人说:"我原先认为您是一位圣人,现在看来,您不过是一位君子。上天生下这么多百姓,必然要授给他们一定的职业。多几个儿子,他们各有自己的职业,那有什么可怕的呢?财富多了,可以分给没有财富的人,那有什么烦恼可言呢?作为圣人,居无常所而食无精粮,如鸟飞行,来去无踪;天下有道则与物皆昌,天下无道则修德就闲;活上千岁,活够了就上天成仙,乘着那白白的云彩,飞到上帝的故乡。您说的那三种祸患一个也达不到这里,身体永远没有灾祸,那耻辱又从何而来呢?"

封人说完后就退下了,尧帝紧随其后说:"有些问题还有待于先生指教。"

封人说:"你回去吧!说了你也听不懂。"

在尧帝看来,身外之物会干扰人的心性,引起不必要的麻烦,所以将它们排于身外。而封人却认为,这种看法过于肤浅。在他看来,身外之物会不会干扰人的心性,不在于它们是不是在自己的身上,关键在于人是不是将它们放在心上。放在心上,以得为喜,以失为忧,它就会影响自己的心性,成为扭曲人心的大包袱。不放在心上,得之顺其自然,失之也顺其自然,得失不动于心,那么,这些东西就不足以损害人的心性。只有做到物来物去不动于心,人的精神才能达到圣人境界。

故事中的尧帝唯恐外物黏贴于身会有害于心,说明他还不能做到不动于心。所以封人说他不是圣人而只是君子。

将这样的道理扩展到治国上,那就是既不追求在朝治国,也不回避在朝治国,关键的问题是客观的形势如何。天下有道,万物自然,上下和谐,这个时候在朝当政,那也是顺应自然之势的需要,无须回避;天下无道,万物相残,上下相煎,这个时候在朝当政,那只能是推波助澜,所以则应下野归家,修德养闲。

（二）当时而行　背时而隐

按照用心若镜的原则,应该如何对待世事？庄子认为,应该适于时局的需要而行动,应该合于时机的特点而起止。当时则行于天下,不当时则隐形匿迹。

《人间世》通过狂接舆之口讲述了这种思想。其文曰:

> 孔子适楚,楚狂接舆游其门曰:"凤兮凤兮,何如德之衰也！来世不可待,往世不可追。天下有道,圣人成焉;天下无道,圣人生焉。方今之时,仅免刑焉。福轻乎羽,莫之知载;祸重乎地,莫之知避。已乎已乎,临人以德！殆乎殆乎,画地而趋！迷阳迷阳,无伤吾行！吾行郤曲,无伤吾足！"

其大意是说:孔子应聘来到楚国,楚国一位名叫狂接舆的人在他的门前高声颂道:凤凰啊,凤凰啊,为什么来到这本性衰退的地方！未来那美好的世道是等不来的哟,以往那美好的世道是难以追回的了。天下有道,就去成就那圣人的事业;天下无道,就去修养那圣人的身心。而处在现在这个时候,做到不犯刑法也就很不错了。人们愚蠢到了这样的程度:福气,哪怕是像羽毛那么轻,人们都不知道把它托在手中;灾祸,哪怕是像大地那么重,人们都不知道逃避它的严惩。算了吧,算了吧,这样的世道,你还想用德性感化众生！危险了,危险了,在自己画出的道路上你还想要疾行！黑暗呀,黑暗呀,千万别在自己的行程中有什么损伤！要知道我正走在弯弯曲曲的小路上,千万别扭伤了自己的双脚。

狂接舆将孔子视为贤人,知道他来楚国是想要做一番利国利民的大事情,所以称其为凤凰。

可惜的是,孔子来的不是时候,恰恰碰到未来的盛世还没有到来、以往的盛世已经过去的乱世,人们连个安稳的日子都过不上,不要说是利国利民了,就是能做到免于犯罪,那也就很不错了。所以说孔子是来到了德性衰退的地方。

在这样的地方,人们都受到浊气的污染,浑浑噩噩地生活,连什么是福、什么是祸都分不清楚,怎么能够用德性感化呢？所以说"算了吧,算了吧"。

这里本来没有前进的道路,可是孔子却偏要自己画出一条道路来,臆想在上面疾行,岂不要跌跤? 所以说"危险了,危险了"。

这样的路是黑暗的、崎岖的,所以狂接舆一再提醒孔子要注意,千万别因此而损伤了自己。

也就是说,不合时宜,强行己意,就会违背事物的自然本性,就会行之维艰。

正因为如此,所以庄子通过狂接舆之口再一次重申了圣人处世的原则,这就是:天下有道,则成就圣人的事业;天下无道,则修养圣人的身心。

《缮性》篇对于适于时局而行、合于时机而动的思想有过直接表述。其文曰:

> 隐,故不自隐。古之所谓隐士者,非伏其身而弗见也,非闭其言而不出也,非藏其知而不发也,时命大谬也。当其时命而大行乎天下,则反一 无迹;不当时命而大穷乎天下,则深根宁极而待:此存身之道也。

其大意是说:所谓隐匿,说到根本上,并不是自己有意隐居不出。古代所说的隐士,并非有意隐匿自己的身体而不见人,并非有意闭起自己的嘴巴而不说话,并非有意停止自己的思想而不思索,他们之所以不见人、不说话、不思索,那是因为不是见人、说话和思索的时机呀。合于出世的时宜,即使是治理天下,也不会违背大道;不合于出世的时宜,就应该脱离天下之政,深居简出而等待时机。这才是保存自己身体和生命的方法啊!

也就是说,是出世的时机则出世,不是出世的时机则隐匿。只要合于时机,出世与隐匿都是无为,都合自然,都合大道;不合时机,出世与隐匿都是有为,都不合自然,都不合大道。

物归自然的思想说明了一个问题,那就是,庄子讲体道,讲同一,讲方外,讲心斋,并不是要将人身从众物的环绕中拔脱出来,而是要将人心从众物的牵累中解脱出来,并不是要人们将形骸隐于山林,而是要人们将心境扫除干净。按照他的学说,当人心从众物的牵累下解脱出来,当人们将心境扫除干净的时候,恰恰是自己无心无意、随物自然的时候,恰恰是将形骸融于万物、顺物而行的时候。由此我们可以得出这样的结论:庄子所谓的融于大道,也就是融于万物;庄子所谓的体悟大道,也就是体悟自然。当人心完全适应于自己生活的客观环境之时,也就进入了庄子所说的大道境界。

庄子的这种学说,正体现了他在乱世之中寻找一方乐土的宗旨。

后　记

　　《庄子》书是由内篇、外篇、杂篇三部分组成的。学界一般认为,内七篇是庄子本人的著作,外杂篇是庄子后学的著作。这种划分对从细部研究庄学的发展具有指导意义。不过从另外一个角度看则无须如此,那就是贯通于《庄子》中的思想方法。在这方面,庄学是混然一体的。

　　在庄学研究中,本人更主张从宏观上理解庄子的思想方法,认为他的思想方法既为世人提供了补漏纠谬的经验教训,更为世人开辟了广阔视野,在世人面前展示了一个全新的世界,给世人一种美妙的感受,把世人引入超世的境界。

　　有人一听"超世"二字就感到可怕,因为他们总是将其与"逃避现实"联系在一起。实际上,超世与逃避现实完全是两码事,它并不是离开了现世,只不过是站在了常人难以达到的宇宙之巅来观人世,就像跳出庐山观庐山一样。正因为跳出了庐山,所以才能从整体上把握庐山,才能识得庐山真面目;正因为站在了宇宙之巅观人世,所以才能将人世放在宇宙的整体上去理解,才能将人世放在宇宙发展的长河中去感受,才能将人世看得全面,看得透彻。

庄子哲学之所以有价值,在很大程度上取决于此;庄子哲学之所以千年不没,在很大程度上取决于此;人们之所以称之为智慧,在很大程度上取决于此;人们之所以历时愈久而爱之愈甚,在很大程度上取决于此。

当然,这并不是说庄子的具体观点没有局限,应该说他在很多问题上都有偏颇。可贵的是,他在阐发偏颇观点的同时却能激发人们心灵的火花,引起人们的联想和思考,使人们打破自身的思想藩篱,实现自我超越。

正因为如此,所以本人才倾心于庄学研究并向读者献上这部书。

王德有

1996 年 12 月 15 日

于北京

责任编辑:方国根 李之美

图书在版编目(CIP)数据

以道观之——庄子哲学的视角/王德有 著. -北京:人民出版社,2012.2
ISBN 978 - 7 - 01 - 010415 - 7

Ⅰ.①以… Ⅱ.①王… Ⅲ.①庄子(前369~前286)-哲学思想-研究 Ⅳ.①B223.5

中国版本图书馆 CIP 数据核字(2011)第 235623 号

以道观之

YI DAO GUAN ZHI

——庄子哲学的视角

王德有 著

人民出版社 出版发行
(100706 北京朝阳门内大街166 号)

北京中科印刷有限公司印刷 新华书店经销

1998 年 1 月第 1 版 2012 年 2 月第 2 版
2012 年 2 月北京第 2 次印刷
开本:710 毫米×1000 毫米 1/16 印张:20.25
字数:320 千字 印数:5,001-8,000 册

ISBN 978 - 7 - 01 - 010415 - 7 定价:43.00 元

邮购地址 100706 北京朝阳门内大街 166 号
人民东方图书销售中心 电话(010)65250042 65289539